EDWARD SHAWCROSS

EI ÚLTIMO EMPERADOR de MÉXICO

La increíble historia del archiduque de Austria que creó un imperio en el Nuevo Mundo

TRADUCCIÓN DE
JOAN ELOI ROCA

**ÁTICO DE
LOS LIBROS**

BARCELONA - MADRID

Para Hannah y Ena

Índice

Prólogo

En la primavera de 1867, tres hombres aguardaban su destino. Estaban encarcelados en un antiguo convento, en mitad de unas calles destrozadas por los proyectiles y abrasadas por el sol de Querétaro, una ciudad de provincias situada a unos ciento treinta kilómetros al noroeste de Ciudad de México. Las habitaciones de las monjas eran celdas perfectas. En cualquier caso, los vigilaban unos guardias armados hasta los dientes: se trataba de peligrosos presos políticos, líderes de una facción beligerante en una guerra civil que había asolado México durante casi diez años. Faltaban tres días para su ejecución: tenían hasta entonces para arreglar sus asuntos y, como buenos católicos, hacer las paces con Dios.

Uno de los condenados, Miguel Miramón, había sido presidente de México. Al menos lo fue para sus simpatizantes del Partido Conservador: sus oponentes nunca reconocieron su designación. Miramón, que nació en Ciudad de México en el seno de una familia acomodada que se remontaba a aristocráticos marqueses, tenía solo veintiséis años cuando lo nombraron jefe de Estado. Cortés y encantador, se consagró al Ejército, a la Iglesia y a su esposa. Era la personificación de la causa conservadora que una vez había liderado.

Su compañero de prisión, Tomás Mejía, era otomí, nativo de un pueblo indígena de la Sierra Gorda. Esta región era tan remota, y sus condiciones, tan duras que no quedó por completo bajo dominio español hasta la década de 1740, más de doscientos años después de que el colonialismo español sometiera México por vez primera. A sus cuarenta y siete años, Mejía era el perfecto ejemplo de la clase de indígenas profundamente piadosos y ferozmente independientes que habían apoyado a los conservadores. Aunque ambos rebatieron los cargos de traición que se les imputaron, durante más de una década habían sido fanáticos devotos del ahora derrotado Partido Conservador.

El tercer hombre era diferente. Alto, de ojos azules, pelo rubio y una característica barba peinada de manera obsesiva al medio, solo llevaba tres años en México. Decía ser liberal, no conservador y también el emperador de México. Fernando Maximiliano José María de Habsburgo-Lorena, descendiente de una de las familias reales más antiguas e ilustres de Europa, había nacido en el esplendor imperial en Viena y era archiduque de Austria. Ahora, enfermo, demacrado y separado de amigos y familiares, el mundo de Maximiliano se había reducido a una celda de metro y medio por metro y medio en una devastada ciudad de provincias en México.

Sin embargo, no había perdido la esperanza. A la mujer de Miramón, Concepción Lombardo, que acababa de dar a luz a una niña, se le permitió visitar a los presos. «Le voy a pedir a usted un favor», le dijo Maximiliano. «Vuelva [...] a San Luis, y que en unión de mis defensores que están allí, consiga usted que nos indulten». El único hombre que tenía poder para concederlo —el presidente de México— Benito Juárez se encontraba en la cercana ciudad de San Luis Potosí.

Concepción no daba crédito. Sin duda, pensó que su lugar era estar al lado de su marido en sus últimos días. Sin embargo, Miramón le rogó que le diera «esta última prueba de [...] cariño» y añadió que creía que ella podría salvarlos. Al final, su mujer accedió. Concepción se despidió con lágrimas en los ojos. Después de marcharse, Miramón le escribió: «Te amo más que a mi vida».[1]

Aún sin noticias, la víspera de la ejecución, Maximiliano escribió una carta al presidente. Si hay que derramar sangre, suplicó, que sea solo la mía. A las cinco, llegó la respuesta por telegrama: no habría clemencia. No obstante, Concepción todavía no se había dirigido al presidente. A las ocho, Maximiliano se retiró a su celda. Leyó la *Imitación de Cristo* de Tomás de Kempis a la luz de las velas. A las diez, las apagó y se fue a dormir.

Poco después, un hombre entró en la celda para despertarlo. El comandante en jefe del ejército que había derrotado y capturado a los tres hombres, el mismo que había pronunciado la sentencia de muerte, quería hablar.

La historia de cómo un archiduque Habsburgo llegó a ser emperador de México es extraña. El presidente Ulysses S. Grant lo consideró una locura, nada menos que un acto de guerra contra Estados Unidos. Por su parte, Karl Marx proclamó el preludio del acontecimiento como una de las empresas más monstruosas en los anales de la historia internacional. Adolphe Thiers, presidente de la Tercera República francesa, calificó el establecimiento del Imperio mexicano como una locura sin parangón desde *El Quijote*. Estos tres hombres tenían convicciones políticas muy diferentes, pero estaban unidos en su incredulidad ante la arrogancia que había llevado a Maximiliano I a México.

Por un lado, la historia de Maximiliano I es la de un segundón frustrado, convencido de su propio destino, pero que, a diferencia de su hermano mayor, el emperador Francisco José I de Austria, carecía de un imperio que gobernar. Por otra parte, es también la del desafío de la Europa dinástica a la América republicana, la reafirmación del Viejo Mundo frente al Nuevo. La conspiración que llevó a Maximiliano al otro lado del Atlántico se gestó en México, pero se incubó en la corte de Napoleón III Bonaparte, emperador de los franceses. Fueron sus tropas las que invadieron México en 1862 y plantearon el mayor desafío del siglo a la doctrina Monroe, la política estadounidense que prohibía la intervención europea en el continente americano tras el colapso del Imperio español a principios del siglo XIX. Con la excepción de Brasil, el fin del colonialismo español en América Latina continental transformó la región, que pasó de estar regida por un solo rey a estar gobernada por numerosas repúblicas. Napoleón III soñaba con restaurar la influencia europea con una monarquía bajo la tutela francesa: Maximiliano I era su hombre en México.

Por lo tanto, en esta historia, no solo estuvo en juego quién gobernaría las Américas, sino la manera en la que se llevaría a cabo. Napoleón III lanzó uno de los ejemplos más impactantes de cambio de régimen en el siglo XIX, sustituyendo la República mexicana de Benito Juárez, apoyada por Estados Unidos, por la monarquía de Maximiliano I, patrocinada por Francia. Se trataba de imperialismo a gran escala y no del colonialismo europeo practicado con frecuencia en el siglo XIX. En lugar de gobernar México desde París directamente o de animar a los colonos franceses a establecerse allí, Francia crearía, según la teoría, un reino independiente con el apoyo del pueblo mexicano, administrado por políticos mexicanos y gobernado por el emperador de México. En este sentido, la intervención francesa en México comparte más características con las posteriores intervenciones estadounidenses en Vietnam, Afganistán e Irak que con ejemplos más típicos del colonialismo decimonónico, como la Argelia francesa.

En la década de 1860, mientras la guerra civil estadounidense hacía que la supervivencia de Estados Unidos pendiera de un hilo al norte de la frontera mexicana, al sur se libraba una lucha monumental por el futuro del continente. Al enfrentar a emperadores contra presidentes, a monarquías contra repúblicas y a Europa contra Estados Unidos, este conflicto determinaría quién dominaba el hemisferio occidental y cómo se gobernaba.

En esta batalla, Napoleón III y Maximiliano I pudieron hacerse pasar por los salvadores de México porque, más de una década antes, Estados Unidos lo había invadido. México se había independizado del Imperio español en 1821. Ahora, solo veinticinco años después y para horror de muchos, Estados Unidos, aquello que uno de sus padres fundadores había llamado un «imperio de libertad», parecía más bien un imperio conquistador empeñado en la dominación continental. La historia comienza en 1847, cuando las tropas estadounidenses se abrieron paso por tierra hasta la misma Ciudad de México, donde las imponentes calles de esta gran capital pronto se teñirían con la sangre de sus ciudadanos.

1

La conjura contra México

En la mañana del 14 de septiembre de 1847, las tropas estadounidenses desfilaron por las calles de una capital extranjera por primera vez en la historia. Horas antes, los soldados se habían enfrentado con ferocidad al Ejército mexicano. Con sus uniformes rotos y manchados de sangre, y su oficial al mando con una sola bota tras haber perdido la otra en la batalla, las fuerzas estadounidenses se dirigieron al centro de Ciudad de México y tomaron posesión de la enorme plaza mayor, hoy conocida como el Zócalo.

A las siete en punto, izaron las barras y estrellas en el Palacio Nacional, residencia oficial de los presidentes de México. Una hora más tarde, el general Winfield Scott, comandante en jefe de la fuerza expedicionaria estadounidense, dirigió a sus tropas de manera triunfal para unirse a la avanzadilla frente a la antigua sede del Gobierno mexicano. Con la imponente catedral que domina el norte de la plaza como telón de fondo, una banda militar tocó «Yankee Doodle».[*]

Para muchos mexicanos, fue una humillación demasiado grande. Los ciudadanos empezaron a dirigirse al Zócalo, mirando con hostilidad a los invasores extranjeros. Mientras las tropas estadounidenses empezaban a dispersarse, sonó un disparo desde los tejados y una bala de mosquete embistió la pierna de un oficial estadounidense. Pronto se oyeron más disparos y, desde los

---

[*] «Yankee Doodle» es una canción patriótica estadounidense por antonomasia. (N. del T.)

13

edificios, llovieron piedras y botellas sobre los soldados, presos del pánico, mientras la turba desataba su cólera.

Siguieron tres días de enfrentamientos. Los hombres y las mujeres de Ciudad de México lucharon con valentía, pero sin esperanza. La artillería estadounidense destruyó las casas donde se escondían los pistoleros; los obuses abrieron fuego contra la multitud. Una vez restablecido el orden, un observador mexicano se lamentó de que la belleza de la capital solo fuera comparable a su desgracia. No se trataba de una hipérbole mexicana; un soldado estadounidense que participó en la represión describió «un derramamiento de sangre y una brutalidad tales que confío en no volver a ver», a lo que añadió que «sus horrores nunca se olvidarán en México».[1] Estaba en lo cierto.

Aunque la violencia fue impactante, no sorprendió a José María Gutiérrez de Estrada, político mexicano que había predicho exactamente este escenario en un panfleto publicado siete años antes. «Si no variamos de conducta», había advertido en 1840, «quizá no pasarán veinte años en que veamos tremolar la bandera de las estrellas norteamericanas en nuestro Palacio Nacional» y, lo que es peor, «sin que se vea celebrar en la espléndida catedral de México el oficio protestante».[2] Nadie le hizo caso. Tachado de traidor, Gutiérrez de Estrada se vio obligado a huir del país y el editor que imprimió su obra fue encarcelado. Esto se debió a que la obra contenía una idea tan peligrosa que debía ser reprimida: que México debía tener un rey extranjero.

Gutiérrez de Estrada, que nació en el seno de la clase política mexicana, hablaba y escribía con el estilo verborreico de un aristócrata español del siglo XVIII. Patricio, adusto y nostálgico del pasado colonial, era un miembro característico de la élite criolla —descendiente de inmigrantes españoles— que dominaba la vida política y económica del México del siglo XIX. Tras emparentarse con los círculos más ilustres de la alta sociedad mexicana, desempeñó diversos cargos en el Gobierno, incluido el de ministro de Asuntos Exteriores.

Lo que lo hizo pasar de político integrado en el orden establecido a paria exiliado fue el hecho de haber sido testigo directo de la violencia política. Después de años viajando por el extranjero,

Gutiérrez de Estrada regresó a Ciudad de México en el verano de 1840, a tiempo para ver cómo los rebeldes asaltaban el Palacio Nacional, hacían rehén al presidente e intentaban tomar el poder. Siguieron doce días de matanzas —murieron unas setecientas personas— antes de que las fuerzas gubernamentales bombardearan el palacio con artillería y pusieran fin a la revuelta. Una mujer inglesa que vivía en la ciudad registró los acontecimientos en su diario: «La gente corre por las calles […]. Retumban los cañones […]. Tocan la campana, parece que las cosas se están poniendo serias». En efecto, así era. Pronto, las calles se llenaron de cañones mientras los soldados «disparaban de manera indiscriminada sobre todos los que pasaban por allí». Añadió que el conde José Justo Gómez de la Cortina había resultado herido: se trataba del suegro de Gutiérrez de Estrada.[3]

Si esta hubiese sido la primera vez que la violencia sacudía México desde que Gutiérrez de Estrada tenía memoria, tal vez no se hubiera animado a publicar sus ideas; sin embargo, el país había experimentado numerosas revueltas desde la independencia en 1821. Para el año 1840, solo un presidente —y ya iban once— había cumplido todo su mandato. La violencia era más importante que las urnas.

En 1840, Gutiérrez de Estrada diagnosticó lo que él consideraba el problema de fondo del Estado mexicano: el republicanismo. En su opinión, México debería haber sido una monarquía. Su argumento se basaba en las singulares circunstancias de la historia mexicana. Tras una larga lucha contra España, su amo colonial, México emergió como nación independiente en 1821. Lo hizo bajo el mando de Agustín de Iturbide, un antiguo oficial del ejército realista que cambió de bando y declaró que el nuevo Estado nación no era una república gobernada por un presidente, sino un imperio que requería un emperador.

Al hacerlo, colocó a México en distinguida compañía. «Emperador» era un título que trascendía al de «rey», e «imperio» significaba, en este punto, 'Estado político'. Por ejemplo, a principios del siglo xix, Austria, Rusia y Francia eran o habían sido imperios gobernados por emperadores. Estos últimos no reclamaban el título porque gobernasen territorios allende sus fronteras nacionales —aunque también lo hacían—, sino porque estos monarcas se consideraban más grandes que los reyes y sus Estados, más importantes que los simples reinos.

Sin duda, México poseía una dimensión y un potencial inmensos. Con unos 137 000 habitantes en 1803, Ciudad de México era más grande que Filadelfia y Nueva York juntas, no tenía rival en el terreno de las ciencias y artes en el continente americano, y estaba adornada con una de las mejores arquitecturas del mundo. Durante casi trescientos años, había sido el centro del Imperio español en el hemisferio occidental. Antes de que existiera Washington D. C., Ciudad de México fue una bulliciosa metrópolis que controlaba territorios que se extendían desde Panamá a California y de Florida a Filipinas. Cualquiera que hubiese leído los escritos del famoso explorador y científico Alexander von Humboldt, que viajó por la región entre 1799 y 1804, detallando su fabulosa riqueza en metales preciosos, habría comprendido la confianza de Iturbide y concluiría que México podría llegar a rivalizar con Estados Unidos como la mayor potencia de Norteamérica.

Cuando Von Humboldt viajó por México, todavía estaba bajo dominio español. En 1519, el rey Carlos I de España heredó de su abuelo las tierras de la monarquía de los Habsburgo y fue elegido emperador del Sacro Imperio Romano Germánico. Carlos V gobernó España, gran parte de Italia, los Países Bajos y Europa central, incluida Austria. Esto lo convirtió en uno de los hombres más poderosos del mundo y sus dominios aumentaron espectacularmente el mismo año en el que se convirtió en emperador, cuando un aventurero llamado Hernán Cortés lideró un pequeño grupo de españoles para invadir México y, en nombre de los Habsburgo, subyugar a los ricos mexicas, hoy más conocidos como «aztecas». La tecnología española, los aliados indígenas y las enfermedades ayudaron a Cortés en una conquista brutal.

Esta historia dio lugar a una compleja sociedad en México. El colonialismo español impuso un barniz europeo a una cultura mesoamericana mucho más antigua que se remontaba miles de años atrás. En las ciudades, las catedrales, los edificios gubernamentales y las calles dispuestas en cuadrícula recordaban a España. También lo hacía el dominio de la religión católica que los misioneros habían extendido, a menudo con violencia, por toda la región. No obstante, al abrigo de la inmensidad de México, la vida en lugares remotos continuaba tal como lo había hecho durante siglos antes de la llegada de Cortés. No se hablaba español y los pequeños santuarios cristianos eran el único indicio del influjo europeo.

Según estimaciones del siglo XIX, en 1810, la población de México era de unos 6 millones de habitantes repartidos entre un millón de españoles o criollos, 1,5 millones de mestizos y unos 3,5 millones de indígenas. A mediados del siglo XIX, el total había ascendido a unos 8 millones, pero estas ordenadas cifras ocultaban una población heterogénea, tan diversa como la geografía mexicana y tan repartida de manera desigual por todo el país. En los fértiles valles centrales cercanos a Ciudad de México, vivían millones de personas, mientras que solo decenas de miles, si acaso, poblaban regiones lejanas como Texas o California. Además, desde la península tropical de Yucatán hasta los rigurosos desiertos del norte, los pueblos indígenas de México hablaban diferentes lenguas, tenían intereses diversos y formaban cualquier cosa menos un grupo homogéneo.

Iturbide basó la principal reivindicación de su imperio en la historia indígena de México y no en su pasado español. Los aztecas fueron los últimos de una larga serie de pueblos indígenas que subyugaron la mayor parte del centro de México antes de la llegada de los españoles en el siglo XVI. Este imperio no fue un paraíso antediluviano para quienes no eran aztecas y debían pagar elevados tributos, a menudo con sus vidas, como sacrificios humanos a los dioses aztecas. No obstante, la sofisticación de la cultura azteca combinada con su resistencia a los invasores españoles de Cortés llevó a Iturbide a recordarlos en 1821 y aducir que el México independiente era el heredero de su imperio.

Por tanto, la declaración de Iturbide de que México debía ser una monarquía no tenía nada de extravagante. Después de todo, los reyes españoles habían gobernado el país durante cientos de años; la monarquía era el sistema bajo el cual florecieron todas las grandes potencias europeas y había existido en México incluso antes de la llegada de los europeos. De hecho, si Iturbide hubiera adoptado el sistema republicano federal —por aquel entonces, poco conocido en México y un experimento de apenas treinta años en Estados Unidos—, resulta poco probable que hubiese obtenido el apoyo que recibió. Además, lo que disgustaba a muchos de quienes se oponían al dominio español era el hecho de estar gobernados desde la otra orilla del Atlántico. Si un monarca europeo ostentase el trono de México al frente de un Gobierno mexicano con una constitución mexicana que limitara sus poderes y con representantes mexicanos electos que le ayudaran a gobernar, México sería independiente. En 1822, Brasil adoptó un modelo similar y sus emperadores rigieron el país como un Estado nación independiente hasta 1889.

La genialidad del plan de Iturbide consistió en unir las fuerzas dispares de México el tiempo suficiente como para derrotar a los ejércitos españoles. La lucha por la independencia de México comenzó en 1810, pero, tras once años de salvaje conflicto contra su amo colonial y a costa de unas doscientas mil vidas, aún no había triunfado. Algunos mexicanos querían deshacerse de todos los vestigios de la dominación española, otros querían el autogobierno dentro del Imperio español y otros deseaban un Estado nación independiente, aunque con estrechos lazos con España, sumados a la protección de instituciones coloniales como el Ejército y la Iglesia católica. La brillantez del manifiesto de Iturbide, proclamado en febrero de 1821, entrañó la unificación de estos grupos bajo una misma bandera. A la cabeza de un ejército triunfante, que había derrotado a los realistas españoles, Iturbide marchó hacia Ciudad de México el 27 de septiembre. Sin embargo, su plan tenía un fallo: ¿quién gobernaría este nuevo reino?

En teoría, el plan respondía a lo siguiente: a Fernando VII, rey de España, se le ofreció la corona. Nadie esperaba que aceptase —el arreglo exigía que acudiera a México en persona—, pero se tomaron medidas ante esta eventualidad. Si se negaba, se ofrecería el trono a uno de sus parientes. Sin embargo, Fernando quería nada menos que la total reconquista de una de las partes más ricas del Imperio español y rechazó la oferta que Iturbide le hizo tanto a su familia como a él. El nuevo Imperio mexicano carecía ahora de monarca. La solución de Iturbide fue coronarse a sí mismo como primer emperador de México en julio de 1822.

Su reinado fue breve. Pasó vertiginosamente de libertador a dictador y abdicó en marzo de 1823. Tras un forzado exilio, regresó en 1824 creyendo que lo recibirían como a un héroe. Fue un error: a las pocas semanas, lo detuvieron y fusilaron por traición. Tres años después de su independencia, México había ejecutado a su primer emperador y héroe de la independencia, y pasó de imperio a república federal, que se proclamó el mismo año del fusilamiento de Iturbide. Este sistema no tuvo mucho más éxito que el anterior, ya que estuvo sujeto a numerosas revueltas armadas y cambios constitucionales.

En opinión de Gutiérrez de Estrada, la inestabilidad que sufrió México a partir de 1824 se debía a que la nación había adoptado una forma de gobierno ajena a sus tradiciones. Como monárquico, sostenía que el desastroso desenlace del imperio de Iturbide no desacreditaba a la monarquía, sino que la asunción de la Corona por parte del criollo mexicano era el pecado original de México. La nación necesitaba que el emperador no fuera un oficial del Ejército mexicano, sino un europeo de sangre real. Gutiérrez de Estrada, exiliado por albergar estas creencias, se embarcó en una cruzada personal destinada a hacer realidad su sueño, presionando a las cortes europeas. «El tiempo apremia», escribió Gutiérrez de Estrada en 1846 al ministro de Asuntos Exteriores del Imperio austriaco. «Un momento de descanso y será demasiado tarde». Si la «anarquía republicana» continuaba en México, el país «dejaría de existir» y se anexionaría a Estados Unidos.[4]

Gutiérrez de Estrada tenía razón: era demasiado tarde. Estados Unidos codiciaba el vasto y escasamente poblado territorio norteño de México, por lo que las relaciones con Estados Unidos habían sido problemáticas desde el principio. Empeoraron a partir de 1836, cuando Texas, que era parte de México, se declaró república independiente, y muchos ciudadanos estadounidenses lucharon y derrotaron al Ejército mexicano enviado para poner fin a esta sublevación. Después, en 1845, Texas se anexionó a Estados Unidos y se convirtió en un estado de la Unión, pero el presidente James Knox Polk ansiaba más tierras de México.

Semanas después de que Gutiérrez de Estrada escribiera su misiva, Polk alegó de manera espuria que se había derramado sangre americana en suelo americano durante una escaramuza fronteriza y declaró la guerra a México en abril de 1846.

Un mal entrenado, mal equipado y mal dirigido Ejército mexicano perdió todas las batallas importantes que libró. Las tropas estadounidenses ocuparon México y solo se marcharon tras cobrarse un precio muy alto. El Tratado de Guadalupe Hidalgo de 1848, uno de los acuerdos más desiguales de la historia, otorgó a Estados Unidos la totalidad o parte de (Alta) California, Nuevo México, Arizona, Utah, Wyoming y Colorado. A cambio, México recibió 15 millones de dólares y la retirada de los soldados del vecino del norte. Incluso el estadounidense que negoció el tratado se mostró asombrado por su avaricia y lo calificó de «algo de lo que todo estadounidense de bien debería avergonzarse, y yo me avergoncé de ello, muy cordial e intensamente».[5] Tras una guerra ilegal, Estados Unidos se había convertido en un imperio continental con acceso al Pacífico y dado origen a una trascendental transformación del poder internacional a costa de México.

El fin de la ocupación estadounidense no trajo la paz a México. Por el contrario, lo que siguió fue una guerra de ideas entre dos partidos políticos convencidos de que su visión de México sería su única salvación. Por un lado, el Partido Conservador argumentaba que el republicanismo estadounidense era una semilla exótica plantada en suelo mexicano para corromper sus tradiciones. Insistían en que, si el México católico no mantenía el poder de la Iglesia, rechazaba la democracia radical y se aliaba con la Europa monárquica, los Estados Unidos protestantes se apoderarían de lo que restaba de la nación. Por otro lado, los liberales mexicanos llegaron a la conclusión de que la desgracia de la guerra entre Estados Unidos y México no se debía a que este último fuera demasiado republicano, sino a que no lo era lo bastante. La única forma de forjar un México poderoso era acabar con el poder de la Iglesia católica, eliminar las instituciones coloniales y abrazar el cambio.

En 1855, estos liberales llegaron al poder en una revolución que pretendía reformar radicalmente la sociedad mexicana. Su

México en torno a 1854

principal objetivo era la Iglesia católica, que no solo ejercía una inmensa autoridad religiosa, sino que también era la mayor terrateniente del país. Con el objetivo de quebrantar el control espiritual y temporal de la Iglesia sobre la población y enriquecer, al mismo tiempo, las arcas públicas, los liberales nacionalizaron los bienes eclesiásticos y los vendieron a compradores privados. En opinión de los conservadores, esto demostraba la impiedad que yacía en el corazón de la agenda liberal radical. Era un acto que nunca perdonarían.

Para horror de los conservadores, los liberales no habían acabado. Querían calcificar sus reformas mediante una nueva constitución, que confirmaba la venta de bienes eclesiásticos. Lo que más enfureció a los conservadores fue lo que este documento no decía: por primera vez en la historia de México, la carta magna de la nación no declaraba el catolicismo como religión del Estado, excluyendo a todas las demás. Según los conservadores, la constitución promulgada en 1857 era un ataque revolucionario contra la propiedad y la fe. El arzobispo de México advirtió que excomulgaría a cualquiera que jurase lealtad a esta. Decididos a anular la nueva constitución, los conservadores dieron un golpe de estado en diciembre de 1857 y depusieron al presidente liberal. Había comenzado la guerra civil. Durante lo que se conoció como la «guerra de Reforma», las esperanzas conservadoras recayeron en Miguel Miramón, un joven comandante militar que odiaba a Estados Unidos. Una década antes, a la edad de catorce años, fue uno de los muchos cadetes que se ofrecieron voluntarios para defender el castillo de Chapultepec, que protegía el acceso a Ciudad de México del ejército invasor estadounidense. A las cinco de la mañana del 12 de septiembre de 1847, los primeros proyectiles de la artillería pesada estadounidense se estrellaron contra la mampostería de este palacio del siglo XVIII, diseñado para alojar con todo lujo a los virreyes españoles, no para resistir el fuego de mortero. Miramón y sus camaradas se refugiaron lo mejor que pudieron hasta que el bombardeo cesó aquella noche.

A la mañana siguiente, comenzó el asalto de infantería. Las tropas estadounidenses rodearon Chapultepec, situado en una colina. En el intenso combate cuerpo a cuerpo que se sucedió, los mexicanos, superados en número y mal armados, se vieron empujados hacia el interior del castillo. La mayoría nunca salió de allí: las tropas estadounidenses los mataron cuando intentaban huir o rendirse. Dentro, el joven Miramón había luchado con desesperación hasta que una bala de mosquete le alcanzó en la cara y cayó al suelo. Un soldado avanzó hacia él con la intención de clavarle la bayoneta, pero un oficial estadounidense se abalanzó sobre él para recogerlo y llevarlo a un hospital. Seis compañeros de Miramón no corrieron tanta suerte. Más tarde, la leyenda dijo que estos niños héroes se envolvieron en la bandera mexicana y prefirieron saltar hacia su muerte antes que rendirse.

Una década más tarde, los conservadores confiaban en que Miramón les daría la victoria, entre otras cosas, porque era un legislador y no un general quien dirigía a los liberales. Como presidente de la Suprema Corte de Justicia de la Nación, Benito Juárez era, según la constitución, el siguiente en la línea sucesoria a la presidencia. Tras el golpe de estado conservador, escapó de Ciudad de México para establecer un Gobierno rival en el puerto de Veracruz.

A diferencia de Miramón, Juárez nació entre la miseria rural. Creció lejos de Ciudad de México, en San Pablo Guelatao (Oaxaca), un pueblecito sin escuela y habitado por solo unas veinte familias al pie de unas montañas desoladas. Allí, la vida no había cambiado prácticamente desde que los zapotecas poblaron la zona unos dos mil años antes de la conquista española. Sus padres murieron antes de que él cumpliera tres años y lo crio un tío, una de las pocas personas del pueblo que sabía español. Decidido a superarse, Juárez empezó a aprender el idioma: llevaba un látigo a las clases y, cada vez que se equivocaba, pedía a su tío que lo golpeara con él. No obstante, pronto se vio obligado a trabajar en el campo, y las largas y duras jornadas le impidieron progresar en sus estudios. Con la mirada fija en los lejanos horizontes que rodeaban su pueblo, sabía que, si se quedaba allí, su vida nunca cambiaría. Así que, con doce años, recorrió a pie los sesenta kilómetros que lo separaban de la capital del estado.

Allí, en la ciudad de Oaxaca, encontró trabajo como sirviente. A cambio, le dieron alojamiento y lo matricularon en la escuela. Uno de los pocos caminos que los indígenas tenían para abandonar la pobreza era la Iglesia y, tras aprender español —aunque de manera imperfecta, tal como él mismo admitió—, Juárez ingresó en un seminario con el objetivo de formarse como sacerdote. Esta elección lo repugnó, ya que tenía una opinión despectivamente baja de la Iglesia. Se salvó de una vida dedicada a Dios —y llena de *mauvaise foi* existencial— cuando se abrió una universidad liberal y laica en 1828. Allí se formó como abogado, profesión que ejerció con moderado éxito, pero que no fue más que un peldaño hacia su verdadera vocación en el Partido Liberal.

Lo que hizo excepcional a Juárez fue su carrera política. Sin ser un orador brillante ni un gran escritor, sentía fascinación por el poder y tenía un don extraordinario para aferrarse a él. Ocupó altos cargos antes de la década de 1850, pero se vio obligado a exiliarse en 1853 tras una de las ya habituales revueltas mexicanas. En Nueva Orleans, se vio reducido a la pobreza y se ganó la vida vendiendo puros en Bourbon Street antes de volver a México en 1855, cuando la revuelta liberal llevó a su partido al poder. A partir de ese momento, su ascenso fue meteórico. Pasó de ministro a presidente del Tribunal Supremo y, en 1858, a presidente. Este republicano austero y taciturno creía que su destino era quebrantar el poder de la Iglesia, implantar reformas liberales y, después de que los conservadores la hubieran suspendido, restaurar la Constitución de 1857. La única forma de hacerlo pasaba por derrotar a Miramón, que dominaba la capital.

Esta guerra civil de tres años entre un rico criollo y un indígena zapoteco no fue solo una lucha por el futuro de México, sino también un campo de batalla geopolítico. Estados Unidos apoyó a Juárez al creer que una victoria liberal permitiría a las inversiones y empresas estadounidenses desarrollar la nación, por lo que el país caería bajo su control de manera mucho más fácil y rentable que a través de la anexión. Los conservadores no lo permitirían y, aunque desconfiaban de la influencia estadounidense y miraban a Europa, recibieron poco más que simpatías diplomáticas desde la otra orilla del Atlántico.

La guerra duró tres años. Miramón estuvo a punto de ganar —según él, así habría sido—, pero la Marina estadounidense intervino en la contienda para impedir que una flotilla conservadora reabasteciera a su ejército mientras sitiaba a Juárez en Veracruz. Más allá de lo acertado de las afirmaciones de Miramón, en enero de 1861, los liberales entraron en Ciudad de México. Muchos líderes conservadores, Miramón incluido, huyeron a Europa. Otros se negaron a rendirse y se retiraron al desierto de México, esperando la oportunidad de vengarse.

Las celebraciones del triunfo de Juárez duraron poco. Su Gobierno estaba en bancarrota. México debía millones de libras a Gran Bretaña, Francia y España, la mayor parte a Londres. Peor aún, durante la guerra civil, las fuerzas armadas robaron al propio Gobierno británico, cuando asaltaron el consulado y se llevaron 660 000 dólares en plata. A los británicos no les importaba que un destacado general conservador hubiera cometido este crimen; el Gobierno mexicano, ahora dirigido por Juárez, era el responsable. Además, los británicos no estaban precisamente entusiasmados con los liberales de Juárez, quienes se habían apoderado de un convoy de plata por valor de un millón de dólares, en gran parte propiedad de ciudadanos británicos, para financiar su esfuerzo bélico. Sir Charles Wyke, el nuevo representante británico en México, elaboró un listado de exigencias para el

Gobierno de Juárez. Lejos de cumplirlas, el 17 de julio de 1861, el Congreso mexicano suspendió el pago de la deuda externa. Furioso, Wyke cesó, como respuesta, las relaciones diplomáticas el 25 de julio y envió una carta a lord John Russell, secretario de Asuntos Exteriores británico, en la que señalaba que la negativa del Congreso mexicano a pagar su deuda era «solo un caso aislado de los muchos actos de crueldad e injusticia» de los que este «desgraciado Gobierno» había sido culpable. Y eso resultaba aún más deplorable, continuó Wyke, cuando Juárez «habla constantemente de libertad y tolerancia, y de las bendiciones de un sistema constitucional». Para el inglés, esta era la peor clase de hipocresía: «No conozco nada más detestable que esta especie de tiranía disfrazada de libertad; es como una prostituta jactándose de su virtud».[6]

Gran Bretaña no era la única nación agraviada. Hacía poco que Francia había nombrado a Dubois de Saligny como su representante en México, aunque fue una elección extraña. Saligny, que era vanidoso, arrogante y escandaloso, había demostrado un talento singular para ofender a casi todas las personas que conocía. Su única experiencia diplomática de relevancia había sido quince años antes como encargado de negocios en la efímera República de Texas. Allí, con solo dos años en el cargo, rompió relaciones con la república por un incidente conocido como la «guerra del Cerdo». Mientras esperaba la construcción de una nueva legación en Austin, Saligny se había alojado en un hotel propiedad de Richard Bullock, quien, además, criaba cerdos. Una vez que Saligny se trasladó a su nueva residencia, algunos de estos animales, que tal vez echaban de menos al francés, deambularon por la nueva propiedad, derribaron vallas, devoraron lo que pudieron en el jardín y, lo que fue más chocante para el diplomático, consiguieron entrar en el edificio y convirtieron el fino lino francés en su postre, que masticaron con alegría.

Para Saligny, estaba en cuestión el honor de Francia. Ordenó a su criado que disparase a cualquier cerdo que invadiera territorio francés; este conflicto unilateral se saldó con varios cerdos muertos. Cuando Bullock se enteró de que habían matado a sus animales, apaleó al criado de Saligny en plena calle. Bullock acorraló entonces al francés y lo amenazó con infligirle el mismo castigo si no lo compensaba por la pérdida de vidas porcinas. Saligny elevó esta disputa privada al nivel de la diplomacia internacional y exigió que Bullock fuera castigado por la agresión. Ante la negativa del Gobierno tejano, Saligny rompió relaciones diplomáticas, abandonó la república y amenazó con una posible invasión francesa; esto era del todo falso. En 1845, Saligny fue llamado a París. A su regreso, el ministro de Asuntos Exteriores le explicó que Francia podía permitirse equivocarse, pero nunca hacer el ridículo.

Tal como es lógico, Saligny languideció en la oscuridad durante casi quince años y se especuló mucho sobre el motivo de su traslado a México. Una teoría era que, a cambio de presionar a favor de las dudosas reclamaciones de algunos bancos europeos que habían prestado dinero con unas condiciones escandalosas durante la guerra civil, obtendría una parte de lo que el Gobierno de Juárez devolviera. Saligny ofreció su propia interpretación de su nombramiento: estaba allí para causar problemas. El Gobierno francés, cansado de la hostilidad de México hacia las potencias europeas, quería un pretexto para intervenir. Y el diplomático francés tenía un gran talento para inventarse uno.

De hecho, superó incluso sus propias expectativas, porque la noche del 14 de agosto de 1861, mientras se preparaba para acostarse, oyó gritos de «¡Muerte a los franceses!» y «¡Muerte al ministro francés!». Recordó que, dos horas antes, en el porche de la legación francesa, sintió olor a pólvora y notó que algo le rozaba el brazo. Tras concluir que se había atentado contra su vida, Saligny recomendó que Francia enviara tropas a México. Como en el caso de Wyke, la base diplomática era la ley del 17 de julio, que suspendía los pagos de la deuda externa, que Saligny describió como un «verdadero acto suicida».[7] Esta vez, se trataba de algo más grave que unos cerdos: el Ministerio de Asuntos Exteriores francés estuvo de acuerdo con él, al igual que el Gobierno español, al que México también debía dinero. Tras solo unos meses en el poder, Juárez se había enemistado con Francia, Gran Bretaña y España, las tres principales potencias navales europeas, que acordaron una intervención militar conjunta en México.

Tuvieron libertad para hacerlo porque, meses después de que acabase la guerra civil mexicana, en Norteamérica, había estallado otro enfrentamiento entre compatriotas, en este caso, en suelo estadounidense. Temiendo que Abraham Lincoln, el recién elegido presidente republicano, aboliera la esclavitud, siete estados del sur formaron la Confederación y se escindieron de la Unión. Lincoln estaba decidido a sofocar esta rebelión, pero, cuando empezó la guerra en abril de 1861, cuatro estados más se unieron a la Confederación: había comenzado la guerra civil estadounidense.

Mientras este conflicto desgarraba Estados Unidos, en Europa, algunos vieron una oportunidad. Normalmente, cualquier injerencia europea se encontraría con la decidida resistencia de Washington, guiada por la doctrina Monroe. Esta última, formulada en 1823 por el presidente James Monroe, se convirtió rápidamente en la piedra angular de la política exterior del país, reivindicaba la hegemonía estadounidense sobre el continente americano y prevenía a los Gobiernos europeos contra la intervención en él. Europa la tachó de arrogancia estadounidense. Sin embargo, aunque los estadistas europeos se mofaron despectivamente tanto de Estados Unidos como de sus pretensiones de soberanía sobre el continente americano, ninguno la había desafiado con seriedad.

Eso cambió el 31 de octubre de 1861. Gran Bretaña, España y Francia firmaron la Convención de Londres: en ella, establecían que la conducta de Juárez los obligaba a enviar fuerzas militares a México. Gutiérrez de Estrada y los conservadores derrotados que habían huido a Europa divisaron una oportunidad. ¿Qué pasaría si pudieran convencer a las monarquías europeas de que México era un campo de batalla ideológico y geopolítico, y que una victoria podría hacer retroceder el dominio estadounidense y el republicanismo en Norteamérica? En pocas palabras, sustituir una república hostil por una monarquía simpatizante salvaguardaría los intereses europeos en América mucho mejor que una intervención puntual para cobrar deudas impagadas.

Unas semanas antes de que las tres potencias acordaran intervenir en México, Miramón, refugiado de la guerra civil mexicana, llegó a París con Concepción, su esposa. Poco después, los invitaron a

una *soirée,* como no podía ser de otra forma en París. Concepción
quedó deslumbrada por la extraordinaria y radiante belleza de
la anfitriona, que, a sus treinta y siete años, «conservaba toda la
frescura de la primera juventud», con un vestido blanco adornado
con encajes y un collar de perlas de varias vueltas que le llegaba
hasta la cintura. Un par de pendientes de diamantes remataban
su atuendo. Al girarse la anfitriona, Concepción admiró su cuello, sus hermosos ojos y su cabello claro, «que caía como lluvia de
oro sobre su espalda». El conjunto, concluyó, formaba «la cria-
tura más linda que yo jamás había visto».[8] Concepción acababa
de conocer a la emperatriz Eugenia de Montijo, esposa de Luis
Napoleón, más conocido como Napoleón III, emperador de los
franceses. A la fiesta, asistieron también el propio emperador, el
ministro de Asuntos Exteriores francés y al menos una sección
de generales franceses junto a mujeres de la corte, ataviadas con
los voluminosos vestidos de crinolina, de moda en la época. En
resumen, la flor y nata de la sociedad parisina se reunió con sus
mejores galas en las Tullerías, el palacio imperial situado en la
orilla derecha del Sena. No obstante, Miramón y Concepción no
estaban allí por el glamur de la ocasión. Se vieron arrastrados a un
mundo de conspiraciones e intrigas internacionales, que giraba
en torno a un hombre que disfrutaba con los tratos secretos, los
canales clandestinos y la desinformación: este también resultó ser
el gobernante de Francia.

El hecho de que lo fuera había conmocionado a la élite política francesa más de una década antes. En febrero de 1848, semanas después de que Estados Unidos obligase a México a ceder
la mitad de su territorio nacional, estalló la revolución en París y
se extendió por toda Europa. Consciente de lo que ocurría a los
reyes franceses que se excedían en su mandato, Luis Felipe I, el
monarca francés, abdicó. Su régimen dio paso a la Segunda República francesa, la pesadilla que las potencias de Europa habían
temido durante más de cincuenta años. La Primera República,
instaurada en 1792, había ejecutado al rey Luis XVI y a María
Antonieta, su esposa austriaca; librado guerras revolucionarias
por toda Europa y asesinado a unos treinta mil de sus propios
ciudadanos en lo que fue conocido como el Terror. En 1848, con

gran parte de Europa ya revuelta, todas las miradas se volvieron temerosas —o esperanzadas, dependiendo de la posición política de cada cual— hacia París y las elecciones presidenciales de diciembre para ver si los radicales ganaban y los acontecimientos del pasado se repetían con mayor derramamiento de sangre.

El 20 de diciembre de 1848, los diputados, incrédulos, habían visto cómo el nuevo presidente de Francia arrastraba los pies hasta su puesto para pronunciar su discurso inaugural ante la Asamblea Nacional. Vestido con corbata blanca y luciendo unas pobladas patillas, un bigote y una perilla bien atusada bajo una gran nariz, hablaba con voz entrecortada y un ligero acento extranjero, con la cabeza gacha y encorvada entre los hombros. No se trataba de la grandeza del republicanismo francés ni del espectro de la revolución, sino de Luis Napoleón, el sobrino del antiguo emperador Napoleón Bonaparte.

Sea como fuere, aquello resultó más aterrador para la realeza europea. Puede que el Napoleón Bonaparte original domase el radicalismo de la Revolución francesa, pero extendió el poder de Francia por todo el continente. En 1804, tras una sucesión de asombrosas victorias, derrocó a la república que había jurado proteger y se proclamó emperador de los franceses. A continuación, derrotó a austriacos, rusos y prusianos con una rapidez pasmosa, y Europa se sometió al dominio de un imperio continental centrado en París. Sin embargo, el edificio de este imperio presentaba no pocas grietas: se mantenía en pie gracias a constantes guerras y lo apuntalaban varios reinos satélites, muchos de los cuales estaban gobernados por los hermanos de Napoleón.

Uno de estos hermanos, Luis, se casó con Hortensia de Beauharnais, la hijastra de Napoleón. Tuvieron tres hijos; el menor, nacido en 1808, recibió el imaginativo nombre de Luis Napoleón. Tras la derrota en la batalla de Waterloo en 1815, la caída del imperio de su tío hizo que Luis Napoleón creciera en el exilio, lo cual explicaba su acento. De joven, en busca de aventuras, viajó a Italia, donde, en el cuarto trasero de las tabernas, conspiró con los nacionalistas liberales para unificar los dispares Estados que, entonces, gobernaban la península. Las autoridades aplastaron este movimiento y condenaron a sus cabecillas a muerte:

Luis Napoleón logró escapar con vida a duras penas, pero nunca perdió su amor por la conspiración, la intriga y, sobre todo, las apuestas audaces.

Pronto había adquirido una gran experiencia en las tres cosas. A principios de la década de 1830, Luis Napoleón se apoderó del legado bonapartista, aprovechando que los demás candidatos estaban muertos o se mostraban desinteresados, y afirmó ser el siguiente en la línea de sucesión de cualquier futuro imperio. Pocos lo tomaron en serio, pero esta herencia pesaba sobre él. «De vez en cuando», explicó, «surgen hombres a los que yo llamo voluntarios de la providencia, en cuyas manos está el destino de sus países. Creo que yo soy uno de esos hombres. Si me equivoco, es posible que perezca en vano. Si acierto, la providencia me pondrá en condiciones de cumplir mi misión».[9]

En 1836, decepcionado con los avances de la providencia, Luis-Napoleón se tomó la justicia por su mano y dio un golpe de Estado. Fue una humillación; un regimiento bonapartista supuestamente leal no llegó a reunirse y Luis Napoleón fue arrestado. El Gobierno francés, con más vergüenza ajena que enfado, aceptó su exilio a condición de que prometiera no volver nunca a Francia. Así, en 1840, cuando regresó al país y realizó otra intentona por mar a través del canal de la Mancha y, al parecer, con un buitre domesticado atado al mástil del barco en lugar de un águila, el Gobierno francés se lo tomó más en serio. «Fracaso» es un término demasiado elevado para calificar esta ópera bufa. De nuevo, la guarnición local se negó a apoyar la causa. Al ver la inutilidad de la situación, Luis Napoleón intentó volver remando al barco que lo había traído de Inglaterra, pero zozobró y tuvo que ser rescatado de las olas. Empapado, fue detenido en la playa. Era octubre de 1840, y, esta vez, lo encerraron en una fortaleza. Sin embargo, seis años más tarde, mientras la prisión estaba en obras, Luis Napoleón se vistió con ropas de obrero, cogió un tablón de madera, se lo echó al hombro y salió por la puerta principal antes de huir a Londres.

Y ahí habría acabado todo de no ser por el momento providencial que Luis Napoleón estaba esperando: las revoluciones europeas de 1848. Tras la abdicación del rey francés, se proclamó una república de manera apresurada y se anunció la convocatoria de elecciones. A pesar de no tener experiencia en política democrática ni un partido que lo apoyara, Luis Napoleón le dijo a un primo: «Me voy a París. Se ha proclamado una república: debo ser su amo». A lo que su primo le respondió: «Sueñas, como siempre».[10] Luis Napoleón ganó las elecciones por goleada.

El nombre de «Napoleón» resultó enormemente popular entre los votantes, pero la élite política francesa odiaba al hombre que cargaba con esta leyenda a sus espaldas. De hecho, el pensador político Alexis de Tocqueville comparó a Luis Napoleón con un «enano» que «en la cresta de una gran ola, consigue escalar un alto acantilado que un gigante situado en tierra firme no sería capaz de escalar». El escritor y político Víctor Hugo escribió una serie de mordaces invectivas contra Luis Napoleón, una de ellas titulada *Napoléon le pétit,* en la que exhortaba a los franceses a «mirar a este cerdo con piel de león que se revuelca en su propia baba».[11] Incluso Adolphe Thiers, líder de los políticos conservadores de Francia que apoyaban a Luis Napoleón, pensaba que era un idiota al que se podía controlar con facilidad. Ciertamente, no parecía tener el empuje de su tío, excepto cuando se trataba de mujeres. De hecho, su amante en ese momento —y su apoyo financiero— era una célebre cortesana inglesa y actriz fracasada: aquello era demasiado incluso para la política francesa. Para alivio de muchos, la Constitución de la República limitaba la presidencia a un mandato de cuatro años.

Sin embargo, Luis Napoleón no iba a permitir que una carta magna que había jurado defender se interpusiera en su destino. Después de casi tres años de presidencia, el 2 de diciembre de 1851, dio un golpe de Estado y se autoproclamó presidente durante diez años. No obstante, «presidente» no era un título lo bastante grandioso para un Bonaparte, y, un año después, se declaró emperador de los franceses y estableció el Segundo Imperio (el de su tío fue el primero). Por segunda vez en la historia de Francia, un Bonaparte había puesto fin al experimento republicano y el golpe de Estado del 2 de diciembre de 1851 movió a Karl Marx a escribir: «La primera vez, como tragedia; la segunda, como farsa».[12]

La singular visión de Napoleón III —singular, desde luego, en la época— era que el conservadurismo podía ser popular: para millones de franceses, el nuevo régimen no tenía nada de farsa. En lugar de ver la política democrática como el resultado de un cambio radical de izquierdas, Napoleón III comprendió que, gestionado con cuidado, el pueblo podía legitimar un régimen autoritario a través de las urnas. Con este fin, apeló de forma directa a los votantes franceses y celebró dos plebiscitos: en el primero, pidió al pueblo francés que respaldara su golpe de Estado y, en el segundo, consultó sobre si debía ser emperador. Más de siete millones de personas votaron «sí»: más del noventa por ciento del electorado masculino. Declarándose fiel a la voluntad del pueblo, Luis Napoleón se convirtió en Napoleón III el 2 de diciembre de 1852.

Tal como lo practicó Napoleón III, el bonapartismo pretendía labrar un camino intermedio entre el liberalismo y el conservadurismo. Para ello, se basó en el ejemplo del recién derrocado rey Luis Felipe I, amante del centrismo *juste milieu*, pero Napoleón III estaba dispuesto a ir más allá y asentar su régimen en la democracia directa expresada a través del sufragio universal masculino. Tal como decía uno de sus aforismos: «No temas al pueblo: es más conservador que tú».[13]

La primera década de su reinado fue un éxito asombroso. La economía creció con rapidez, lo que permitió al emperador embarcarse en una política exterior diseñada para devolver la gloria a Francia. En primer lugar, puso fin al aislamiento del país galo en Europa tras las guerras napoleónicas, aliándose con Gran Bretaña en la guerra de Crimea de 1853-1856 y derrotando a Rusia. Después, en 1859, dirigió en persona un ejército que derrotó al emperador austriaco Francisco José I en Italia. Además, la larga y brutal conquista de Argelia, iniciada en 1830, terminó de manera oficial en 1858 tras aplastar la resistencia local. Europa y el norte de África no eran el límite de la ambición imperial. Las tropas francesas ocuparon Saigón e incorporaron poco a poco Indochina (los actuales Laos, Camboya y Vietnam) al Imperio francés. Al mismo tiempo, Francia volvió a aliarse con Gran Bretaña para derrotar a China en la segunda guerra del Opio. Asimismo, Napoleón III contribuyó a financiar la construcción del Canal de Suez, inaugurado en 1869.

A excepción de su tío, tenía mayor ambición global que cualquier gobernante francés moderno y, en 1861, París podía afirmar con confianza que era el centro de una superpotencia imperial de alcance global únicamente superado por Gran Bretaña. Gracias a la transformación de París de la mano de Georges-Eugène Haussmann, los amplios bulevares, los grandes palacetes y las monumentales estaciones de tren de la capital reflejaban la confianza y la modernidad del régimen.

Napoleón III dirigió entonces la mirada hacia América. En México, contaba ya con muchos admiradores: los conservadores lo veían como el hombre que había salvado tanto a Francia como a Europa de los radicales empeñados en destruir la paz, el orden y la religión durante las revoluciones de 1848. Para que México no se hundiera aún más en el abismo, debían imitar el ejemplo de gobierno autoritario de Napoleón III. No obstante, lo que más los atrajo hacia Francia fue el temor a la expansión estadounidense, pues nada indicaba que 1848 hubiera saciado el apetito territorial de Washington. Tal como dejó claro el presidente James Buchanan ante el Senado en 1858, «es incuestionable que el destino de nuestra raza es extenderse por el continente norteamericano».[14] En este discurso, se limitó a hacerse eco de las opiniones sobre el «destino manifiesto» de multitud de estadounidenses, que consideraban que había llegado el momento de que Estados Unidos entrase en la escena mundial y rivalizara con los poderes europeos.

Muy conscientes de estas declaraciones públicas, los conservadores mexicanos creían estar inmersos en una lucha global: Estados Unidos no solo quería destruir México, sino que también pretendía exportar el republicanismo a Europa. Tal como se lamentaba un ministro de Asuntos Exteriores conservador ante un diplomático francés, Washington apoyaba a los «rebeldes de Hungría», a los «rojos de Italia», a los «socialistas de Francia», a los «súbditos desleales de España», así como a la «escoria de la política mexicana».[15] Los conservadores denominaron «la cuestión occidental» a la expansión de Estados Unidos aunada con la difusión del republicanismo. Al igual que Francia había frenado la expansión rusa en la guerra de Crimea, también debía intervenir en América para salvar a México.

En este punto, estaban predicando a los conversos. Napoleón III vio el ascenso del poder estadounidense a través del prisma del panlatinismo, una doctrina que vinculaba el destino de México y su cultura «latina» a Francia. De hecho, muchos pensadores se mostraban tan aterrorizados ante la posibilidad de una nueva agresión estadounidense que, en la década de 1850, inventaron un nuevo término, «América Latina», con el que pretendían unir a los pueblos católicos del sur frente a la esperada embestida protestante del norte. El término se impuso rápidamente. Poco después de que un periodista francés lo utilizara en 1856, un colombiano residente en París escribió un poema en el que advertía de que los anglosajones, manera en la que se refería a Estados Unidos, eran los enemigos mortales de los latinoamericanos. Un político chileno pronunció un discurso en Francia en el que afirmaba que América Latina ya estaba en las fauces de la boa constrictor sajona y el francés Michel Chevalier advirtió de que México, «una de las joyas más bellas de la corona católica y latina», estaba a punto de «caer en manos de los anglosajones invasores».[16]

Chevalier, economista y periodista, fue uno de los primeros en pensar en términos panlatinistas. Aceptaba la idea, común en la época, de una Europa dividida en diferentes razas, como anglosajones, latinos y eslavos. Sin embargo, su originalidad residía en extender estas distinciones raciales al Nuevo Mundo. Estados Unidos y Canadá eran anglosajones; México, al sur, latino. Además, Chevalier creía que, debido a las diferencias culturales e históricas entre catolicismo y protestantismo, las naciones anglosajonas eran aptas para la democracia, mientras que los Estados latinos debían ser monarquías.

Los pensadores franceses impulsaron y popularizaron el término «América Latina», y demarcaron un nuevo ámbito de influencia francesa. De un plumazo, las pretensiones francesas de hegemonía cruzaron el Atlántico; no obstante, tal como señalaron Chevalier y muchos otros, Estados Unidos amenazaba a la América «latina». Por tanto, Chevalier insistía en que la política francesa debía «poner una barrera a la inminente invasión de todo el continente americano por parte de Estados Unidos» y, así, «salvar de una ruina irreparable no solo a México, sino también a toda la rama española de la civilización latina en el Nuevo Mundo».[17] México, pues, era la primera línea de un conflicto entre Europa y el continente americano, entre el republicanismo y el monarquismo; una batalla del Viejo Mundo contra el Nuevo. Chevalier no solo había defendido esta posición en la prensa. Como uno de los asesores más cercanos y de mayor confianza de Napoleón III, expuso el caso directamente al emperador.

Utilizando la nueva ciencia de la estadística, otro de los asesores de Napoleón III subrayó con crudeza la urgencia de detener a Estados Unidos. Señaló que su población, que en 1763 había sido de 2 millones, era de 32 millones en 1863, y calculó que, en 1963, ascendería a un total de 512 millones. Estados Unidos necesitaría más tierra para todas estas personas y absorbería México, cruzaría el istmo de Panamá y entraría en Sudamérica. «Celoso de Europa, enemigo del viejo mundo, sería capaz de intentar esclavizar el universo», escribió. Detener esto era la idea más audaz «de nuestro siglo, diría más, de los tiempos modernos».[18]

La mayoría de los observadores estaban de acuerdo en que México no era lo bastante fuerte como para resistir la expansión estadounidense por sí solo, pero ¿cómo someter un país tan grande como México al dominio francés cuando Francia había tardado ochenta años y empleado unos cien mil soldados para subyugar una zona de Argelia, la mitad de grande y considerablemente más cercana? La emperatriz Eugenia proporcionó la respuesta.

Aunque Eugenia de Montijo, condesa de Teba, era una aristócrata española, se la consideraba una mala elección como esposa de Napoleón III. Encantadora, sí, pero demasiado informal para una emperatriz y, además, no pertenecía a una de las familias reinantes de Europa, por lo que no aportaba ningún lustre dinástico al régimen arribista. No obstante, el emperador se había enamorado de ella y, en contra de los deseos de su familia y sus consejeros, se casaron en 1853. Puede que el amor de Napoleón III no implicase fidelidad, pero su matrimonio se cimentó en un afecto genuino. Como nadie tenía mayor influencia sobre el todopoderoso emperador, el enlace también permitió a Eugenia desempeñar un activo papel político. A través de ella, los monárquicos mexicanos de Gutiérrez de Estrada encontraron un lugar en el corazón de la corte francesa.

Junto a Gutiérrez de Estrada, el más importante de esta camarilla fue José Manuel Hidalgo y Esnaurrízar. Nacido en México, descendía de una noble familia española y había pasado la mayor parte de su vida en Europa como diplomático. Aunque no podía declararlo abiertamente por miedo a perder su trabajo, Hidalgo creía en privado que, si México quería sobrevivir, debía cumplir el plan original de independencia y convertirse en una monarquía gobernada por un emperador europeo. No obstante, sus opiniones eran un secreto a voces y Gutiérrez de Estrada lo cultivó como compañero de viaje. En 1853, destinaron a Hidalgo en misión diplomática a España; entre los prominentes círculos en los que se movía, estaba el salón de la condesa de Montijo, la madre de Eugenia.

En 1857, se proclamó la nueva y radical constitución mexicana, y se exigió a todos los empleados del Gobierno que le jurasen lealtad. Tras explicar que su conciencia no le permitía hacerlo, cesaron a Hidalgo de su puesto y se dirigió a París, parando en la pequeña ciudad francesa de Bayona. Allí, cubierto de polvo por el trayecto en carruaje, Hidalgo tuvo lo que él consideró un encuentro providencial. Ese mismo día, el domingo 30 de agosto de 1857, Eugenia, que se encontraba en la cercana Biarritz, iba en coche con su familia a ver una corrida de toros.

Al reconocer a Hidalgo, que saludaba con respeto en la calle, la emperatriz hizo señas al mexicano para que se acercara al carruaje imperial y lo invitó a pasar el día siguiente con ella en la playa. Hidalgo, aprovechando la ocasión, habló de México con Eugenia: le explicó que reinaba la anarquía, que la Iglesia católica estaba amenazada y que la única forma de salvar al país y a la raza latina de Estados Unidos era fundar una monarquía. Hidalgo supo jugar con las simpatías de Eugenia: como católica devota, también creía firmemente —lo que se esperaba de la esposa de un emperador— en los peligros del republicanismo. Quedó tan conmovida por la difícil situación de México que prometió plantear la cuestión a Napoleón III.

Cuando estalló la guerra civil en México, los conservadores nombraron a Hidalgo secretario de su legación en Francia: un cometido clave de su cargo era conseguir la intervención europea en favor de su Gobierno. La cercanía de Hidalgo con Eugenia le permitió exponer el asunto en persona al emperador. En 1858, Eugenia organizó la estancia de Hidalgo en el palacio de Compiègne, la residencia otoñal del emperador y su consorte. Allí, después de comer, Hidalgo habló con Napoleón III y le presentó su caso. Aunque Napoleón III simpatizaba con los argumentos del monárquico, respondió que Francia no podía hacer nada sola debido a la oposición de Estados Unidos.

Por eso, para Hidalgo la guerra civil estadounidense no fue una tragedia, sino una oportunidad: desde entonces, los acontecimientos siguieron girando a su favor. Aquel verano, Eugenia se encontraba de nuevo en Biarritz, acompañada de su marido. La pareja imperial había construido allí una lujosa villa, edificada con forma E para rendir honor a la emperatriz. En septiembre, invitaron a Hidalgo a reunirse con ellos. En Biarritz, en una época en la que no había comunicación telegráfica entre Europa y México —las noticias tardaban hasta seis semanas en cruzar el Atlántico—, Hidalgo recibió varias misivas donde se explicaba que los británicos habían suspendido las relaciones con el Gobierno de Juárez y que Saligny las había roto en nombre del propio Napoleón III. Tras la cena, Hidalgo se acercó a la emperatriz y le dijo: «Majestad, acabo de recibir unas cartas muy interesantes; los acontecimientos van en nuestra dirección y espero que nuestra idea de intervención y de imperio se haga realidad. Me gustaría decírselo al emperador». Eugenia salió repentinamente de la habitación, regresó en poco tiempo y le hizo señas para que la siguiera. «Cuente al emperador lo que acaba de decirme», dijo.

Napoleón III se encontraba en su estudio, leyendo una carta del rey de Siam (la actual Tailandia). La dejó sobre la mesa, se levantó, encendió un cigarrillo y lo miró expectante. «Señor», dijo Hidalgo, «hace tiempo que había perdido toda esperanza de ver realizadas aquellas ideas sobre las que tuve el honor de hablar con Su Majestad hace unos cuatro años; pero Inglaterra, junto con Francia y España, está ahora irritada por la política de Juárez, y van a enviar buques de guerra a [México]. Y así, Majestad, tenemos lo que necesitábamos: una intervención inglesa. Francia no actuará sola, que es lo que Su Majestad siempre quiso evitar». Con Gran Bretaña, España y Francia a bordo, continuó Hidalgo, la abrumadora mayoría de México se levantaría para «aniquilar a los demagogos y proclamar una monarquía, que es lo único que puede salvar al país». Hidalgo añadió que la guerra civil estadounidense hacía imposible que Washington interfiriese.

Sin embargo, Napoleón III todavía no había recibido los despachos de su ministro de Asuntos Exteriores. «Si Inglaterra y España están dispuestas a actuar, y los intereses de Francia lo exigen, yo también me uniré a ellas», respondió. «Por lo demás, tal como usted dice, la situación en Estados Unidos es muy propicia». Y así, entre nubes de humo de cigarrillo, en el estudio de una opulenta villa en la costa sudoeste de Francia, sin que siquiera se enterara el ministro francés de Asuntos Exteriores, se tomó la trascendental decisión de establecer una monarquía en México.

Lo que atrajo a Napoleón III fue la perspectiva de un Imperio latino fabulosamente rico adquirido a precio de ganga. A diferencia de Argelia, donde el colonialismo francés se basaba en la represión militar y el dominio directo desde la metrópoli, los monárquicos mexicanos proporcionarían a Francia las élites que, atraídas por la visión francesa del panlatinismo, la monarquía y el poder europeo, colaborarían con la misión de emprender la costosa tarea de crear y administrar el nuevo reino. Puesto que debía su existencia a Francia, Napoleón III imaginaba que este reino mexicano, nominalmente independiente, pagaría su deuda mediante condiciones comerciales favorables, concesiones mineras y derechos de tránsito, mientras que los inversores y las empresas franceses cosecharían los beneficios del desarrollo de un México rico en recursos y famoso por su riqueza en metales preciosos. El poder francés también irradiaría desde México: conforme se hicieran evidentes los beneficios políticos de la monarquía, otros Estados latinoamericanos inestables mirarían a París como modelo y harían retroceder el experimento republicano en América. En resumen, el plan de Napoleón III para México ofrecía a Francia todos los beneficios del colonialismo, pero a una fracción de su coste. Al menos, esa era la teoría. Sin embargo, quedaba pendiente la cuestión de quién se sentaría en este trono imaginario.

Hidalgo dijo: «¿Me permitirá Su Majestad preguntarle si tiene algún candidato en mente?». El emperador, que encendía otro cigarrillo, respondió: «No tengo ninguno». Tras descartar la posibilidad de un príncipe español y pasar por algunos miembros menores de la realeza alemana, Hidalgo cambió de táctica. ¿Podría aceptar la corona un archiduque austriaco? «Pero ¿qué archiduque?», preguntó Eugenia.[19]

2

El archiduque y la princesa

Fernando Maximiliano era archiduque de la casa real Habsburgo, una de las dinastías más antiguas de Europa. Varios siglos antes, los Habsburgo habían sido una potencia mundial y los recuerdos de su gloria imperial cautivaron a Maximiliano cuando era niño. En los palacios donde creció, los techos, las paredes e incluso los relojes de sol estaban adornados con el acróstico AEIOU, que en latín significa «todo el mundo está sometido a Austria». No era una fanfarronada: en el siglo XVI, bajo el reinado de Carlos V, México se había convertido en dominio de los Habsburgo y su imperio pronto se expandió hasta incluir gran parte de América del Norte y del Sur, Filipinas, así como partes de la India y África. Según la leyenda, Hércules inscribió el lema «Non plus ultra» —'nada más allá'— en el estrecho de Gibraltar para señalar el fin del mundo conocido: la ambición de Carlos V era tal que hizo a un lado el «non» y adoptó simplemente «Plus ultra» como lema personal.

Sin embargo, tres siglos más tarde, Austria era una potencia decimonónica en declive que luchaba por conservar sus territorios en la Europa central y oriental, y hacía tiempo que había abandonado sus pretensiones de supremacía mundial.

En 1556, Carlos V dividió su imperio entre su hijo Felipe II, que conservó las posesiones españolas, y su hermano, que controlaría los territorios tradicionales de los Habsburgo en Europa central. En 1700, con la extinción de la rama española de los Habsburgo, solo quedó la austriaca. Situado en el centro de Europa, el Imperio austriaco, así se denominó oficialmente a partir de 1806, era un asfixiante baluarte de monarquía y conservadurismo: una monarquía absoluta que reinaba sobre una multitud de nacionalidades diferentes, la antítesis del Estado nación democrático que encarnaba la Revolución francesa. Lo que mantenía unido a este frágil mosaico de reinos era la lealtad a los Habsburgo. Austria era el eje en torno al que giraba la conocida como «Santa Alianza», que defendía el catolicismo y la monarquía frente al ateísmo y el republicanismo.

Por desgracia, para un régimen basado en la majestuosidad de la monarquía, la Austria de mediados del siglo XIX contaba con un emperador poco magistral. Fernando, maldito por ataques de epilepsia incapacitantes, tenía una cabeza anormalmente grande sobre un cuerpo marchito. Se convirtió en emperador en 1835, pero sus problemas de salud hicieron que gobernara solo en el papel, y pocos esperaban que su reinado fuese largo. Dado que Fernando no podía tener hijos, el trono pasaría a Francisco Carlos, su hermano menor.

A Francisco Carlos, que era física y mentalmente apto, se le consideraba un individuo mediocre; tal era, en particular, la opinión de su propia esposa, la princesa Sofía de Baviera. Sofía solo tenía diecinueve años cuando su matrimonio la introdujo en la sofocante corte austriaca. Tras dejar atrás a su familia, se sintió desesperadamente sola y sufrió cinco abortos antes de dar a luz a un hijo, Francisco José, en 1830. Durante sus primeros años en Austria, su mejor amigo fue Napoleón Francisco José Carlos Bonaparte, otro forastero e hijo de Napoleón Bonaparte, casado en segundas nupcias con una archiduquesa austriaca. Tras la derrota de su padre en Waterloo, Napoleón II, a la sazón duque de Reichstadt, se crio en la práctica como un prisionero en los palacios imperiales de Viena. Allí encontró un alma gemela en Sofía, cuyo marido prefería la caza, la pesca y los asuntos militares. En contraste, el duque acompañaba a Sofía a la ópera y al teatro, y leía junto a ella las últimas novelas escritas en Francia, pero contrajo tuberculosis y, tras varias semanas de dolor agonizante, murió en julio de 1832 a los veintiún años. La última vez que sonrió fue, al parecer, cuando se enteró de que Sofía había dado a luz a un niño, Maximiliano, dos semanas antes. Pronto circularon rumores infundados que atribuían la paternidad al duque; según se decía, Maximiliano no era un Habsburgo, sino un Bonaparte.

Tras la muerte de su amigo, Sofía tuvo otros dos hijos, pero se volcó en especial con los dos mayores, Franzi y Maxi. Católica devota y ferviente monárquica, Sofía odiaba el liberalismo. Por ello, sus ideas sobre la educación de sus hijos se ajustaban a la tradición de los Habsburgo, que, tal como correspondía a una de las dinastías más antiguas de Europa, se basaba en un sistema desarrollado en la Edad Media. Los niños permanecían en manos de una institutriz hasta los seis años, cuando comenzaba su educación formal, supervisada por un tutor masculino, hasta los dieciocho. Por último, al menos, en teoría, el padre les servía de guía en la política y el arte de gobernar.

Maximiliano y Francisco José se llevaban menos de dos años, y se educaron al alimón con Carlos Luis, su hermano menor, nacido en 1833. Su institutriz les inculcó las virtudes de la fe católica junto con otros rasgos más tangibles, como el orden y la puntualidad. Francisco José destacaba en estas cualidades y se aseguraba de recoger sus juguetes todas las noches antes de acostarse. Por su parte, Maximiliano tenía tendencia a soñar despierto. Las diferencias entre los muchachos pronto se hicieron patentes también en otras esferas. La educación militar era clave en la vida de los Habsburgo y Sofía llevaba a sus hijos a los desfiles de Viena. Tras el primero, Francisco José declaró que nunca había visto nada más hermoso, mientras que el espectáculo aburría a Maximiliano. Prefería el zoológico de Schönbrunn, que estaba lleno de animales exóticos. Maximiliano, que odiaba el frío, pasaba el tiempo embelesado entre las plantas tropicales de los cálidos invernaderos del palacio, en lugar de contemplar los ejercicios militares del exterior.

Sofía tuvo más éxito a la hora de inculcar a Maximiliano el amor por la literatura. Invitó a escritores para que mostraran su arte a los jóvenes archiduques y el propio Hans Christian Andersen leyó sus cuentos a los niños. Estas lecturas impresionaron a Maximiliano. En sus estudios, su tutor favorito era el inglés Charles Gaulis Clairmont, que tenía excelentes credenciales como profesor de Literatura: era hermano de Claire Clairmont, la hermanastra de Mary Shelley y amante de lord Byron. Mientras que Maximiliano se deleitaba con la poesía y los idiomas, y recitaba extensos pasajes de Shelley en inglés, Francisco José los encontraba difíciles y aburridos. Cuando tuvo edad suficiente, Maximiliano acompañaba a su madre al teatro, tal como había hecho el duque de Reichstadt. El amor de Maximiliano por las artes le recordaba a Sofía a sí misma, y su madre simpatizaba con el espíritu imaginativo e inquieto de su hijo, que contrastaba notablemente con el de Francisco José, quien seguía el ejemplo de su padre y amaba el orden y la rutina.

A pesar de sus diferencias, los dos hermanos estaban muy unidos. Por ejemplo, cuando Maximiliano estaba enfermo y confinado en su habitación, Francisco José le escribía cartas hablándole de los nuevos juguetes, de los que disfrutarían cuando estuviera mejor. De niño y adolescente, Maximiliano admiraba, respetaba y confiaba en su hermano mayor.

La infancia, un tanto idílica, terminó cuando los chicos entraron en la siguiente etapa de su educación. Su tutor se encargó de inculcarles los valores conservadores que daban sustento a la monarquía. Dios y el derecho divino de los reyes se situaban en el centro del plan de estudios, pero estos dos conceptos no llenarían las cincuenta extenuantes horas semanales que conformaban el horario de Maximiliano. Solo tenía libre la hora después de levantarse y la anterior a irse a dormir. Se despertaba a las seis y se acostaba a las ocho. Los siete días de incesante estudio semanal se centraban en idiomas, geografía, historia y ciencias naturales. El programa incluía también baile, equitación y ejercicios militares.

Maximiliano destacó en las asignaturas que le gustaban y se convirtió en un talentoso estudiante de idiomas que hablaba con fluidez francés, italiano, español e inglés. También tenía debilidad por la literatura y la historia. No obstante, mostraba menos entusiasmo por otras asignaturas. Su madre se quejaba de que odiaba todo lo que le resultaba difícil o no le gustaba. Sabía que con esa actitud no se ganaba el cariño de sus profesores, quienes escribían que Maximiliano era un vago y que, movido por su imaginación desbordante, de pronto hablaba con entusiasmo de cualquier idea que se le pasara por la cabeza. Sofía convino en que Francisco José era el que mejor se comportaba de los dos hermanos; ahora bien, Maximiliano seguía conquistando a todo el mundo con su personalidad. Le encantaba su carácter juguetón, aunque su desasosiego le hacía preocuparse por su futuro.

También tenía un gran sentido del humor: las burlas y las trastadas eran la especialidad cómica de Maximiliano. Ponía en ridículo a los profesores que no le gustaban, mientras que Francisco José mostraba una perfecta deferencia. A Maximiliano también le gustaba gastar bromas. Mientras cenaba con el emperador, Maximiliano fingía estornudar, pues sabía que el pobre Fernando diría «Jesús» cada vez. En una ocasión, Maximiliano se vistió de mujer y se presentó a su tía como la princesa de Módena, una treta que funcionó hasta que soltó un auténtico estornudo, impropio de una princesa elegante. En otra ocasión, tras asistir a una representación de la ópera *La sonámbula,* representó, para diversión de los guardias del palacio, el drama en los parapetos de Schönbrunn con un camisón de mujer y una vela.

Travieso, pero bonachón, Maximiliano se convirtió en un joven afable y carismático, aunque contradictorio. Tenía una figura imponente, alto para la época —medía 1,80 metros—, tez clara, ojos azules, prominentes patillas, pelo rubio y una inconfundible barba bífida. «Sus ojos, de un azul porcelana brillante, iluminaban con amabilidad a quienquiera que se posara en ellos», señaló un conocido. «Era un caballero y actuaba como tal. Sus modales eran atractivos; tenía la capacidad de hacer que uno se sintiera a gusto», escribió otro. Sin embargo, su carácter era complejo, y sus acciones, incoherentes. Extrovertido y gregario cuando lo deseaba, también era introspectivo y estaba atado a las rígidas ideas sobre el honor y la etiqueta de los Habsburgo, que, en ocasiones, llegaban a paralizarlo. Aunque era soñador por naturaleza, era muy consciente de cómo debía comportarse un joven Habsburgo y deseaba tan desesperadamente vivir según las reglas que, de adulto, llevaba consigo una tarjeta con veintisiete aforismos destinados a alentar la buena conducta. Uno de ellos, escrito en inglés, tan solo decía «Take it coolly» ('Tómatelo con calma'); otras máximas eran «Sé amable con todo el mundo», «Dos horas diarias de ejercicio» y «Nada dura para siempre».[1]

En marzo de 1848, justo antes de que Maximiliano cumpliera dieciséis, su educación se vio interrumpida cuando las noticias de la Revolución de Febrero de París llegaron a Viena. Los cafés se llenaron de críticas al régimen de los Habsburgo, pero la insurrección comenzó en otra parte del imperio, en Hungría. El 3 de marzo, Lajos Kossuth, un ferviente nacionalista, lanzó un mordaz ataque. Criticando todo aquello en lo que Maximiliano había sido educado, Kossuth declaró que el absolutismo de los Habsburgo era el «aire pestilente que embota nuestros nervios y paraliza nuestros espíritus».[2] En pocos días, este incendiario discurso se imprimió en la clandestinidad y se distribuyó por todo el imperio, sobre todo en Viena, donde liberales, radicales y estudiantes exigían la libertad de prensa, el derecho a la protesta y una constitución democrática. El 13 de marzo, miles de personas salieron a la calle y marcharon hacia Hofburg, el palacio imperial situado en el corazón de Viena. Allí, el Gobierno se enfrentó a las masas con cañones y bayonetas. Los soldados recibieron una lluvia de insultos y —lo que fue más doloroso— de proyectiles improvisados, como muebles arrojados desde apartamentos situados en las calles.

Cuando una piedra alcanzó al comandante, un oficial del regimiento ordenó a los soldados abrir fuego.

El chasquido de los mosquetes anunció que la revolución había empezado. Cuatro civiles murieron y una mujer falleció pisoteada cuando la multitud huyó en estampida del avance de las tropas. Los enfrentamientos continuaron durante toda la noche, iluminados por columnas de fuego que salían de farolas de gas destrozadas. Para aplacar a la multitud, el Gobierno anunció la dimisión de Klemens von Metternich, ministro impopular y el arquitecto de la Europa conservadora. A continuación, se proclamó que el emperador Fernando había accedido a otorgar una constitución.

A pesar de estas concesiones, el Gobierno perdió el control de su capital y, el 17 de mayo de 1848, la familia imperial abandonó Viena en silencio. Con solo quince años, Maximiliano cabalgó junto a sus padres hacia un lugar seguro. Para su madre, la humillación fue insoportable. Le dijo a Maximiliano que habría sobrellevado mejor la pérdida de uno de sus hijos que la ignominia de someterse a una turba de estudiantes. La humillación de abandonar la capital y el palpable sentimiento de vergüenza de su madre dejaron una profunda impresión en Maximiliano, quien, golpeado por la escasa popularidad del régimen autocrático, cabalgaba por las hostiles calles de Viena.

Por increíble que le resultara a Sofía, la revuelta siguió extendiéndose por las tierras de los Habsburgo. Sin embargo, el Ejército permaneció leal. Francisco José, que servía en la provincia austriaca de Lombardía-Venecia, al norte de Italia, desempeñó un destacado papel en la represión de la insurrección popular. Comparado con el ineficaz emperador Fernando, que huía de su capital, el hermano mayor de Maximiliano parecía un hombre de acción capaz de encabezar las fuerzas del orden. Tomando la iniciativa, Sofía organizó un plan con los principales generales y aristócratas: Fernando abdicaría, pero no en favor de Francisco Carlos —que era el siguiente en la línea de sucesión— sino en su hijo, Francisco José. La princesa bávara concluyó que su esposo era incapaz de sofocar la revolución y también convenció de ello a Francisco Carlos. El plan era tan secreto que ni siquiera Maximiliano lo supo hasta el último instante.

El 2 de diciembre de 1848, Maximiliano presenció la coronación de su hermano como emperador de Austria, rodeado de su familia, así como de la más distinguida aristocracia y el clero del Estado imperial. La alegría que sintió por la coronación de Francisco José se vio empañada por el modo en que su relación, antes tan estrecha, se vio transformada. Maximiliano había dejado de ser el divertido hermano menor para convertirse en el siguiente en la línea de sucesión al trono, y Francisco José veía en él un posible rival. Además, como jefe de los Habsburgo y en su papel oficial, Francisco José situó a Maximiliano en una posición subordinada: tenía que pedir audiencia si quería hablar con su hermano y necesitaba permiso para tomar cualquier decisión importante, como el matrimonio, y Francisco José controlaba también su carrera.

No obstante, de manera más inmediata, Maximiliano se sintió conmocionado por la forma en la que su hermano inició su reinado. Francisco José había prometido gobernar en nombre de la libertad y los derechos, pero, en lugar de ello, lanzó una vengativa ofensiva por todo su imperio e invitó a las tropas rusas a entrar en Hungría para acabar con los rebeldes de aquella zona. Al mismo tiempo, permitió el encarcelamiento arbitrario, la tortura y, a menudo, la ejecución de cualquier sospechoso de insurrección. Estas medidas restauraron el orden, pero, cuando su hermano aplastó los disturbios y renunció a conceder una constitución, tal como había prometido, Maximiliano se sintió horrorizado. Su educación le había inculcado un profundo respeto por las tradiciones de los Habsburgo, aunque también había desarrollado cierta simpatía por el liberalismo y la reforma política, e instó a la clemencia. Más tarde, escribió sobre las ejecuciones sumarias: «Llamamos a nuestra época el "Siglo de las Luces", pero, en algunas ciudades de Europa, los hombres del futuro echarán la vista atrás con horror y asombro ante la injusticia de unos tribunales que, con espíritu de venganza, condenaron a muerte a aquellos cuyo único delito consistía en querer algo distinto a la arbitrariedad de los gobiernos que se sitúan por encima de la ley».[3] Maximiliano no mantuvo sus críticas en privado, lo que alarmó a su hermano. Además, su personalidad extrovertida lo hizo popular entre la sociedad vienesa, sobre todo por el contraste con la formalidad severa y fría de su hermano mayor. Los asesores de Francisco José le dejaron claro que era mejor mantener a un príncipe simpático y liberal lejos de Viena, y todavía más del poder. Paseando un día por la ciudad, Francisco José se dio cuenta de lo cerca que Maximiliano estaba del trono. Mientras caminaba por las fortificaciones de la ciudad, el emperador se detuvo a observar unos ejercicios militares en el patio de armas. Entonces, un revolucionario húngaro vio su oportunidad y se abalanzó sobre el emperador con el cuchillo preparado para clavárselo en la espalda, pero, en el momento en el que el presunto asesino corría hacia Francisco José, un espectador dio un grito. Cuando Francisco José se volvió para ver qué ocurría, el puñal del atacante se desvió hacia el cuello del emperador. Aunque estaba malherido, el rígido cuello de su vestimenta militar había absorbido el golpe. Al enterarse de la noticia, Maximiliano, que en aquel momento se encontraba lejos de Viena, se apresuró a acudir al lecho de su hermano convaleciente. Extenuado, cansado y emocionado, Maximiliano fue recibido con una hostil indiferencia. Francisco José lo acusó de abandonar su puesto sin permiso e interpretó la prisa de su hermano por regresar a Viena como afán por hacerse con la corona del imperio. En realidad, una angustiada Sofía le había pedido que viniera, pero el emperador no quería a su hermano cerca de la capital.

Para Francisco José, el incidente justificaba su decisión, tomada de antemano, de canalizar las energías de Maximiliano hacia la marina de guerra. Los largos viajes por mar eran la ocupación perfecta para un hermano menor popular y ambicioso, y la Marina austriaca era ridícula. Considerada históricamente una potencia terrestre, en 1815 Austria confirmó su dominio sobre el territorio de la antigua República de Venecia, ahora incorporada a la provincia de Lombardía-Venecia. Con la adquisición, llegaron los restos de la flota veneciana, que se convirtieron en la Marina austriaca. La Armada, tripulada de forma predominante por italianos de escasa lealtad a los Habsburgo, había caído en desgracia a ojos de Viena al ponerse del lado de los revolucionarios en 1848, quienes soñaban con una Italia unida. No obstante, para Maximiliano, el hecho de verse obligado a emprender la carrera naval no fue el desaire que podría haber sido para otra persona: durante muchos años, había soñado con convertirse en marino. Al referir su primer viaje, escribió sobre la emoción sentida cuando subió a bordo de la Novara mientras sonaba el himno nacional y cumplía una vieja ambición. La fragata, que debía su nombre a una victoria austriaca en Italia durante las guerras revolucionarias de 1848-1849, era el orgullo de la Armada de los Habsburgo.

El papel de Maximiliano causó una gran impresión, rindió bien como oficial y, en 1854, fue nombrado comandante en jefe de la Marina austriaca. Con veintidós años, era joven para el cargo, pero se ganó el respeto de sus compañeros y trabajó de manera incansable para modernizar la pequeña flota. Cuando el vapor sustituyó a la vela y los acorazados de hierro empezaron a hacer irrelevantes a los barcos de madera, Maximiliano adoptó estas tecnologías y persuadió a su hermano para que le concediera los fondos necesarios. Como comandante en jefe, Maximiliano demostró ser un administrador capaz que disfrutaba con la modernidad y el cambio, y transformó una flota improvisada en una Armada respetada.

Otra ventaja de empujar a Maximiliano a la Marina era que tendría su base en el puerto adriático de Trieste, lejos de Viena. Esta era una ciudad cosmopolita y sus conexiones por mar se extendían más allá del Mediterráneo, y Maximiliano llegó a amar tanto la zona que decidió convertirla en su residencia permanente y mandó construir un castillo a pocos kilómetros de la ciudad. Las obras comenzaron en 1856, bautizó el lugar con el nombre de Miramar —en honor a la magnífica vista sobre las cerúleas aguas del Adriático— y se implicó en todos los detalles. El enclave era una roca estéril, pero Maximiliano lo transformó en un bucólico edén con árboles altos y sombreados, y plantas exóticas. Apasionado de las ciencias naturales y amante de la botánica, se complacía en hacer realidad su imaginación, aunque el coste estuvo a punto de llevarle a la bancarrota.

El elemento definitorio de Maximiliano era la importancia que concedía a su dinastía y canalizó esta veneración en su castillo, que contaba con un exterior neogótico y fantástico que daba la impresión de pertenecer a un cuento de hadas medieval. Los interiores se decoraron según sus exigentes planes y muchas de las habitaciones hacían gala de sus ancestros. Por ejemplo, de una pared colgaba un enorme árbol genealógico ilustrado que trazaba su ascendencia hasta Rodolfo I, el primer monarca Habsburgo, cuyo reinado comenzó en 1218. En la pared opuesta, había un mapa del mundo con el legendario emperador Carlos V en el centro. Por todas partes, se celebraba el poder de la monarquía. En la Sala Real colgaban quince retratos de los principales gobernantes de Europa; en la adyacente Sala de Audiencias, Francisco José ocupaba el centro del escenario. Como hermano menor, el retrato de Maximiliano nunca pudo colgar en estas salas, pero eso no le impidió soñar con el poder: encargó un retrato propio con las galas medievales de los Habsburgo, vistiendo un manto imperial carmesí mientras un águila planeaba sobre él.

Con independencia de lo que decidiera colgar en sus paredes, el papel de Maximiliano no era gobernar, sino servir. Francisco José, que conocía el carisma de su hermano, puso a Maximiliano a trabajar como diplomático, navegando por el Mediterráneo, mostrando el pabellón austriaco y proyectando el poder de los Habsburgo. Estos viajes despertaron sus ganas de conocer mundo y le llevaron, entre otros lugares, a Jerusalén, Egipto, Grecia y Gibraltar, donde experimentó realidades muy diversas, desde los mercados de esclavos otomanos hasta las fiestas del té con oficiales británicos y sus esposas.

Sus viajes le recordaron las antiguas glorias de los Habsburgo. Durante un viaje a España, vio una corrida de toros, sentado en un tendido a pleno sol, bajo un impecable cielo azul. Cuando el animal entró en la arena, Maximiliano rugió con la multitud. El toro no tardó en derribar el caballo de un picador. Los toreros acabaron por someter al febril animal, que tenía pirotecnia atada a los cuernos, y el matador se dirigió al palco de Maximiliano, anunciando que el golpe de gracia sería en honor del aristócrata austriaco. El público enmudeció y se volvió hacia él. «Me invadió una extraña sensación», escribió, mientras su imaginación lo «transportaba a los viejos tiempos cuando los Habsburgo gobernaban este noble pueblo».

Para saciar todavía más su veneración por sus antepasados, Maximiliano visitó la tumba de Fernando II de Aragón, abuelo de Carlos V, su tocayo y el hombre que sometió por primera vez el Nuevo Mundo al dominio español. Arrodillado ante ella, Maximiliano recordó que, incluso entre españoles, «yo era, como pariente legítimo, el más cercano al pobre difunto, más que los gobernantes y príncipes de aquella tierra; allí experimenté que, incluso después de siglos, el sentimiento de ser pariente suyo se apoderaba de mí y un melancólico lamento conmovió mi alma». En lugar de volver la vista hacia su tierra natal y proteger el legado de Austria —la preocupación de Francisco José como emperador—, Maximiliano soñaba con antiguas glorias al otro lado de los océanos, «una época en la que España, bajo las alas del águila [el emblema de los Habsburgo], estuvo en la más alta cúspide del poder y fue el mayor imperio del mundo;

días en los que un poderoso Habsburgo pronunció las palabras "plus ultra"».[4]

En mayo de 1856, durante una misión diplomática en Francia, Maximiliano conoció a un hombre que hizo realidad su sueño de convertirse en emperador: Napoleón III. Al describir el encuentro para su hermano, Maximiliano firmó un retrato decepcionante del emperador francés, en el que destacó la «escasa y poco imponente estatura de Napoleón III; su exterior, carente por completo de nobleza; su andar, arrastrando los pies; sus feas manos, y la mirada astuta e inquisitiva de sus ojos sin brillo». El emperador francés también tenía unas torpes habilidades sociales y mostró «una insuperable vergüenza»; en la cena, «se sintió tan incómodo que la conversación nunca fue entretenida». Maximiliano creía saber por qué: el emperador se avergonzaba «en presencia de un príncipe de linaje más antiguo». Por su parte, Napoleón III estaba realmente nervioso: su imperio era aún joven, las visitas de ilustres casas reinantes, raras, y, sin duda, sentía curiosidad por saber si eran ciertos los rumores de que Maximiliano era el verdadero heredero del apellido Bonaparte.

A Maximiliano le preocupaban más las sencillas maneras de la Francia imperial en comparación con las reglas arcanas, la disciplina y la deferencia de la corte de los Habsburgo, que él conocía y amaba de manera obsesiva. La emperatriz Eugenia se mostraba demasiado amable con las damas de la corte, incluso les estrechaba la mano, lo que, según contaba el archiduque a su hermano, era «un poco chocante para nuestras concepciones de la etiqueta imperial». Napoleón III hablaba de forma «imprudente» delante de sus sirvientes, «algo propio de un advenedizo», y no entendía que se debía «tener cuidado de no exponerse ante quienes ocupan posiciones subordinadas».

Maximiliano pronto cambió de opinión sobre el emperador francés. Dejó París con una impresión favorable, recordando la «gran calma y noble sencillez de carácter» de Napoleón III. Maximiliano alabó su «franqueza y amabilidad», así como su facultad de «hablar bien y con animación, y la impresión se acentúa con un cierto destello de los ojos».[5] El sentimiento era mutuo: Maximiliano cautivó tanto a Napoleón III como a Eugenia.

Desde París, Maximiliano acudió a otra corte que le disgustó mucho, la de Bélgica. Al igual que gran parte de Europa, los antepasados de Maximiliano habían gobernado el territorio belga y el país no se independizó hasta 1831, cuando, tras la enésima revolución propagada desde Francia en 1830, los belgas francófonos, que entonces formaban parte de los Países Bajos, se rebelaron contra sus gobernantes holandeses. Con la pesadilla de los ejércitos revolucionarios franceses y del primer Napoleón aún fresca en sus mentes, las principales potencias europeas inventaron Bélgica con la intención de volver a sumir a Europa en un sueño conservador y evitar que Francia se anexionase el territorio. Si Napoleón III era un emperador advenedizo, Bélgica era una nación advenediza. «La más alta nobleza del país», observó Maximiliano con horror, «se codea con sus propios sastres y zapateros».[6]

En la Europa del siglo XIX, una nueva nación requería un nuevo rey, y se había decidido que Leopoldo de Sajonia-Coburgo-Saalfeld, el hijo menor de un duque de una dinastía alemana menor, ocupase el trono belga. La primera impresión que Leopoldo causó a Maximiliano no fue buena, entre otras cosas porque, tras una larga cena con la familia real belga, Leopoldo había acorralado a Maximiliano y «me había involucrado en una conversación política interminable». Por desgracia, la cosa no acabó ahí. Leopoldo terminó el monólogo con la promesa de dar «una conferencia sobre ciencia política y el equilibrio de Europa; oferta que recibí con ánimo bostezante».[7] Sin embargo, en la corte belga, el archiduque de Austria también conoció a alguien más de su gusto. Antes de ser rey, Leopoldo se había casado con la princesa Carlota Augusta de Gales, hija única del monarca británico Jorge IV. Un año después, su esposa falleció al dar a luz. Leopoldo contrajo matrimonio, entonces, con Luisa María de Orleans, hija del rey francés Luis Felipe I. Tuvieron cuatro hijos, tres varones y una niña, Carlota, llamada así en honor a la fallecida primera esposa de Leopoldo. Se la consideraba una de las princesas más bellas de Europa y, sin duda, esto fue lo que primero llamó la atención de Maximiliano. Tan solo tenía dieciséis años cuando la vio, era esbelta y diminuta, y su cabello oscuro enmarcaba una pálida tez en la que brillaban dos ojos cristalinos. Además, era inteligente. Al igual que Maximiliano, era una aventajada estudiante de idiomas, pero, a diferencia del Habsburgo, también tenía una inteligencia práctica con un destacado conocimiento de la aritmética.

Asimismo, de joven leía historia —se jactaba de poder recitar la lista de todos los reyes y las reinas de Inglaterra— y filosofía por puro placer.

Era seria, decidida y ferozmente ambiciosa. A los trece años, afirmó que sus dos asignaturas favoritas eran Religión y Plutarco, pero se reprendía a sí misma por no ser «lo bastante aplicada en mis estudios», así que decidió estudiar más. «Cuando intento razonar conmigo misma», escribía, «no tiene sentido. Es muy perverso por mi parte estar tan poco agradecida a Dios por todas las bendiciones espirituales y materiales que me ha dado. Lo único que deseo es lo que no puedo tener, lo que demuestra que mi mente debe ser muy retorcida. No puedo vencer mi pereza y me rindo con demasiada facilidad, haciendo propósitos que no puedo cumplir».[8]

Su carácter era tan severo que despreciaba a su cuñada María Enriqueta por su frivolidad. En parte, porque a Carlota no le gustaba su propio hermano mayor, el futuro Leopoldo II, pero también porque afirmaba que María Enriqueta le provocaba dolores de cabeza, siempre hablando de los conciertos que organizaba. «¡Es insulsa!» se quejaba Carlota. Todos los días, continuaba, María Enriqueta hablaba con entusiasmo del próximo cantante de ópera. «Me aburre mortalmente».[9] Carlota pensaba que era vergonzoso no tener más que música en la vida.

La muerte de Luisa María, su madre, convirtió a una niña juguetona en una adolescente severa. En el verano de 1850, cuando Carlota solo tenía diez años, cayó enferma de tos ferina y su madre pasó semanas cuidándola. No obstante, el esfuerzo fue demasiado para ella, que padecía tuberculosis y murió meses después. Luis Felipe, su padre, había fallecido pocos meses antes, por lo que María Amelia, la abuela de Carlota, sufrió la doble tragedia de perder a su marido y a su hija. En efecto, Carlota no estaba preocupada por ella, sino por su abuela, y le escribió que haría todo lo posible por reponer lo perdido. Aquello era, por supuesto, una carga imposible para una niña de diez años, pero Carlota asumiría cualquier responsabilidad con tal de ayudar a sus seres queridos. Tras la muerte de su madre y su abuelo, se dedicó con devoción a Leopoldo, su padre.

Al igual que a Napoleón III, el destino también impulsó a Carlota: mientras que el emperador francés creía que las fuerzas seculares de la historia le tenían reservado la grandeza, la divina providencia otorgó a Carlota su cometido. Profundamente católica, creía que estaba destinada a ejecutar la obra de Dios. Como hija de un rey belga y nieta de un rey francés, Carlota también había nacido para gobernar, pero, como mujer del siglo XIX, necesitaría un marido si quería desempeñar un papel político de liderazgo acorde con sus ambiciones. Para ello, había pocos solteros mejores que Maximiliano.

En el momento en el que el elegante, carismático y sofisticado Maximiliano irrumpió en su vida, Carlota quedó impresionada al instante. Como había leído mucho, pero visto poco mundo, quedó fascinada por las coloridas historias de sus viajes por el extranjero. Pasaban horas disfrutando de su mutua compañía. «El archiduque es encantador en todos los aspectos», escribió a su confidente más cercana. Físicamente, «lo encuentro atractivo, y moralmente no deja nada que desear, y eso es todo lo que hay que decir», concluía con la franqueza que la caracterizaba. «Nuestros corazones se entienden cada vez mejor», apuntó. El hecho de que sus opiniones y sentimientos fueran casi los mismos, añadía, equivalía a la «verdadera felicidad».[10]

Cuando la seriedad de la relación se hizo patente, Leopoldo pidió a su sobrina Victoria, la reina de Inglaterra, que valorase a Maximiliano durante una visita que este hizo a Londres. Después de pasar un rato con él, escribió a su tío: «Es imposible transmitir cuánto nos agrada el archiduque; es encantador, muy inteligente, natural, amable y afable». Para la reina, también era «muy inglés en sus sentimientos y gustos». Físicamente, «con la excepción de la boca y barbilla», que para los Habsburgo solía ser una objeción bastante grande, a Victoria le pareció «guapo». Vadeó la cuestión de la boca y la barbilla recurriendo al viejo método de elogiar la personalidad: «Creo que a una no le importa lo más mínimo, ya que es muy amable, inteligente y agradable». En resumen, concluyó: «Estoy segura de que hará feliz a [Carlota], y es muy digno de ella».[11]

A pesar de contar con el visto bueno de Victoria, ni Leopoldo ni ella consideraban a Maximiliano el mejor marido posible para Carlota, pero la joven princesa estaba decidida a casarse con quien quisiera, y solía salirse con la suya. Tras negociar los términos económicos del enlace, Leopoldo y Francisco José, que debían aprobar el matrimonio, dieron su consentimiento y la boda se celebró en Bruselas el 27 de julio de 1857. Carlota acababa de cumplir diecisiete años, y Maximiliano, veinticinco. Tal como correspondía a dos de los miembros más encumbrados de la aristocracia europea, no se repararon en gastos para las celebraciones. Se organizó una semana de festejos con cenas fastuosas, bailes extravagantes y una fiesta pública a la que, según el *Times,* asistieron unas sesenta mil personas, que estallaron en grandes vítores cuando la pareja apareció ante ellos.

Tras las celebraciones, una Carlota con el rostro bañado en lágrimas se despidió de su familia antes de visitar la tumba de su madre, donde rezó durante una hora mientras Maximiliano esperaba. Después, viajaron a Viena; allí, la madre de Maximiliano enseguida se encariñó con Carlota, aunque los demás Habsburgo despreciaban a una simple princesa belga. Isabel, la esposa de Francisco José, se mostraba en especial desdeñosa, lo que volvió más tensa la relación entre los dos hermanos. Sin embargo, su estancia en Viena fue breve, ya que Leopoldo había escrito a Francisco José solicitando que Maximiliano fuera nombrado para un cargo prominente. Francisco José accedió y nombró a su hermano gobernador de Lombardía-Venecia, una de las provincias más ricas del imperio, en Italia.

Ciertamente, el cargo entrañaba prestigio, pero era un regalo envenenado. A pesar de su riqueza, Lombardía-Venecia era un hervidero de intrigas revolucionarias y sediciones nacionalistas. En 1848 y 1849, la provincia estuvo a punto de romper con el régimen autocrático austriaco en favor del nacionalismo liberal italiano. La *Marcha Radetzky* de Johann Strauss celebra el aplastamiento de esta revolución, pero la dominación extranjera —cimentada en la tortura, el encarcelamiento y la ejecución de los opositores— despertó el odio hacia Austria entre quienes aún soñaban con la unificación italiana. Maximiliano, a quien ya conocían en la región y más liberal que Francisco José, fue elegido en parte para aplacar a la opinión pública, pero sus esfuerzos se vieron constreñidos por su hermano. El papel del archiduque era limitado y ejercía más de embajador que de gobernador: Francisco José se aseguró de que el verdadero poder permaneciese en Viena.

Maximiliano era consciente de que sus súbditos veían a los Habsburgo como tiranos extranjeros. Su respuesta fue intentar ganarse a los hostiles italianos recorriendo su reino y mostrándoles la pompa y majestuosidad de la corte de los Habsburgo. Para ello, tuvo la suerte de contar con Carlota, la elegancia regia personificada, que lucía un lujoso vestido de seda carmesí con encaje blanco y una tiara de rosas y diamantes cuando la pareja hizo su entrada en Milán, la capital de la provincia. A diferencia de su marido, que encontraba tediosos los compromisos sociales formales, Carlota disfrutaba de las recepciones, cenas y bailes, y deleitaba a todos con su estilo e inteligencia. Sin embargo, si la entrada en Milán había sido triunfal, en Venecia los recibió una multitud cuyo silencio no presagiaba nada bueno.

En consecuencia, Maximiliano estaba decidido a demostrar que su gobierno supondría una ruptura radical con la represión austriaca. Creyendo que un enfoque liberal uniría a la nobleza local en torno a la dinastía, se deleitó en su papel de mecenas y se maravilló ante el esplendor renacentista del norte de Italia, e invitó a artistas y arquitectos a su corte. Para acrecentar tanto como fuera posible la popularidad del régimen austriaco, salía con frecuencia al encuentro de la gente, aplicaba reformas económicas con el objetivo de aliviar la pobreza y elaboraba planes para cambiar el gobierno de la provincia de manera radical con el fin de aplacar el sentimiento nacionalista. En lugar del control absoluto desde Viena, propuso que la provincia tuviera un senado, que asesoraría a un gobernador al que se le confiaría un mayor poder.

Tras un año en el cargo, Maximiliano fue a Viena para explicar sus reformas a Francisco José, que las rechazó de plano. El emperador declaró sin rodeos que su hermano no había tenido en cuenta los intereses generales de Austria: en lugar de más libertad, lo que se necesitaba en Lombardía-Venecia era más represión. Francisco José ordenó a su hermano ampliar la policía secreta, arrestar a los disidentes y cerrar las universidades sospechosas de radicalismo. Maximiliano creía que esto no haría más que avivar la revolución en el norte de Italia, pero no podía hacer nada. En una carta a Sofía, se quejaba de que su hermano había conseguido unir a la región contra Austria. «No tengo miedo, pues un Habsburgo no actúa movido por él, pero estoy mudo y avergonzado».[12] Sus planes se veían frustrados una y otra vez, y, ahora, vivía con el temor de que las multitudes los insultaran a Carlota y a él o, peor aún, que los asesinaran. Se lamentaba de encontrarse a la cabeza de un Gobierno moribundo cuyas ideas no podía defender, sin embargo, el deber le impedía abandonar su puesto.

Pronto se desató el caos que Maximiliano había predicho. De nuevo, tuvo su origen en Francia, pero, esta vez, el drama comenzó en una noche de ópera. El 14 de enero de 1858, Napoleón III y Eugenia asistieron a una gala benéfica en la Salle Le Peletier, la ópera imperial. Cuando su carruaje se acercaba al teatro por una callejuela, una explosión sacudió el coche y uno de los caballos se desplomó. Una segunda y, después, una tercera explosión arrojaron el carruaje contra el muro de la calle, y la metralla alcanzó en el cuello a uno de los acompañantes, que se encontraba frente al emperador. La sangre manchó el vestido blanco de la emperatriz; la metralla también había atravesado el sombrero de copa del emperador. Entonces, un hombre se abalanzó sobre el carruaje con un puñal en una mano y un revólver en la otra, pero un policía lo interceptó. El atentado había concluido, pero las calles estaban sembradas de caballos y soldados heridos y muertos. Unos nacionalistas italianos eran el cerebro detrás del fallido atentado. Felice Orsini, su cabecilla, fue juzgado, condenado y sentenciado a muerte en febrero de 1858. El asesino fue un héroe para muchos italianos. El proceso desencadenó el fervor nacionalista en toda Lombardía-Venecia y dio lugar a manifestaciones. Ante estos acontecimientos, Maximiliano demostró un gran valor personal, enfrentándose a menudo a los manifestantes en persona. En una ocasión, abrazado a Carlota, salió al encuentro de la multitud en Venecia y caminó por las calles, haciendo frente a los hostiles y reuniendo a sus partidarios. A medida que la gente los seguía, las calles se llenaban de gente y no quedaba sitio para los manifestantes. Sin embargo, poco después, Maximiliano consideró que Carlota corría peligro y, en el invierno de 1858, la envió a Bélgica: era la primera vez que se separaban desde su enlace.

Aunque Maximiliano quería tratar con indulgencia a los disidentes, Francisco José tenía otros planes. Siguiendo órdenes de Viena, la policía secreta austriaca disolvió reuniones y arrestó a sospechosos. Cuando Maximiliano pidió que se le concedieran poderes civiles y militares extraordinarios para preservar lo que había intentado conseguir en los dos años anteriores, Francisco José lo relegó en favor de un gobernador militar y lo destituyó el 19 de abril de 1859.

Dos días después de su cese, Austria estaba en guerra con el Estado septentrional italiano del Piamonte y, lo que era más grave, con Francia. El intento de asesinato de Orsini no solo había despertado la furia nacionalista en Lombardía-Venecia, sino que también recordó a Napoleón III su propia implicación juvenil con los revolucionarios italianos. El emperador francés organizó una reunión secreta con el primer ministro del Piamonte y acordó enviar doscientos mil soldados franceses para expulsar a los austriacos de Italia. Los franceses cruzaron los Alpes y derrotaron a las fuerzas de los Habsburgo en la batalla de Magenta, lo que llevó a Francisco José —a quien le encantaba jugar con soldaditos cuando era niño— a ponerse personalmente al mando del Ejército. Maximiliano, que se unió a su hermano, llegó a tiempo para presenciar su derrota en la batalla de Solferino. Al mando del victorioso Ejército francés, estaba Napoleón III, que derrotó a los austriacos y obligó a Francisco José a firmar un humillante tratado que implicaba la perdida de la Lombardía. Esta deshonra de la Austria de los Habsburgo a manos de la Francia de un advenedizo bonapartista traumatizó profundamente a un Maximiliano ya herido por el trato que recibió por parte de Francisco José.

Desilusionado con Europa, Maximiliano dio rienda suelta a sus ansias y se escapó unos meses a Brasil. Al ver la costa de América Latina por primera vez, combinó la búsqueda romántica de lo desconocido con el peso de su ascendencia y se entregó a la evocación del pasado: «Me parece digno de una fábula que yo —que, desde mi infancia, he soñado despierto con visitar este lugar— sea el primer descendiente directo de Fernando e Isabel que pone el pie en este continente, que ahora ocupa una posición tan importante en la historia de la humanidad».[13]

Entusiasmado por el Nuevo Mundo, regresó todavía más desencantado al Viejo. Cada vez se mostraba más pesimista, y su único consuelo era Carlota y el castillo de cuento de hadas en el que ambos vivían. Pasar tiempo fuera de él le resultaba difícil, sobre todo cuando tenía que visitar a su familia en Viena. Para él, la capital era fría, gris y tediosa. La catastrófica derrota del imperio frente a Francia había provocado profundos cambios y Francisco José se vio obligado a adoptar una constitución federal no muy distinta de la que Maximiliano había propuesto para Lombardía-Venecia. Para su ultraconservadora madre, esto era una abominación. Las cenas familiares eran tensas y carentes de alegría. Además, Maximiliano y Carlota encontraban a Isabel, la esposa de Francisco José, insoportable, petulante y displicente. Tampoco ayudó el hecho de que, en una visita a Miramar, el pastor inglés de Isabel hubiera atacado y matado al perro faldero de Carlota, regalo de su prima, la reina Victoria. Sin mostrar un ápice de remordimiento, Isabel se limitó a decir que odiaba los perros pequeños.

El rígido conservadurismo de su madre y de su hermano mayor frustró profundamente a Maximiliano. Para que la monarquía sobreviviera, él creía que debía ser dinámica y popular, y aceptar el cambio. En lugar de hacia su familia Habsburgo, los afectos del archiduque se dirigieron, entonces, a su suegro. En contraste con lo que ocurría en Austria, Leopoldo parecía la encarnación de la realeza moderna. Después de todo, gobernaba Bélgica como un monarca constitucional, con un parlamento y una prensa libre. Bajo este sistema, Bélgica no solo había capeado las revoluciones de 1848, en las que cayeron monarquías más poderosas, sino que había experimentado una rápida industrialización. En consecuencia, el suegro de Maximiliano ejerció una influencia mayor de la que nadie esperaba de un país tan pequeño. Maximiliano era también anglófilo y estaba impresionado por la democracia parlamentaria británica. Tampoco se le escapaba que el Imperio francés, basado nominalmente en la voluntad del pueblo, había derrotado tanto a su autocrático hermano como a Rusia, la encarnación del poder absolutista. Si Maximiliano llegaba a gobernar, Bélgica, Gran Bretaña y Francia serían sus modelos, no lo que él consideraba el decrépito Imperio austriaco.

Maximiliano, que estaba cada vez más enfrentado con su familia Habsburgo, cultivó de manera cuidadosa su imagen de hombre moderno y liberal, amante de la literatura, las artes y la ciencia. Los súbditos de Francisco José solían decir que el único libro que abría era el anuario militar. Por el contrario, Maximiliano leía por placer y escribió numerosos poemas, publicados en privado para la corte vienesa, así como extensos escritos de viajes impregnados del espíritu del Romanticismo alemán. Este movimiento reflejaba el punto de vista de Maximiliano con su *Weltschmerz* ('hastío del mundo'), su nostalgia del pasado y su amor por lo exótico. Y estas reflexiones fueron una oportunidad más para airear sus opiniones liberales. Por ejemplo, tras visitar Brasil, arremetió contra la esclavitud, que aún se practicaba en este reino latinoamericano.

Maximiliano no solo estaba convencido de que había nacido para la grandeza, sino de que ya había demostrado un importante talento como líder. Muchos estaban de acuerdo con él: verbigracia, en la Marina austriaca, un leal grupo de jóvenes oficiales lo veneraba como a un sabio oficial, mientras que su periodo como gobernador de Lombardía-Venecia recibía elogios de amigos y enemigos por igual. Maximiliano había fundado museos, apoyado las artes y defendido la ciencia, encargando un célebre viaje a la fragata Novara, el primer barco austriaco en circunnavegar el globo. No obstante, todos estos acontecimientos tuvieron lugar en la década de 1850. Concluidas las obras de Miramar en 1861, Maximiliano ya no tenía un proyecto, y menos aún un medio para poner en práctica las considerables dotes que consideraba albergar.

Y no solo Maximiliano sentía que estaba destinado a cosas mayores: Carlota albergaba una feroz ambición tanto para su esposo como para sí misma y le animó a seguir adelante. En 1860, comentó a un íntimo confidente que «llegará el día» en el que «Maximiliano vuelva a ocupar un alto cargo; ha de ejercer como gobernante, quiero decir, porque ha sido creado para ello y la providencia lo ha bendecido con todo lo que hace felices a las personas. Me parece imposible que estos dones queden sepultados para siempre después de haber brillado apenas tres años».[14] Sin embargo, Francisco José, receloso de la popularidad de su hermano y de lo que consideraba opiniones peligrosamente liberales, nunca le otorgaría un papel semejante.

Despojado de propósito, Maximiliano sufría ataques de depresión debilitante que lo sumían en un estado de parálisis mental durante días. Semejante estado de fuga lo aquejaba en especial cuando estaba lejos de Carlota. Sin ella, todo le parecía vacío y yermo, y le resultaba difícil trabajar y estar entre la gente. La palabra que utilizaba para describir su estado mental era «melancolía». En una ocasión, después de pasar un tiempo lejos de Carlota con su familia en Viena, le escribió: «No te pudo decir todo lo que sentía mi pobre corazón, cómo rezaba por ti, ángel mío, y lo triste que era no estar cerca de ti, mi imán y mi único centro. Anoche tuvo todo el tiempo ganas de llorar y estuve más triste y melancólico que en mucho tiempo».[15]

En la primera Pascua tras su destitución como gobernador de Lombardía-Venecia, comentó que celebraría la fiesta en una pequeña iglesia de la zona, entre campesinos y pescadores. «Qué diferente a los años anteriores», escribió a su mujer. «Sic transit gloria mundi ['Así pasa la gloria del mundo']».[16] Por su lado, Carlota estaba menos enamorada de Miramar que su esposo. Pensaba que les aguardaba un aburrimiento infinito, mirando al mar desde una roca hasta la vejez. En el otoño de 1861, Gutiérrez de Estrada le ofreció un futuro glorioso que podía acabar con la diletante vida de Maximiliano y con el hastío de Carlota.

Las tres cualidades de Maximiliano que más atraían a Gutiérrez de Estrada eran su estirpe Habsburgo, su fe católica y, sobre todo, su disponibilidad. Por ello, el 4 de julio de 1861, Gutiérrez de Estrada escribió a Richard von Metternich, embajador austriaco en Francia, hijo del gran diplomático y el favorito de Eugenia en París. Gutiérrez de Estrada reiteró lo que había sostenido durante mucho tiempo —que la monarquía era el único sistema que podía salvar a México— antes de preguntar si Maximiliano consideraría convertirse en emperador. Metternich remitió la carta al conde Johann Bernhard von Rechberg, ministro austriaco de Asuntos Exteriores. Metternich explicó que, en su opinión, el plan «no carecía de grandeza», pero, desde un punto de vista práctico, era «lamentable y desalentador».[17]

Rechberg veía las cosas del mismo modo y respondió que sería una «ventaja incontestable y un triunfo sorprendente ver el principio monárquico, tan sacudido en Europa, restaurado en el Nuevo Mundo». Además, Austria se alegraría de que tan gloriosa misión recayera en los Habsburgo, pero, tal como admitió el propio Gutiérrez de Estrada, el éxito dependería de las grandes potencias navales. «No hemos tenido ningún indicio positivo», continuó Rechberg, de que Gran Bretaña y Francia apoyen una «restauración del principio monárquico en México». No obstante, añadió, «no deseamos, empero, desanimar a este diplomático», sino solo hacerle saber que Austria no podía aún comprometerse en una empresa que precisaba «condiciones más favorables que las presentes».[18]

Tras su charla de salón con Eugenia e Hidalgo en septiembre, Napoleón III se dedicaba ahora con empeño, aunque no de manera oficial, a obtener esas condiciones favorables. Las primeras batallas de la guerra civil estadounidense confirmaron su convicción de que el conflicto entre la Unión y la Confederación no se resolvería en un plazo breve. Con un Washington impotente para intervenir, Napoleón III necesitaba actuar rápidamente si pretendía reclamar el dominio de América Latina y recuperar México para la Europa monárquica, pero aún necesitaba un soberano. Aunque se esmeró en presentar a Maximiliano como la única opción, Napoleón III había considerado, de hecho, a muchos otros candidatos. Al emperador francés le gustaba Maximiliano, pensaba que era una persona competente y comprendía el prestigio del nombre de los Habsburgo, aunque, igual que en el caso de Gutiérrez de Estrada, lo que hacía que el archiduque destacase en especial era que parecía el más dispuesto a aceptar el puesto. Además, estaba la insistencia de Eugenia, quien se mostraba segura de que Maximiliano era el hombre que el emperador francés buscaba. Mediante propuestas informales realizadas a través de Metternich, Napoleón III hizo saber que Francia apoyaría su candidatura si ello convenía a Viena. De ser así, Francia se aseguraría de que Gran Bretaña y España apoyasen el plan.

Armado con estas vagas promesas, Rechberg planteó el asunto a Francisco José, quien debería dar su permiso antes de que Maximiliano aceptase la corona. Para él, comparado con frecuencia y de forma desfavorable con su popular hermano menor, no sería una gran pérdida ver al infrautilizado archiduque en México. Por tanto, el emperador ordenó a su ministro de Asuntos Exteriores acudir a Miramar y sugerir la idea en persona.

Maximiliano encontró embriagadora esta primera conversación. «Siempre, y en cualquier circunstancia de la vida, estaré dispuesto a hacer cualquier sacrificio, sin importar lo pesado que sea, por Austria». Al considerar la opción de ocupar el trono, continuó, «no subestimo en absoluto la gran ventaja que esto supondría para Austria, pues reavivaría el lustre» de los Habsburgo. Mientras otros países avanzaban, Austria retrocedía tras la humillante derrota ante Francia en Italia. Maximiliano afirmó que «el deber de nuestra dinastía es borrar esta mancha: nadie ve esto más claro que yo».[19] Alejado de su hermano, creyendo que su habilidad natural para gobernar se había frustrado en Lombardía-Venecia y desilusionado por su falta de oportunidades en Europa, el poder y la gloria en México le cautivaron. Empero, Maximiliano no tomaba ninguna decisión sin consultar a Carlota. De hecho, los críticos decían que no se pronunciaba en absoluto, sino que lo hacía su esposa. Carlota estaba tan embelesada como su marido y, como él, creía que la providencia les había entregado la corona mexicana. «Qué cosa tan bella», escribió a su hermano y añadió: «Max tiene todos los talentos necesarios para gobernar un gran imperio». También creía en la idea del destino de los Habsburgo, y escribió que Maximiliano podría traer «orden y civilización» al lugar donde Hernán Cortés había «llevado por primera vez la llama de la fe en nombre de Carlos V».[20]

Leopoldo, el padre de Carlota, también apoyó la idea. Maximiliano le escribió en octubre, transmitiéndole toda la información que había recibido sobre México. A pesar de no haber estado nunca allí y de no conocer en absoluto el país, Leopoldo declaró que México se adaptaba perfectamente a la monarquía. La opinión del hermano mayor de Carlota era aún más clara: «México es un país magnífico», escribió a su hermana. «Si tuviera un hijo mayor de edad, intentaría hacerlo rey de México».[21]

Colocar personas en tronos —sobre todo a un Habsburgo— era una secular tradición europea, pero no era simplemente una costumbre arcaica. Como monarquía recién fundada, la Bélgica de Leopoldo ofrecía un ejemplo a Maximiliano y Carlota; por otro lado, también en tiempos recientes, Suecia y Grecia habían estado regidas por soberanos extranjeros, ya fuera por invitación o imposición. Los monárquicos mexicanos se remontaban más atrás en la historia para justificar sus peticiones de un rey extranjero, utilizando el ejemplo de 1688 y la Revolución Gloriosa en Inglaterra, cuando el Parlamento solicitó a Guillermo de Orange que ocupara el trono, eso sí, con la ayuda de unas quince mil tropas extranjeras. Además, debido a la hostilidad de Estados Unidos a su proyecto, los conservadores mexicanos se deleitaban en señalar que incluso Estados Unidos debía su independencia a la intervención francesa, pues, en el siglo XVIII, el rey de Francia Luis XVI envió hombres y barcos para ayudar a derrotar a las fuerzas británicas en América.

Como buenos conocedores de la historia, estos ejemplos animaron a Maximiliano y a Carlota, pero la lista de partidarios actuales era igual de impresionante: el emperador y la emperatriz de Francia, el rey de Bélgica, el Ministerio de Asuntos Exteriores de Austria y el propio hermano de Maximiliano apoyaban la idea de situarlos en el trono de México, así que el plan no parecía descabellado. De manera confidencial, Maximiliano hizo saber a Gutiérrez de Estrada que estaba interesado; no obstante, tenía sus reservas. Temía que Estados Unidos invadiera su nuevo reino y, aunque no lo hiciera, le preocupaba que la monarquía no gozase de popularidad en el México republicano. Por ello, puso dos condiciones para aceptar definitivamente. En primer lugar,

Gran Bretaña y Francia debían firmar una alianza militar que protegiera al nuevo reino. Segundo, el pueblo mexicano tenía que respaldarlo mediante una votación.

Desesperado por convencer a Maximiliano de la popularidad de la monarquía, Gutiérrez de Estrada redactó una petición firmada por mexicanos de ideas afines. Sin embargo, esto no expresaba la voluntad de la nación —tal como se pretendía—, ya que solo la suscribían seis personas, una de las cuales era el hijo de Gutiérrez de Estrada. Como sabía que esto no era suficiente, el monárquico mexicano sometió a un bombardeo de cartas al archiduque a fin de solicitarle mantener una entrevista personal en la que pudiera disipar sus dudas. Siempre prudente y deseoso de evitar un escándalo público, Maximiliano envió a su secretario a París para discutir la visión de Gutiérrez de Estrada.

De regreso a Miramar, el representante de Maximiliano, que había quedado impresionado, informó al archiduque. Gutiérrez de Estrada había resultado persuasivo y afirmó que, con el genio de Napoleón III y el apoyo de los patriotas mexicanos, el asunto estaba abocado al éxito. Ese mismo día, 12 de octubre, un emocionado Maximiliano escribió él mismo a Gutiérrez de Estrada. Elogiaba el celo y la devoción que el emigrado había puesto en una causa «digna de toda mi atención». Concluía con un deplorable juego de palabras: «Espero que, con la ayuda de Dios, estos esfuerzos patrióticos […] acaben coronados por el éxito».[22]

Mientras tanto, Napoleón III no corría ningún riesgo. Su plan estaba tan avanzado, y Maximiliano era tan indispensable para su éxito, que el emperador intervino y empleó a sus hombres con el objetivo de disipar cualquier temor que el archiduque tuviera sobre la popularidad de la monarquía en México. Se organizaron reuniones informativas privadas para informar a Viena. A un diplomático austriaco se le dijo que, cuando llegasen las fuerzas francesas, españolas y británicas, la población «se levantaría y se declararía» a favor de la monarquía. «Toda la información que hemos recibido», mentó un ministro francés, «apoya esta posibilidad». Por su parte, Napoleón III escribió, en una carta que sabía que vería Maximiliano, que «tan pronto como nuestros escuadrones aparezcan ante Veracruz, un considerable número de nuestros partidarios en el país está listo para tomar el poder, convocar una asamblea nacional y proclamar la monarquía».[23]

Tras veintiún años de intentar conseguir un monarca, aunque para un reino todavía imaginario, Gutiérrez de Estrada estaba decidido a no perder el interés de Maximiliano. Consciente de que necesitaba nombrar al mayor número posible de partidarios, atrajo hacia sí al poderoso obispo mexicano Pelagio Antonio de Labastida y Dávalos, quien, a pesar de estar exiliado en Europa, ejercía una gran influencia sobre el clero mexicano. Gutiérrez de Estrada también envió agentes a México para reunir en torno a la monarquía al Partido Conservador al tiempo que se aseguraba de mantener informado a Maximiliano acerca de todos estos planes a través de cartas que nombraban a una nutrida colección de monárquicos mexicanos. Finalmente, los informes de París, combinados con la implacable campaña de Gutiérrez de Estrada, hicieron que Maximiliano dejase la cautela a un lado: invitó al monárquico mexicano a pasar las Navidades en Miramar.

Allí, cuando se encontraron, Gutiérrez de Estrada pasó horas adulando al archiduque, pintándolo como el salvador de México. Al describir el encuentro, Gutiérrez de Estrada alcanzó las cotas más altas de su pomposo servilismo. Antes de conocerlo, escribía el mexicano, ya tenía al archiduque en alta estima, pero, tras ser «testigo de las nobles y raras cualidades que se encuentran en tan gran número y en tan alto grado en Su Majestad Imperial, esta estima y simpatía se han convertido en la más noble admiración, la más perfecta devoción y, me atrevería a decir, en el más cordial y entusiasta apego». Y continuó: «Nunca olvidaré el afortunado momento en el que, por primera vez, vi a Su Alteza Imperial». Por si no quedaba claro, Gutiérrez de Estrada añadió que, junto con su boda —aunque no especificó cuál, ya que se había casado tres veces—, fue el «día más hermoso» de su vida.[24]

Tales lisonjas surtieron el efecto deseado y, convencido ya de su futuro como emperador de México, el siempre soñador Maximiliano comenzó a esbozar las infinitas posibilidades de su nuevo imperio. Francisco José se encontraba en la cercana Venecia, y los hermanos celebraron juntos el Año Nuevo mientras Maximiliano hablaba con fervor de su futuro reino. Francisco José accedió a prestar la Novara para llevarlo a México. Hasta su llegada, propuso Maximiliano, una Regencia gobernaría en su nombre. Explicó que crearía una aristocracia mexicana y que el título de duque de Veracruz le atraía en especial. En estas largas conversaciones, incluso se habló de quiénes formarían la casa imperial, de las damas de compañía de Carlota y del sistema de honores que Maximiliano introduciría.

En su mente, Maximiliano ya se veía en el trono de México: decidió poner fin a las negociaciones secretas y, el 2 de enero de 1862, escribió directamente a Napoleón III. Al igual que el emperador francés había puesto orden tras el caos de la revolución en Francia, así lo haría él también en México. «Por lo tanto», escribió Maximiliano, «sigo los pasos de Su Majestad al aceptar la oferta». También, añadió la advertencia de que esto se encontraba condicionado a los deseos «expresados con claridad» de la nación mexicana.[25] Ni siquiera mencionó la otra condición —el apoyo británico, además del francés— porque Napoleón III le había dicho que estaba asegurado.

En realidad, esto era mentira.

3

La invasión francesa

Henry John Temple —lord Palmerston—, el gran director de la política exterior británica de mediados del siglo xix, había advertido que Estados Unidos «se convertirá, con el tiempo, en dueño de todo el continente americano, norte y sur». Concluyó que esto iba en contra de los intereses británicos, si bien parecía que poco se podía hacer para impedirlo. Como Palmerston era ahora el primer ministro británico, Napoleón III confiaba en que podría contar con él para respaldar un plan diseñado a fin de frenar la expansión estadounidense. En una carta dirigida a Palmerston en la que Napoleón III esbozaba su conspiración monárquica, el emperador de Francia escribió que, en tanto que la reparación de «agravios legítimos» era el «propósito ostensible» de la intervención conjunta de franceses, británicos y españoles en México, sería absurdo «atarse las manos de forma que se impida una solución que redundaría en interés de todos».[1] Tras ver la misiva, Palmerston convino en que una monarquía era preferible a una república y en que Maximiliano sería un buen soberano; no obstante, el primer ministro británico tenía sus dudas. Cuestionaba la popularidad de la monarquía en México. Incluso con el apoyo del pueblo, razonó Palmerston, sostener una monarquía al otro lado del Atlántico requeriría unos veinte mil soldados europeos y muchos millones de libras, y Gran Bretaña no estaba dispuesta a emplear dinero en ninguna de las dos cosas. Una vez informado del plan, lord John Russell, secretario de Asuntos Exteriores británico, se mostró aún más escéptico y comunicó al embajador francés que, si bien los británicos apoyaban la intervención para obligar a Juárez a pagar la deuda externa, no se inmiscuirían en ningún intento de derrocar al presidente y sustituirlo por Maximiliano. Tan inflexible se mostró el secretario de Asuntos Exteriores que insistió en incluir en la Convención de Londres, el acuerdo que regía la intervención conjunta, una cláusula que ataba de pies y manos a Napoleón III: los aliados no interferirían en la política interna de México.

Dado que la aceptación de Maximiliano estaba condicionada al apoyo británico, el plan de Napoleón III para reorganizar el continente americano debería haber terminado ahí. Sin embargo, este simplemente se aseguró de que Maximiliano nunca conociera las opiniones de Palmerston. En su lugar, Napoleón III explicó de manera jovial a Metternich que, aunque Gran Bretaña se había mostrado hostil en un principio, tras ver su carta, Palmerston había apoyado el plan. Si Maximiliano aceptaba la corona, afirmaba Napoleón III, «entonces la cosa estará hecha en veinticuatro horas».[2]

La Convención de Londres, firmada el 31 de octubre de 1861, se hizo pública de inmediato y los diplomáticos del Imperio Habsburgo hicieron preguntas incómodas. Sin duda, la cláusula que prohibía la interferencia política en México excluía un intento de fundar una monarquía. Nada más lejos de la realidad, argumentaron los políticos franceses. De hecho, afirmaban, en el fondo, Gran Bretaña estaba de acuerdo, pero no podía ponerlo por escrito por miedo a la opinión pública, al escrutinio parlamentario y a la oposición de Estados Unidos. La desinformación francesa tuvo tanto éxito que, a finales de noviembre, Metternich escribió a Rechberg: «¿Seguirá el asunto mexicano tan bien como ha empezado? Al oír hablar al emperador, estaríamos justificados a creerlo así». Del todo inconsciente de que lo habían engañado, el embajador austriaco continuaba: «Lo que es seguro es que, hasta el momento, no se ha cometido ni un solo fallo».[3]

A finales de noviembre de 1861, seis mil soldados españoles, tres mil franceses y ochocientos británicos navegaban hacia México. Napoleón III se jugó el futuro de la expedición a la baza de que la cláusula de no intervención de Russell quedaría anulada por otra adicional en la que el emperador francés había insistido: que los comandantes de las fuerzas aliadas sobre el terreno estaban autorizados a ejecutar las operaciones que considerasen necesarias en respuesta a las circunstancias locales. Puesto que el comandante francés trabajaría junto a Saligny, un hombre a quien le bastaba poco para enemistarse con cualquiera, sería fácil provocar una ruptura con el Gobierno de Juárez. Entonces, como respuesta a cualquier supuesto ultraje del que Juárez fuera responsable, los aliados marcharían sobre Ciudad de México y proclamarían emperador a Maximiliano.

El almirante Jurien de la Gravière, comandante en jefe de las fuerzas francesas, recibió instrucciones al respecto, y, a diferencia de sus homólogos británico y español, estaría al corriente de este plan. Napoleón III subrayó que, al llegar las fuerzas europeas a México, podían suceder dos cosas. En el mejor de los casos, los mexicanos «reclamarían inmediatamente al príncipe, cuyo nombre conocerán en el momento oportuno». Sin embargo, lo más probable era que las fuerzas de Juárez «intenten perpetuar el estado de anarquía que deseamos detener. En el primer caso, todo está resuelto, pero debemos reflexionar sobre la segunda posibilidad».[4] Si esto ocurría, las tropas francesas debían ocupar la capital, como Napoleón III le dijo en privado a La Gravière antes de zarpar.

Napoleón III puso mucho énfasis en que La Gravière se abriera paso hasta la capital porque le había contado otra mentira a Maximiliano. Lejos de las multitudes jubilosas que daban la bienvenida a los aliados, el emperador francés sabía que el apoyo popular a la monarquía no estaba asegurado. Napoleón III había ofrecido a Miramón una cuantiosa suma de dinero si el expresidente iba a México con tropas francesas, ayudaba a derrocar a Juárez y proclamaba emperador a Maximiliano. Miramón se negó: no había, dijo, ningún partido monárquico en México.

Tal como dejó claro Miramón, el apoyo a la monarquía en México estaba de todo menos garantizado. Los conservadores podrían apoyar a Maximiliano, pero se encontraban dispersos por todo el país y no era probable que aparecieran en Veracruz, bastión liberal y sede del Gobierno de Juárez durante la guerra civil. A medida que circulaban rumores sobre la viabilidad del plan en París, el hasta entonces optimista Metternich empezó a tener dudas. «¿Cuántos cañonazos se necesitarán para llevar a un emperador a México, y cuántos harán falta para mantenerlo allí? Esto es lo que siempre me pregunto».[5] Pronto tendría la ocasión de averiguarlo.

El 9 de enero de 1862, las fuerzas francesas arribaron al puerto de Veracruz. La Gravière no se hacía ilusiones. «No pongo ninguna fe en las simpatías del país», escribió. Para llegar a Ciudad de México, hay que «hacer la guerra». «Esto no es una expedición», concluye. «Es una campaña». Sin embargo, el almirante se mostró confiado: «Tengo fe en tres cosas, la valentía de nuestros soldados, la debilidad de los mexicanos y la inteligencia de los planes del emperador».[6]

Conforme se acercaban a tierra firme, la primera visión que tuvieron los soldados franceses de México fue el Pico de Orizaba, de 5636 metros de altura, que se alzaba sobre el horizonte con su cima coronada de nieve. Veracruz, la puerta de entrada al país, era menos impresionante. Al acercarse a la ciudad, François Charles du Barail, un oficial francés, comentó que «nos parecía una mancha negra sobre un fondo amarillo».[7] Igual que muchos de los expedicionarios franceses curtidos en batalla, Barail era un veterano de la brutal represión colonial de Argelia. Para estos soldados, Veracruz, rodeada de dunas de arena, parecía un trozo del Sáhara anexo a la costa de Norteamérica. No obstante, los franceses conocían bien Argelia, pero México era un viaje a lo desconocido. El Ejército ni siquiera disponía de mapas y tuvo que tomar prestado uno de la colección personal de Napoleón III.

Juárez, que estaba decidido a no iniciar una guerra con Gran Bretaña, Francia y España, permitió que las fuerzas de los tres países ocupasen Veracruz, pero los comandantes aliados se planteaban qué hacer a continuación. Fiel a su costumbre, Saligny deseaba fabricar de inmediato un *casus belli* contra Juárez. Sabiendo que rechazarían sus demandas, el diplomático francés insistió en que México abonase a Francia una indemnización de doce millones de dólares. Sin embargo, sus aliados estaban en el país con el objetivo de discutir el pago de la deuda, no para resolver las espurias reclamaciones francesas. Juan Prim y Prats, el comandante español, era la última persona que Napoleón III quería al mando: ambicioso, vanidoso y extravagante, Prim chocaba frecuentemente con Saligny y, lo que era peor aún, simpatizaba con Juárez. La familia de su esposa incluso tenía vínculos con el Gobierno mexicano. El representante británico Wyke también detestaba a Saligny y no dudó en rechazar su enfoque de las negociaciones. Además, aunque el propio Wyke apoyaba la monarquía en México, sus órdenes prohibían a las fuerzas británicas marchar al interior.

Mientras los diplomáticos discutían entre sí, las tropas desembarcaban. Veracruz, que los viajeros consideraban un cementerio para quienes venían de Europa, estaba tan plagada de enfermedades que los británicos se negaron a desembarcar a sus infantes de marina. Los franceses no tuvieron tanta suerte: hacinados como pudieron, el calor les resultó sofocante y los lugareños —hombres vestidos con pantalones acampanados, sarapes y sombreros; las mujeres, con mantones raídos o mantillas negras— miraban a los extranjeros con hostilidad. Los buitres de plumas negras, conocidos como «zopilotes», que flanqueaban las calles y se posaban en los edificios, completaban el «aspecto lúgubre y desolado» del puerto, tal como señaló un soldado francés. Le recordaba «a una hermosa joven que, asolada por la fiebre, ha perdido toda su belleza».[8] Los oficiales se mantenían ocupados archivando informes, buscando casas adecuadas para guarnecer a las tropas y visitando hospitales a fin de consolar a los moribundos. El soldado acertó con la metáfora de la enfermedad al referirse a Veracruz. Los primeros combates que libraron los franceses fueron contra el aburrimiento, los mosquitos y la fiebre amarilla (conocida en México como «vómito negro», porque las hemorragias internas vuelven el vómito de la víctima de tal color). A finales de enero, la fuerza expedicionaria informó de 335 enfermos, más del diez por ciento del total.

En línea recta, el trayecto de Veracruz a Ciudad de México es de unos trescientos kilómetros, pero, en realidad, se trataba de una ardua marcha desde el nivel del mar hasta más de dos mil metros de altura por caminos intransitables y a través de difíciles pasos de montaña. Sin el apoyo español y británico, sería misión suicida que el pequeño ejército de La Gravière invadiera México en solitario. Sin embargo, Prim y Wyke se negaron a apoyar a Saligny y, si los franceses se quedaban en Veracruz, las enfermedades destruirían la fuerza expedicionaria.

Siguieron semanas de compleja diplomacia entre los aliados y el Gobierno mexicano, que culminaron en lo que se conoció como los Tratados preliminares de La Soledad. A cambio de que se permitiera a sus tropas abandonar las pantanosas tierras de Veracruz, plagadas de enfermedades, los representantes de Gran Bretaña, Francia y España acordaron reconocer la legitimidad del Gobierno de Juárez antes de continuar con las conversaciones. La Gravière, desesperado por trasladar sus tropas tierra adentro, y un malhumorado Saligny firmaron el documento el 20 de febrero. Más de un mes después de la intervención, lejos de derrocar al Gobierno y fundar una monarquía, las fuerzas aliadas habían reconocido formalmente a Juárez como presidente de la República mexicana.

Puesto que las noticias tardaban de cuatro a seis semanas en llegar a Europa desde México, Napoleón III era ajeno a esta falta de avances. Hablaba como si el plan fuera un hecho consumado. En respuesta a una carta a Maximiliano el 14 de enero de 1862, Napoleón III comenzó su misiva —tal como haría ahora con toda su correspondencia con el archiduque— con las palabras «Monsieur mon frère» ('Mi hermano'). Además de simpatía fraternal, el saludo implicaba igualdad de rango, como si Maximiliano fuera ya emperador de México. Napoleón III sabía exactamente la manera de halagarlo, y añadía que el archiduque era ideal para esta «gran y noble misión» debido a sus cualidades personales combinadas con su ilustre ascendencia. Nunca, continuó Napoleón III, «tarea alguna producirá mayores resultados. Porque se trata de rescatar a todo un continente de la anarquía y la miseria; de dar ejemplo de buen gobierno a toda América; y, por último, de izar la bandera monárquica, basada en la sabia libertad y en un sincero amor al progreso frente a peligrosas utopías y sangrientos desórdenes».[9]

A pesar de toda su confianza, Napoleón III se percataba de que su fuerza experimental inicial era demasiado pequeña como para llevar a cabo lo que se requería, por lo que, en enero, envió cuatro mil soldados más a México bajo el mando del general Charles Ferdinand Latrille, conde de Lorencez. A fin de conseguir el apoyo local, Napoleón III también quería a su propio hombre mexicano sobre el terreno, alguien que pudiera asegurarse de que los mexicanos que apoyaban la intervención francesa seguían las órdenes de París. Para esta tarea, el emperador francés eligió a otro exiliado, Juan Nepomuceno Almonte.

Almonte, nacido en 1803, era hijo de José María Morelos, héroe de la independencia mexicana que había llevado a su familia consigo en las campañas militares contra los españoles. La historia cuenta que su nombre se debía a que su madre gritaba «¡Al monte!» cuando se enfrentaba a fuerzas españolas que lo superaban en número. Antes de que los realistas ejecutaran a Morelos en 1815, su gente envió a Almonte a Nueva Orleans para que estuviera seguro. Regresó a México tras la independencia y su periplo político le llevó de la compañía de los liberales radicales al Partido Conservador antes de establecerse como un destacado monárquico mexicano. Partidario del Gobierno conservador durante la guerra civil de 1858-1861, fue representante diplomático de Miramón en Francia, pero, cuando Juárez tomó el control de Ciudad de México en 1861, lo destituyó. Permaneció en París, donde trabajó con Hidalgo para promover la monarquía y se convirtió en un estrecho confidente de Napoleón III.

Ahora, en enero de 1862, Napoleón III lo envió a Miramar con la misión de entregar una carta en mano a Maximiliano. El emperador francés instó al archiduque a que lo nombrara su representante en México. Maximiliano convino en ello y la idea le entusiasmó. Siguieron días de intensas discusiones entre ambos, mientras Maximiliano esbozaba los detalles de su imperio imaginario a Almonte. Desempolvando sus planes para Lombardía-Venecia y basándose, en gran medida, en el ejemplo de Napoleón III en Francia, Maximiliano redactó una constitución liberal provisional. Como aristócrata que era, decidió que se reconocieran los antiguos títulos nobiliarios españoles, y otorgó a

Almonte autoridad para crear baronías, condados y marquesados. Una vez resueltos estos detalles, Almonte partió hacia México con los refuerzos franceses.

La elección de Almonte por parte de Napoleón III decía mucho de su opinión sobre otros candidatos al cargo. El emperador francés no confiaba ni en Gutiérrez de Estrada ni en sus aliados, verbigracia, Labastida, el obispo exiliado de Puebla. De hecho, a pesar de tener una de las agendas más impresionantes de Europa, Gutiérrez de Estrada nunca había conocido a Napoleón III, pero no porque no lo hubiese intentado. Tras suplicar a Maximiliano para que este le consiguiera una audiencia con el emperador francés, el monárquico mexicano obtuvo, al fin, una entrevista el 16 de enero de 1862. Napoleón III y Eugenia quedaron decepcionados. Cuando le preguntaron qué pensaba del mexicano, Napoleón III respondió: «Nada en absoluto; es un hombre que no para de hablar». Eugenia fue aún más crítica: «Es como un retrato que ha estado clavado en la pared durante siglos y, de repente, cobra vida en el presente». Creyó ver el fantasma de Felipe II, rey de España de 1556 a 1598, en Gutiérrez de Estrada. Eugenia, poco revolucionaria, se escandalizó ante el reaccionario mexicano y Napoleón III se negó a recibirlo de nuevo.[10]

El emperador de los franceses creía representar el progreso, lo que él llamaba el «espíritu del siglo», un *juste milieu* entre el liberalismo y el conservadurismo. Contó con el apoyo de la Iglesia católica, pero mantuvo, en la medida en que él los interpretaba, los valores de la Revolución francesa de 1789. Apoyaba la libertad de culto y la nacionalización de la propiedad eclesiástica, y creía que la voluntad del pueblo, directamente expresada, debía ser la base del gobierno.

Napoleón III utilizaba a reaccionarios como Gutiérrez de Estrada y Labastida para sus propios fines, ahora bien, el emperador francés estaba en desacuerdo con sus ideas políticas. Para estos mexicanos, el liberalismo era una filosofía impía que había arruinado a su país. Además, sostenían que el catolicismo debía ser la religión del Estado con exclusión de todas las demás y que la democracia era inviable. Labastida reservaba un desprecio especial al año 1789, aficionado como era a pronunciar estruendosos sermones sobre los males de la «revolución», es decir, sobre todo lo que se desviara de las enseñanzas de la Iglesia católica. Una de sus típicas polémicas, en la que no se andaba con rodeos, arremetía contra la «locura sin precedentes. Los crímenes sin ejemplo» de las revoluciones liberales, que habían dejado a «México, la católica México, la ordenada México, la noble y opulenta México, saqueada, escandalizada, desmoralizada, perseguida, residencia del mal, esclava de los más bastardos intereses, presa de las más odiosas y desenfrenadas pasiones, débil, pobre, miserable, hambrienta, consumida, afrentada, escarnecida, despreciada, hecha el oprobio de todos los pueblos de la faz de toda la tierra».[11]

Conforme le llegaban noticias del estancamiento de sus planes en Veracruz, Napoleón III había ido retrasando su carta a Maximiliano. El 7 de marzo de 1862, rompió, por fin, su silencio: «No he contestado antes a vuestra alteza imperial porque esperaba recibir noticias de México antes de hacerlo», explicó. «Las que han llegado», continuó, «no son muy buenas, pues el general Prim parece animado por una ambición personal y ha hecho que el almirante Jurien tome una serie de medidas precipitadas». Napoleón III creía que «mis refuerzos cambiarán la situación». A falta de pruebas, afirmó que el partido monárquico en México estaba haciendo «notables progresos» y que todo estaba preparado para que su plan tuviera éxito.[12]

Pero entonces, el 19 de marzo de 1862, a Napoleón III le llegó la noticia de los Tratados preliminares de La Soledad. Cuando se enteró, montó en cólera, despidió a La Gravière y puso a Lorencez al mando militar; por su parte, Saligny se encargaría de la dirección política, en estrecha colaboración con Almonte. En privado, Napoleón III echaba humo y decía que, si hubiera querido negociar de forma tan deficiente, no habría enviado a sus soldados.

Aún sin otras informaciones, pero convencido de que, al mando de Lorencez, Saligny y Almonte, su ejército debía estar marchando hacia Ciudad de México, Napoleón III escribió a Maximiliano el 7 de junio de 1862 que las «noticias de México son muy buenas», ya que «por fin, hemos salido de los torpes y ridículos avances que el general Prim estaba haciendo al Gobierno mexicano». Napoleón III predijo que «el próximo correo traerá, sin duda, noticias decisivas, pues, si la gran ciudad de Puebla se pronuncia a nuestro favor, lo más probable es que el resto [de México] la siga». Concluyó escribiendo que: «Ardo en deseos de conocer lo que ha estado sucediendo durante el último mes; el general Lorencez me escribió que contaba con estar en Ciudad de México el 25 de mayo a más tardar».[13]

Mientras los aliados empleaban meses en disputas internas, Juárez se preparaba para resistir. Ordenó reequipar el Ejército mexicano con veinticinco mil cañones nuevos y nombró a Ignacio Zaragoza comandante del Ejército de Oriente, que defendería el interior del país de las tropas llegadas de Veracruz. Se fortificaron los puntos clave de la ruta desde esta urbe hacia Ciudad de México, mientras Juárez alentaba al pueblo: «¡Mexicanos! [...] yo apelo a vuestro patriotismo [...]; [para que,] deponiendo los odios y enemistades [...], y sacrificando vuestros recursos y vuestra sangre, os unáis en derredor del Gobierno y en defensa de la causa más grande y más sagrada para los hombres y los pueblos: en defensa de nuestra patria».[14] Para quienes no estuvieran aún convencidos, el 25 de enero de 1862, Juárez decretó que cualquiera que fuera sorprendido ayudando a la intervención sería juzgado en consejo de guerra y ejecutado.

El 4 de marzo de 1862, casi dos meses después de que las fuerzas francesas desembarcaran en México, el general Lorencez llegó con refuerzos. Ahora, el Ejército francés contaba con unos siete mil trescientos hombres. Era la mitad del número de tropas estadounidenses que comandaba el general Scott cuando logró llegar a Ciudad de México en 1847. Sin embargo, los franceses esperaban contar con apoyo local. Una semana antes, Almonte había llegado a Veracruz y comenzó a reunir a los conservadores mexicanos en torno a los franceses.

Esto asombró a Wyke. Aunque personalmente respetaba a Almonte, señaló el diplomático británico en una carta a La Gravière, se trataba de un conocido líder del Partido Conservador y estaba en guerra abierta con Juárez. Peor aún, algunos de los hombres que ahora trabajaban con los franceses eran conocidos por las atrocidades cometidas durante la guerra civil. Para concluir su carta, Wyke escribía que no le era posible creer que el Gobierno francés diera protección a hombres que consideraba poco mejores que bandidos, sobre todo al infame Leonardo Márquez. En 1862, Márquez tenía cuarenta y dos años, y era un soldado despiadado y curtido en mil batallas con el enloquecido fervor de los devotos en la mirada. Había luchado en la guerra entre Estados Unidos y México, pero adquirió notoriedad por su violencia durante la guerra civil, ganándose el apodo de «el Carnicero de Tacubaya» o, para los conservadores, «el Tigre de Tacubaya». Se ganó este sobrenombre en abril de 1859, cuando derrotó a las fuerzas liberales que marchaban hacia Ciudad de México en Tacubaya, en las cercanías de la capital, lo que salvó al Gobierno conservador. Tras la batalla, Márquez ejecutó a los prisioneros y se entregó a una «carnicería universal» de heridos y no combatientes, entre ellos, los estudiantes de Medicina que habían asistido a los moribundos. Según el *Times*, «prominentes personalidades y otras personas sospechosas de liberalismo fueron alanceadas, fusiladas y mutiladas de la manera más horrible».[15] La visión de los conservadores era diferente: diecisiete traidores que habían ayudado al Ejército liberal fueron encarcelados y ejecutados, y Márquez era el salvador de Ciudad de México.

En opinión de Wyke, Márquez era «infame» por lo que el diplomático consideraba un crimen mucho más atroz que matar a mexicanos inocentes. Había robado dinero a los británicos. Márquez, que actuaba bajo las órdenes de su Gobierno en bancarrota, irrumpió en la legación británica y requisó 660 000 dólares destinados a Londres. Aparte de uno de los mejores generales de México, era también uno de los más reaccionarios, con una devoción absoluta por la Iglesia católica y un odio visceral hacia los liberales, o «demagogos», tal como él los llamaba. El odio era mutuo: Juárez tachó a Márquez de delincuente y ofreció una recompensa de 10 000 dólares por su cabeza.

Aunque todavía no se había reunido con los franceses, Márquez aún mandaba sobre suficientes hombres armados como para cuidar de sí mismo, pero otros conservadores —a los que Juárez también consideraba criminales— buscaban asilo en el campamento francés. Dos de estos hombres eran los generales conservadores Manuel Robles Pezuela y Antonio Taboada, pero su problema era que, para llegar hasta los franceses —quienes, según los términos del acuerdo firmado con Juárez, se habían trasladado al interior, a tierras más altas, todavía en las proximidades de Veracruz—, tenían que atravesar territorio controlado por el Gobierno de Juárez. Llegaron a una aldea a pocos kilómetros de un campamento francés, sin embargo, los juaristas (así se conocía a quienes apoyaban a Juárez) iban tras ellos. Temiendo por su vida, Robles y Taboada emprendieron el último tramo de su travesía a caballo. Mientras cabalgaban, un lazo rodeó a Robles y un centenar de soldados de caballería aparecieron detrás del barranco donde se habían escondido. Taboada, que confiaba en Dios y, quizá con mayor motivo, en su excelente caballo, se lanzó al galope, sable en mano, y se abrió paso entre las tropas liberales. Aunque herido, logró llegar a la protección de los franceses.

Robles corrió menos suerte. Lo llevaron como prisionero a una ciudad cercana. Al enterarse de su captura, Zaragoza se limitó a decir: «Dejad que lo fusilen». Por su parte, Robles negó ser un traidor. Esperaba que, al explicar sus razones para unirse a los franceses, le perdonarían la vida. Estaba convencido, argumentó, de que si México seguía como hasta aquel momento, «no hay salvación posible para nuestro desdichado país; volverá a la barbarie y su territorio será ocupado por el pueblo que lo codicia [es decir, Estados Unidos]». Robles añadió que ni siquiera había resuelto sumarse a la intervención francesa, sino que solo quería saber cuál era su plan antes de decidir nada. «Ese es mi crimen», concluyó. «Si merezco la muerte por ello, justa es la orden de Zaragoza».[16] Así pues, fue ejecutado.

Para evitar que les sucediera lo mismo a otros poderosos aliados militares como Márquez, los franceses decidieron adentrarse en el interior con el propósito de proteger a sus aliados. El 9 de abril, los franceses rompieron finalmente con Gran Bretaña y España. Diez días después, comenzaron las operaciones militares. Fue un movimiento audaz: Juárez contaba con unos sesenta mil soldados, aunque se encontraban repartidos por todo el país, mientras que Lorencez solo disponía de seis mil franceses una vez contabilizados los enfermos o los que debían servir de guarnición.

Así fue como este pequeño ejército francés se encontró marchando solo en la inmensidad de México, acercándose a la ciudad de Puebla, la segunda ciudad de la nación y un punto estratégico clave en la ruta hacia la capital. El comandante Zaragoza había tenido meses para fortificarse y prepararse para cualquier ataque, pero Lorencez no estaba preocupado. Tal como escribió el general francés al ministro de la Guerra: «Tenemos sobre los mexicanos tal superioridad de raza, organización, disciplina, moral… que ruego que su excelencia tenga la bondad de informar al emperador de que ahora, al frente de seis mil soldados, soy el señor de México». También estaba convencido de que la monarquía «es el único gobierno adecuado para México».[17]

Tras ganar algunas escaramuzas, los franceses se adentraron en el valle de Puebla. Aquí, a una altitud de unos mil quinientos metros, se encontraron en fértiles tierras de cultivo, salpicadas de ricas haciendas y aldeas, bajo imponentes montañas. Al este, el nevado monte Orizaba; al oeste, los enormes picos del Iztaccíhuatl y el volcán Popocatépetl, que se elevaba unos tres mil metros sobre el horizonte. A pesar de las lluvias torrenciales ocasionales, las mañanas eran hermosas y despejadas.

El 4 de mayo de 1862, a pocos kilómetros de Puebla, a las tres del mediodía, la fuerza expedicionaria ocupó el pequeño pueblo de Amozoc. Las calles estaban desiertas; las casas, cerradas, y reinaba un silencio espeluznante, excepto por el sonido ocasional de los ladridos de los perros. En la distancia, los soldados franceses vieron a un grupo de indígenas mexicanos que, con las espaldas dobladas por el peso de sus propiedades, huían hacia Puebla. Los seis mil hombres marcharon y tomaron posesión del pueblo abandonado. Aquella noche, el pequeño ejército estaba de buen ánimo. Cenaron tortillas de maíz y frijoles. Mientras tanto, en una casa mal amueblada situada junto a la plaza mayor, Lorencez y sus oficiales planeaban sus tácticas. Zaragoza y sus doce mil hombres, que estaban en el interior de la ciudad, los superaban dos a uno, así que el general francés no tenía tiempo ni efectivos para un asedio, por lo que decidió asaltar Puebla al día siguiente.

Puebla era una típica ciudad colonial española, de calles rectas y numerosos conventos e iglesias, que se alzaban y perfilaban la urbe en el horizonte. En lo alto, dos fuertes, el Guadalupe y el Loreto, vigilaban su acceso. Construidos por los franciscanos en el siglo XVI, estos antiguos monasterios eran ahora imponentes fortificaciones. Lorencez creía que, si su ejército tomaba Guadalupe, desmoralizaría de tal manera a Zaragoza que se rendiría o huiría.

El 5 de mayo, los inquietos defensores contemplaron un espectáculo aterrador que no se veía en América desde hacía décadas: un ejército europeo que se desplegaba en formación de combate. Aquello era tanto más sorprendente cuanto que los soldados franceses, bien adiestrados y ataviados con sus característicos uniformes de pantalones de color rojo vivo y guerreras azules, maniobraban al perfecto unísono al son de los tambores. El plan de Lorencez era tan atrevido que Zaragoza no había esperado un asalto frontal y tuvo que enviar apresuradamente hombres para reforzar los fuertes. En un aciago presagio para la infantería juarista que guarnecía Guadalupe, la artillería francesa se posicionó para bombardear el fuerte. Sin embargo, el constante contraataque hizo que los cañones pesados franceses no pudieran acercarse lo suficiente como para causar daños serios. Tras más de una hora de disparos inútiles, Lorencez dio orden de cargar a la infantería. A la una en punto, los soldados franceses se lanzaron contra el fuerte en interminables oleadas, enfrentando la mortífera lluvia de mosquetes y fuego de artillería que llovía desde los campanarios y las cúpulas del antiguo monasterio. Los pocos soldados que lograron llegar a las murallas quedaron atrapados en un mortífero fuego cruzado —pues también eran objetivo del cercano fuerte Loreto— mientras intentaban atravesar una profunda zanja frente al fuerte de Guadalupe. A metros de las bocas de los cañones mexicanos, un oficial disparó su revólver a través de una abertura para la artillería, mientras que otro soldado plantó la bandera del regimiento para reagrupar el ataque. Cuando el abanderado cayó bajo un torrente de balas, un oficial subalterno corrió a recogerla y lo despacharon de igual forma. A continuación, un veterano agarró la bandera, la levantó en dirección al fuerte y lanzó un grito de guerra antes de convulsionar a la vez que las balas lo acribillaban. Aferrando la bandera contra su pecho, cayó y rodó con ella hasta el fondo de la zanja. Tras horas de ataques, en el cielo, se desató una salvaje tormenta que lanzó enormes granizos a los combatientes. Con el diluvio, las laderas que conducían al fuerte se volvieron tan resbaladizas que los soldados franceses apenas podían mantenerse en pie, pues el barro y el agua se mezclaban con la sangre de sus compañeros heridos. Al ver que la situación era desesperada, Lorencez ordenó retirarse.

Después de más de semana y media de marcha a través de un terreno por donde continuaba siendo penoso transitar (a pesar de que ahora estuvieran más familiarizados con él), los franceses lograron volver a la seguridad de la cercana ciudad de Orizaba. Con cuatrocientos setenta y seis soldados franceses muertos o heridos, la derrota fue tan absoluta como inesperada. Los franceses habían perdido el diez por ciento de sus efectivos, mientras que los mexicanos solo sufrieron ochenta y tres bajas.

Los defensores de Puebla habían humillado a los vencedores de las guerras de Crimea e Italia. «Gloria a México», proclamaba el periódico más importante de Ciudad de México. «Nuestros soldados, los defensores de la independencia, de la libertad y de la reforma, han triunfado sobre los mejores soldados del mundo». Los liberales de la capital celebraron la noticia y, en dos días, recaudaron más de 10 000 dólares con los que comprar una espada conmemorativa de la victoria para Zaragoza; Juárez fue el primero en participar en la colecta y él mismo donó 100 dólares. En otro periódico liberal, se contextualizaba la victoria y se leía que la monarquía «fija sus desolados ojos en América: piensa prolongar en ella su desesperada agonía: la ve como una nueva presa en la que reparará sus fuerzas casi agotadas».[18] No obstante, había triunfado el republicanismo en Puebla. Ese día pasó a la historia mexicana como el Cinco de Mayo.

Todavía sin conocer la derrota de Puebla, Eugenia escribió a Carlota un mes después, el 7 de junio de 1862. Libres de británicos y españoles, afirmaba, los mexicanos se sentían ahora seguros para declararse a favor de la intervención. Así, «Almonte, que ayer era un exiliado, es hoy el dictador de las provincias por las que acabamos de avanzar. El próximo correo traerá probablemente noticias de la llegada [del Ejército francés] a Ciudad de México».[19] Sin embargo, en su lugar, la siguiente misiva portó noticias de la catastrófica derrota francesa.

Lejos de amilanar al emperador francés, la derrota en Puebla le hizo destinar más hombres y dinero, y ordenó el envío de unos veinticinco mil refuerzos a México. Un ministro del Gobierno captó el estado de ánimo del círculo más íntimo de Napoleón III en un discurso ante el Corps législatif, la asamblea nacional. ¿Debía retirarse el Ejército francés, preguntó retóricamente, cuando se ha derramado sangre francesa? «No, nuestro honor está comprometido. [...] Decimos que [la guerra] es justa, necesaria, legítima y que nuestros soldados saben que ustedes, al igual que el emperador, los envuelven con sus simpatías, que todo el país los apoya y que la bandera de Francia nunca dejará de ser la bandera del derecho, de la justicia, de la civilización y de la libertad».[20]

En sus informes, Saligny, el hombre que representaba a esta bandera en México, se apresuró a culpar a Lorencez de la derrota. «Una persona temerosa, perezosa, haragana, por no decir insulsa», escribió el diplomático, «un carácter débil desprovisto de iniciativa e incapaz de sufrir la de los demás; nunca pide consejo y se ofende por el que se le da». Por si no se le entendía bien, Saligny añadió: «Con frecuencia, se entrega a periodos de abstracción, que, a veces, pueden tomarse por arrebatos de una mente ebria y que lo hacen inaccesible durante varios días».[21]

Lorencez, consciente de que Saligny garabateaba con furia esta clase de lindezas destinadas a París, no perdió tiempo en enviar su propia versión de los hechos, exonerándose a sí mismo. Afirmaba que solo había llevado a cabo un ataque frontal en Puebla porque Saligny y Almonte habían prometido que la ciudad se levantaría contra Zaragoza una vez comenzase el asalto. Ahora, Saligny podía añadir otro nombre a su larga lista de detractores, pues Lorencez incluía un retrato poco halagador de su carácter en su informe: «Es totalmente inepto en sus tratos; carece de todo juicio, no tiene otra aptitud que el deplorable talento de escribir mentiras. Su falta de dignidad y sus borracheras lo han situado, en opinión del Ejército, en un rango muy inferior al que le ha conferido su cargo oficial. No hay día en el que no piense que me veré en la obligación de arrestarlo y subirlo en un barco [hacia Francia]».[22]

Desilusionado por completo a causa de la derrota, y por lo que él veía como la falta de competencia tanto de Saligny como de Almonte, la valoración positiva de Lorencez sobre las posibilidades de Maximiliano como emperador se evaporó. El general francés escribió al ministro de Guerra en París que estaba «convencido de que aquí nadie nos apoya». No solo eso, sino que los mexicanos estaban «infatuados de ideas liberales» y preferirían la anexión a Estados Unidos que la monarquía impuesta por Francia. «No he conocido a un solo partidario de la monarquía en México», concluyó.[23]

Esto no hizo mella en Napoleón III, quien siguió adelante con el plan que había conjurado en su gabinete privado de Biarritz, solo que, esta vez, con más tropas. Según el emperador francés, el proyecto original había fracasado no por culpa de Almonte o Saligny ni por la falta de apoyo a la monarquía en México, sino por los errores militares de Lorencez. Por ello, Napoleón III nombró a su tercer comandante de la expedición mexicana en menos de un año, el general Élie Frédéric Forey. Sus principales cualidades eran la lealtad ciega al emperador y la falta de imaginación, lo que garantizaba que se pudiera confiar en que seguiría las órdenes de París al pie de la letra. Lo cierto es que Napoleón III dictó sus órdenes a Forey en una guía detallada, paso a paso, sobre la manera en la que debía llevarse a cabo el cambio de régimen, hecho que culminaría con la ocupación de Ciudad de México.

Los acontecimientos habían demostrado que este desenlace se imaginaba más sencillo en París de lo que era de verdad en México. Aun así, tal como señaló un corresponsal del *Times*, Napoleón III estaba acostumbrado a salirse con la suya. «La mayoría piensa que se necesitarán cuatro veces más fuerzas que las que hay ahora en México antes de hacer realidad los proyectos de regeneración del general Almonte; y el Emperador, que ya ha guerreado con éxito en Europa, África y Asia, y que probablemente desea hacer lo mismo en América, sin duda enviará el doble de efectivos si es necesario».[24]

Sin embargo, de poco serviría ganar esta guerra sin un monarca que establecer en el trono, y fue en este momento cuando

Maximiliano y Carlota se enfrentaron, por primera vez, a importantes dudas oficiales. La primera de las condiciones de Maximiliano para aceptar el trono —que el pueblo mexicano lo proclamase emperador— parecía ahora improbable dada la resistencia republicana en Puebla. Más preocupante era que Maximiliano hubiera recibido noticias del incumplimiento de su segunda condición: el apoyo de Gran Bretaña. Lord Russell, secretario de Asuntos Exteriores, era consciente de que se había tergiversado la opinión del Gobierno británico y escribió a Viena a fin de alertar al Gobierno austriaco del embuste. Añadió que la monarquía en México dependería, pues, de las tropas francesas. Si estos últimos se retiraban, Maximiliano sería expulsado por las fuerzas de Juárez o por Estados Unidos.

Mientras tanto, en Washington, el presidente Lincoln había decidido mantenerse fiel a la doctrina Monroe. Autorizó a William Henry Seward, su secretario de Estado, a dar instrucciones a los representantes estadounidenses en Europa para que dejaran claro que el establecimiento de una monarquía en México tendría graves consecuencias, y que, de manera inevitable, pondría a las potencias que la sostuvieran en conflicto con Estados Unidos. En una carta enviada a Maximiliano a Miramar, Seward también advirtió que los intereses y las simpatías de Estados Unidos siempre estarían con «la seguridad, el bienestar y la estabilidad del sistema republicano de gobierno» en México.[25]

Ante estos acontecimientos, Rechberg y Metternich aconsejaron a Maximiliano rechazar la Corona mexicana; Metternich subrayó que el Gobierno francés los había engañado. Para facilitar la decisión, el diplomático se ofreció a informar personalmente a Napoleón III de que Maximiliano ya no era candidato al trono mexicano.

Sin embargo, llegados a este punto y en sus mentes, Maximiliano y Carlota se veían convertidos en emperador y emperatriz de México, y se resistieron a echarse atrás. En su lugar, intentaron averiguar por sí mismos si era viable una monarquía en México. Carlota pidió ayuda a su padre: lo que necesitaban, explicaba en una misiva, era un observador imparcial de los asuntos mexicanos. Algunos meses antes, continuaba, uno de sus secretarios privados estuvo a punto de partir hacia México, pero, con magistral sutileza, añadió que los acontecimientos dieron «otro giro, el asunto no parecía tan apremiante y resolvimos esperar». Ahora, todos los emigrados conservadores de París y Almonte, en México, conocían a este secretario. Esto era un problema porque sus noticias provenían de estos hombres, todos «excelentes», pero que no representaban la opinión pública de un país tan grande como México. «No nos encontramos, gracias a Dios, atados a este asunto, y cualquiera que sea el giro que tomen los acontecimientos, siempre podemos retirarnos», agregó. Sin embargo, «como la cuestión no carece de cierto interés, no podemos abandonarla sin haberla estudiado a fondo y, para ello, la primera condición es estar instruidos del estado y opinión del país».[26]

Para ello, Maximiliano y Carlota recurrieron a Charles Bourdillon, corresponsal en México del *Times*. Tenía muchos años de experiencia informando desde allí y había seguido de cerca los últimos acontecimientos, escribiendo artículos con regularidad. El *Times* disponía de una red de inteligencia internacional sin parangón y la posición preeminente de Gran Bretaña en el mundo le aseguraba una enorme influencia, lo que dio a Bourdillon prestigio y le abrió múltiples puertas. En París, habló personalmente de México no solo con Napoleón III, sino también con sus ministros de Finanzas y Asuntos Exteriores; en Londres, se reunió con Palmerston. Bourdillon también consiguió una entrevista con Leopoldo I, quien describió al periodista como un hombre que quizá conocía México mejor que los propios mexicanos. No está claro en qué criterios se basó el rey belga, pero, después de que Bourdillon visitase a Maximiliano en Miramar en enero de 1863, el archiduque quedó igual de impresionado. Maximiliano consideró que Bourdillon estaba bien informado sobre los asuntos mexicanos; no obstante, lo que más le sorprendió fue que un inglés y protestante, y, por tanto, razonaba Maximiliano, alguien desinteresado por completo en los asuntos mexicanos, concluyera que México debía ser una monarquía. El periodista llegó a decir que los mexicanos recibirían a Maximiliano como su salvador.

Ahora bien, Bourdillon no era el observador imparcial que pretendía ser. No solo odiaba a Juárez y a sus partidarios liberales, sino que tenía una opinión muy baja de los mexicanos precisados de salvación. Negaba que existieran partidos políticos en México: tan solo eran facciones en liza por el poder. Además, sus jefes militares procedían de «la escoria del pueblo» y no los inspiraban principios políticos, pues el interés propio «es lo único que los determina en la elección de la facción que abrazan». Cambiaban de bando con frecuencia; a la mayoría, afirmaba, los habían «comprado o vendido al menos media docena de veces». En cuanto a Juárez, era un déspota a pesar de sus afirmaciones sobre la libertad y las constituciones. Despreciando a más de la mitad de la población, Bourdillon también escribió que «los indios nunca se han interesado por las cuestiones políticas». Un simple vistazo a los líderes políticos le debería haber desengañado de esta opinión. Después de todo, Juárez era un «indio», al igual que el general conservador Mejía. En cualquier caso, también argumentaba que no habría resistencia seria a Maximiliano, ya que los mexicanos eran «como las ratas»: siempre abandonan el barco cuando se hunde.[27] Tales eran las opiniones del hombre que, según Leopoldo, conocía México mejor que los propios mexicanos. Encantado con el inglés, Maximiliano lo contrató como agente personal y lo envió a México para que le informara de los acontecimientos.

Leopoldo también recomendó a Kint von Roodenbeck, un diplomático belga de su personal confianza, que había pasado una temporada en México como enviado. Al igual que Bourdillon, sus supuestos conocimientos sobre México le llevaron a entrevistarse con Napoleón III y Eugenia antes de la ya habitual estancia de rigor en Miramar. Carlota quedó cautivada tras pasar un tiempo con él. En una carta a su padre, escribió: «En este momento, es, quizá, el hombre cuya cooperación sea la más importante para el éxito de la cuestión mexicana».[28] No obstante, Roodenbeck solo les dijo lo que deseaban oír y concluyó una conversación señalando que, aunque la monarquía en México podría ser una «corona de espinas», también era una «obra grande y hermosa».[29]

Lejos de intentar bajarse del proyecto, la principal preocupación de Maximiliano tras la derrota de Puebla era que Napoleón III abandonase la idea. En vez de transmitir la renuncia del archiduque al trono mexicano, Metternich se ocupó de sondear si Napoleón III seguía comprometido. Después de hablar de México con el emperador y Eugenia en París, el embajador informó a Miramar de que este le había dicho que Maximiliano podía depositar toda su confianza en él. Tranquilizado, pues, Maximiliano afirmó que, por su honor, estaba obligado a no poner fin a su interés en el trono. Este se sintió tan atraído por las garantías de las Tullerías y las conversaciones con Bourdillon y Roodenbeck que se comportó igual que si ya fuera emperador. En respuesta a los rumores de que, como condición para su apoyo, Napoleón III se anexionaría el estado mexicano de Sonora, Maximiliano declaró con grandilocuencia: «Jamás prestaría mis manos a la mutilación» de México.[30]

Así, los consejos de un diplomático belga y un periodista inglés se prefirieron a las advertencias de Gran Bretaña, Estados Unidos y el propio Ministerio de Asuntos Exteriores de Austria, por no mencionar, claro está, al propio Gobierno de Juárez, quien instó a Maximiliano a rechazar las propuestas de una facción derrotada en la guerra civil.

Lo cierto es que Maximiliano y Carlota estaban tan obsesionados con su Imperio mexicano que rechazaron tronos más cercanos a su hogar. En octubre de 1862, el impopular rey de Grecia y primo de Maximiliano, el bávaro Otón von Wittelsbach, había huido de su país adoptivo tras un golpe de Estado. Con el trono vacante, Palmerston preguntó a Maximiliano si estaría interesado en él, sugerencia que este último encontró profundamente ofensiva. «Solo puedo explicarme», escribió, «semejante falta de tacto como la que —debida al hombre que encabeza el gabinete inglés [Palmerston]— se halla en esta propuesta, casi ofensiva, por la embarazosa situación en la que lo han situado las reiteradas negativas al trono de Grecia». Maximiliano era también muy consciente de que habían «ofrecido infructuosamente la corona a media docena de príncipes». Aunque esto no hubiera sido así, la habría rechazado de igual modo. «Conozco demasiado bien, por observación personal, la [Grecia] moderna y su actual estado de corrupción como para no estar convencido, desde hace mucho tiempo, de que su pueblo, taimado y moralmente degenerado, es incapaz de ofrecer una base firme para un Estado independiente».[31]

Tras viajar a Grecia, Maximiliano se convenció de que el país no era adecuado para la monarquía; como nunca había estado en México, estaba seguro de que el país era monárquico. En febrero de 1863, el secretario de Maximiliano escribió a Hidalgo, el emigrado mexicano cercano a la corte francesa, para desmentir los rumores sobre el trono heleno. El archiduque estaba «dedicado con demasiada seriedad al proyecto de su país como para dejarse desviar por otros pensamientos».[32] Este compromiso estaba a punto de ponerse a prueba: las tropas de Francia se encontraban de nuevo ante Puebla.

En México, el general Forey, nuevo oficial al mando de la intervención francesa, estaba decidido a no actuar con precipitación, tal como había hecho Lorencez. Sus preparativos para tomar Puebla fueron meticulosos, aunque laboriosamente lentos. Arribado a Veracruz el 21 de septiembre de 1862, no llegó a Orizaba hasta pasado un mes, donde sus tropas se encontraban a salvo de las enfermedades tropicales de Veracruz. Con la misión de abrirse camino hasta allí, los franceses tuvieron que marchar a través de las tierras bajas semidesérticas, la «tierra caliente», moteada tan solo por cactus y arbustos abrasados por el sol. Los hombres de Forey sufrieron de manera terrible. Unos 200 estaban demasiado enfermos para salir de Veracruz. De los 515 que partieron con él, solo 192 llegaron a su destino: 70 de ellos tuvieron que ser transportados en mulas, 112 estaban enfermos de gravedad y solo 10 se presentaron al servicio activo el 21 de octubre.

No ayudó el hecho de que gran parte de los campos circundantes estuvieran en manos de la guerrilla juarista. Se interceptaron tantos correos franceses que el ejército recurrió a enviar mensajes escritos en el interior de los cigarrillos liados. Los refuerzos llegaron en oleadas, haciendo el difícil viaje a Orizaba en pequeños grupos. A medida que se adentraban en las estribaciones de las montañas, los soldados se mostraban preocupados por las bandas de guerrilleros que se ocultaban tras los espesos árboles. Estas fuerzas irregulares mexicanas esperaban el momento oportuno, acribillaban a balazos a los franceses y desaparecían en la espesura. Los juaristas habían practicado mucho el tiro al blanco:

tardaron meses en trasladar decenas de miles de soldados hacia una campiña situada a doscientos metros sobre el nivel del mar.

En diciembre, Forey se sintió, al fin, preparado para marchar sobre Puebla. Decidido a dar a la intervención francesa un carácter mexicano, otorgó un papel protagonista a Márquez y sus tropas, que contaban con unos mil trescientos soldados de infantería y mil cien de caballería. Sin embargo, la situación de estos hombres era desesperada, y se encontraban tan faltos de recursos y dinero que recurrieron al pillaje, lo que volvió hostil a la población de la zona. Los soldados franceses menospreciaron a sus aliados, describiéndolos como bandidos y ridiculizando la forma en la que los piadosos seguidores católicos de Márquez entraban en batalla al grito de «¡Viva la religión!». Los soldados franceses decían que, puestos a elegir, preferían el lema de Juárez de «¡Libertad y reforma!». François Charles du Barail, un oficial francés que trabajó estrechamente con los aliados mexicanos, los describió como un ejército lamentable y harapiento; la mayoría de ellos iban a caballo y «estaban mal vestidos, mal equipados, tenían un aspecto desaliñado y los seguía una tropa de mujeres casi igual de numerosa; estas llegaban al campamento y se encargaban de cuidar a los hombres. Limpiaban, cocinaban, acicalaban caballos y cepillaban las ropas de sus señores y amos, cuyos horribles rostros estaban rodeados de nubes azules de humo de cigarrillo».[33]

La naturaleza cautelosa de Forey, unida a los problemas logísticos para desplazar a su ejército, hizo que los franceses no ocuparan, por segunda vez, el pequeño pueblo de Amozoc hasta el 9 de marzo de 1863. Ahora, los atacantes superaban en número a los defensores. El 17 de marzo, casi todo el Ejército francés —unos veintiséis mil hombres— se desplegó ante Puebla. Juárez había visitado la ciudad unos meses antes con el objetivo de inflamar los ánimos de los cerca de veinte mil soldados que la guarnecían, entregando medallas a los veteranos que habían derrotado a los franceses e inspeccionando después las defensas, ahora enormemente fortalecidas. La confianza era alta y un corresponsal de un periódico liberal se jactaba de que Puebla se convertiría en un cementerio para los invasores si se atrevían a atacarla.

En lugar de un asalto frontal, Forey optó por la guerra de asedio. Se cavaron trincheras alrededor de la ciudad, lo que permitió a los franceses acercarse a los puntos fuertes sin exponerse al fuego que había rechazado el ataque de Lorencez. Poco a poco, los fuertes quedaron, uno a uno, reducidos a escombros por la artillería o tomados en feroces combates cuerpo a cuerpo. En Ciudad de México, donde se quemaron efigies de Napoleón III, Saligny y Forey en la plaza mayor con motivo de las celebraciones de Pascua, Juárez recibió la noticia de que los defensores de Puebla no podrían resistir mucho más. Envió refuerzos, pero el Ejército francés les cortó el paso y los derrotó. Al cabo de dos meses, el general Jesús González Ortega, comandante de la defensa de Puebla que había sustituido a Zaragoza tras su muerte por tifus meses antes, explicó a sus tropas que la falta de alimentos y municiones significaba que ya no podrían seguir luchando. Al día siguiente, 17 de mayo, González se rindió.

El 19 de mayo de 1863, más de un año después de la derrota de Lorencez, el Ejército francés entró en Puebla al son de sus propias trompetas, cornetas y tambores. Forey encabezaba la comitiva, pero nadie saludó a los vencedores mientras marchaban por unas calles llenas de escombros ni había caras curiosas en las ventanas de los dañados edificios. Tal como señaló Charles Blanchot, un oficial francés, «marchábamos hacia una ciudad muerta», y, una vez que cesaron las trompetas y los tambores, reinó un lúgubre silencio en las desoladas calles. En el momento en el que entraron en la plaza mayor, había, al menos, una multitud de curiosos. Eran los más devotos de la congregación de la catedral y se celebraba un tedeum —un oficio católico de acción de gracias— en honor de los conquistadores. Cuando Forey abandonó la catedral, el sonido llenó la plaza y los soldados franceses prorrumpieron en gritos de «¡Vive l'empereur!» y «¡Vive le general Forey!».[34]

Al ver que los refuerzos no podían llegar a la capital y que sus tropas no eran capaces de defenderla, Juárez tomó la trascendental decisión de abandonar Ciudad de México. En los días siguientes, tuvo lugar un gran éxodo, y los archivos gubernamentales, la tesorería y todas las tropas que quedaban emprendieron la marcha hacia la seguridad de San Luis Potosí, a más de cuatrocientos kilómetros al noroeste. Sara Yorke Stevenson, ciudadana estadounidense y, más tarde, famosa egiptóloga y sufragista, vivía entonces en Ciudad de México y describió la escena: «Oímos el ruido sordo y constante de la marcha de los hombres del derrotado Ejército liberal, que se abría paso por la ciudad. A la luz de la luna, presentaban un espectáculo extraño y peculiar: hombres cuyo único equipo consistía en un mosquete y una caja de cartuchos colgada de sus camisas blancas».[35]

A las tres en punto del 31 de mayo, Juárez clausuró de manera formal la última sesión del Congreso de México antes de emprender el largo viaje hacia el norte. En un último editorial antes de dejar de publicarse, el periódico liberal *El Monitor Republicano* captó el ánimo elegíaco, pero desafiante, de los juaristas: «Nuestra causa es justa y santa, y no la abandonaremos nunca. Adondequiera que la suerte nos lleve, nuestra pluma y nuestra espada combatirán siempre en defensa de la patria y de la libertad».[36]

Tras la retirada de Juárez, Forey ordenó a François Achille Bazaine, su general más dotado, que ocupase Ciudad de México. La fuerza de Bazaine tomó la ruta de los conquistadores españoles hacia la capital mexicana, a unos ciento treinta kilómetros al noroeste. Tuvieron que atravesar los pasos de montaña que cortan la cordillera volcánica que se extiende entre los valles de Puebla y Ciudad de México. El ejército, que marchaba entre altas paredes montañosas, que parecían extenderse infinitamente hacia el cielo a ambos lados del angosto sendero, y caminaba a través de noches de frío glacial, emergió de las montañas justo cuando el sol salía en el valle de México.

La vista era magnífica, un inmenso estadio cerrado por un anfiteatro de montañas mientras el sol se reflejaba en los cinco grandes lagos que rodeaban la capital. Las tropas francesas se detuvieron allí durante una hora, contemplando el panorama, ensimismadas. Muchos pensaron en Hernán Cortés, quien 344 años antes, había vislumbrado desde allí la toma de la capital del Imperio azteca. De hecho, aquel era un momento de tal intensidad histórica que los franceses lo trajeron a colación en un discurso dirigido a las tropas: «Nuestras águilas victoriosas van a entrar en la capital del antiguo imperio de Moctezuma; pero, en vez de destruir, como Hernán Cortés, vais a edificar. En lugar de reducir a un pueblo a la esclavitud, vais a libertarlo».[37]

Bazaine aseguró rápidamente la ciudad, que los liberales acérrimos ya habían saqueada, y preparó la recepción para la entrada triunfal del ejército de Forey en Ciudad de México. Finalmente, los franceses fueron recibidos como libertadores. Bajo un sol radiante, a las nueve de la mañana del 10 de junio, las campanas de la catedral, las iglesias y los conventos ahogaron el sonido de las trompetas, las cornetas y los tambores franceses a la par que el ejército galo marchaba hacia la enorme plaza mayor de Ciudad de México. Almonte y Márquez ocuparon lugares destacados en la comitiva, recibiendo fuertes «vivas a México, a Francia, a la religión, [...] a la paz».[38] Parecía como si toda la población, unas ciento cincuenta mil personas, hubiera salido a las calles mientras los balcones de las grandes casas se llenaban de mujeres —«casi todas guapas», con vestidos de fiesta escotados, según comentó un oficial francés— que arrojaban tantas guirnaldas de flores a los pies de las tropas francesas que las calles parecían una colorida alfombra mientras miles de pies pisoteaban los pétalos. Stevenson, que por aquel entonces tenía dieciséis años y observaba desde un balcón, se dio cuenta de que los soldados «empezaron a mirarnos como solo los franceses pueden hacerlo».[39]

El recorrido estaba decorado con arcos triunfales, las banderas de México y Francia ondeando una al lado de la otra, algunas con retratos de Maximiliano y Carlota colgados de ellas. Cuando los franceses se acercaron a la plaza, esta se encontraba repleta de clérigos vestidos con sus trajes ceremoniales y las puertas de la catedral ya estaban abiertas. Forey, radiante de orgullo, cabalgó hacia ellos con el enorme palacio presidencial, sede del Gobierno de Juárez, a su derecha, desmontó y se dispuso a asistir al indispensable tedeum. Después, pasó revista a las tropas en la colosal plaza al grito de «¡Vive l'empereur!» y «¡Vive l'imperatrice!». Tal como Forey informó más tarde a París, «Toda la población de esta capital recibió al ejército con un entusiasmo delirante. Los soldados de Francia fueron aplastados de manera literal bajo coronas y ramos de flores».[40] Por la noche, las calles resplandecieron con decoraciones iluminadas y las festividades continuaron hasta altas horas de la madrugada.

Siguieron varios días de celebraciones, que culminaron con un baile para casi cuatro mil invitados en el Teatro Nacional, una inmensa ópera de estilo neoclásico. El escenario se transformó en un bosque artificial cuya oscuridad contrastaba con la brillante luz del resto de la inmensa sala. Las paredes se decoraron con flores, espejos y trofeos militares de artillería capturada, bombas, fusiles, pistolas, espadas y baquetas; se colocaron velas en las bocas de los cañones o se ataron a fusiles con bayonetas. A las diez y media, Forey, el invitado de honor, entró vestido de uniforme y, cuando empezó la música del primer baile, él, Almonte y Saligny formaron pareja con las mujeres más ilustres de Ciudad de México, arrasando en la pista. En las afueras de la urbe, los soldados franceses se volcaron en su propio festival y disfrutaron de los placeres que ofrecía la capital.

El baile fue una celebración de la reorganización política coreografiada con miras a obtener el resultado que Napoleón III pretendía. Fue Saligny quien dirigió este teatro político y quien instituyó a miembros prometedores del Partido Conservador en puestos de poder. En junio de 1863, se creó, por decreto, la Junta Superior del Gobierno, compuesta por treinta y cinco hombres. Este organismo encargó a Almonte, Labastida y a un viejo general llamado Mariano Salas formar el Consejo de Regencia, que tenía la facultad de ejercer el poder ejecutivo. A continuación, la Junta reunió una asamblea formada por doscientos quince hombres, quienes supuestamente, representaban la voluntad del pueblo mexicano para votar sobre la forma de gobierno que México debía adoptar. Por descontado, se trató de un proceso orquestado al milímetro, en el que Forey informó a París, y Almonte a Maximiliano, de que la asamblea votaría a favor de la monarquía antes de hacerlo.

La asamblea anunció su decisión el 11 de julio de 1863. Se leyó una declaración entre aplausos, vítores y gritos de júbilo de los espectadores que abarrotaban las tribunas: México sería un imperio. La huera pregunta de quién debía ser emperador también tuvo pronto respuesta. Maximiliano —tanto por su ilustre ascendencia como por sus cualidades personales— estaba llamado a reinar en el país. La declaración dejaba claro que el plan original de la independencia mexicana, tan amado por Gutiérrez de Estrada, por fin se había hecho realidad tras cuarenta años de lucha. La asamblea se aseguró de rendir homenaje a los principales arquitectos de este nuevo régimen, en primer lugar, a Napoleón III, pero también a Saligny, Gutiérrez de Estrada e Hidalgo, e incluso al supuestamente imparcial Roodenbeck. Un año y medio después del desembarco de las tropas francesas, se proclamó el Segundo Imperio mexicano (el de Iturbide había sido el primero).

Proclamarlo era una cosa, pero, tal como señaló Barail, «mientras en Ciudad de México, bailábamos y galanteábamos, en el resto del país nos divertíamos un poco menos».[41] Juárez, aunque se había retirado, no se había rendido. Reagrupó sus fuerzas y dirigió una implacable campaña de guerrillas contra los franceses, que solo ocupaban una delgada línea de puntos estratégicos desde Veracruz hasta la capital. El imperio se había asentado de manera precaria, sobre todo, porque su aspirante a emperador permanecía en Europa a falta de aceptar definitivamente la corona.

4

La corona mexicana

El 3 de octubre de 1863, dos años después de hablar por primera vez con Maximiliano sobre la posibilidad de establecer una monarquía en su país, once mexicanos, entre ellos Gutiérrez de Estrada e Hidalgo, recorrieron la corta distancia que separaba Trieste de Miramar para ofrecerle formalmente la corona. Siempre atento al ceremonial, Maximiliano había dispuesto hileras de sirvientes vestidos con llamativos uniformes negros con bordados plateados para recibir a sus carruajes. En la entrada principal del castillo, Maximiliano había apostado alabarderos, hombres elegidos por su colosal estatura, con unas largas y espesas barbas contrapesadas por sombreros de tres picos; lucían galones plateados y plumas blancas, y, ataviados con finos guantes blancos, iban armados con largas picas de metal decoradas con terciopelo carmesí. Rememorando el pasado medieval de los Habsburgo, el recibimiento fue una cuidadosa declaración de que los mexicanos se enfrentaban a una dinastía europea con siglos de poder a sus espaldas.

Cuando el reloj marcó el mediodía, se abrieron las puertas del castillo. Los mexicanos pasaron a una sala fastuosamente amueblada, donde colgaban retratos de la familia de Maximiliano y Carlota. Allí les esperaba él, vestido con frac y el con la distinción de la Orden del Toisón de Oro, una condecoración de los Habsburgo creada en el siglo xv. Una vez que los mexicanos estuvieron en posición, Gutiérrez de Estrada dio un paso al frente. Ataviado con corbata blanca y guantes negros, leyó el discurso que sostenía con torpeza entre las manos. Hacía veintitrés años que soñaba con este momento.

Sirviéndose de su considerable talento para la adulación, imploró a Maximiliano que aceptara la corona y rescatase a México del abismo republicano en el que se había sumido tras la independencia. Aseguró a su auditorio que no insistiría en las desgracias que todos sabían que México había sufrido. A continuación, se detuvo en esta cuestión con cierto detalle antes de sostener que solo Maximiliano podía salvar a México.

Su respuesta fue más sucinta y circunspecta. Se sentía halagado de que los mexicanos hubieran recurrido a los Habsburgo, la familia de Carlos V. El hecho de restaurar México bajo el gobierno de una monarquía constitucional era una noble tarea. No obstante, Maximiliano reiteró las condiciones que había establecido casi dos años antes: Francia y Gran Bretaña habían de garantizar el imperio, y un plebiscito debía proclamarlo a él soberano. Con las tropas francesas ocupando menos de la mitad de México y el Gobierno británico decidido a no alcanzar ningún acuerdo con Maximiliano, estas condiciones eran imposibles de cumplir. Dada la situación, la ceremonia concluyó con una celebración a bordo de La Fantasia, el yate de Maximiliano. Mientras contemplaban cómo los fuegos artificiales iluminaban de rojo, verde y blanco —los colores de la bandera mexicana— los altos muros blancos de Miramar, los mexicanos seguían sin saber si Maximiliano llegaría a reinar, y mucho menos cuándo lo haría.

Sea como fuere, sus recelos se disiparon antes, cuando les presentaron formalmente a Carlota, cuya inteligencia, piedad y nobleza les impresionaron en profundidad. En la cena, Carlota había brillado luciendo un vestido rosa regio y una corona de flores a juego, adornada con diamantes. Tanto la comida como el servicio se prepararon mientras una orquesta interpretaba secuencias de las óperas más de moda por aquel entonces. La celebración surtió el efecto deseado: a pesar de no obtener su aceptación definitiva, los mexicanos se marcharon convencidos de la majestuosidad de Maximiliano y Carlota.

Por su parte, Maximiliano y Carlota no quedaron tan convencidos con los mexicanos. Carlota estaba tan sorprendida como Napoleón III y Eugenia por las ideas políticas de Gutiérrez de Estrada. Lo describió como un «cangrejo», que en México era un término peyorativo de los liberales para referirse a un conservador; más aún, lo tildó de «cangrejo retrógrado». Le perdonaba sus faltas por su edad, el tiempo que había pasado fuera de México y el papel que había desempeñado en la creación del trono mexicano, pero creía que la nostalgia le hacía añorar el dominio español en México sin importarle que el mundo hubiera avanzado.[1] A su vez, Maximiliano también consideraba reaccionarios a la mayoría de los miembros de la diputación, en desacuerdo con las más liberales opiniones del archiduque.

Tras abandonar Miramar, los mexicanos se dirigieron a París, donde las diferencias políticas se volvieron todavía más evidentes. Presentaron un voto oficial de agradecimiento a Napoleón III y lo dispusieron en una caja de plata envuelta en la cinta tricolor de la bandera mexicana, pero la cena posterior fue menos agradable que la de Miramar. En el palacio de Saint-Cloud, Eugenia insistió, ante sus invitados, en que el Imperio mexicano debía curar las heridas de la guerra civil y reconciliar a las partes, tal como, según ella, había ocurrido en Francia después de 1848. Gutiérrez de Estrada se horrorizó. ¿Cómo podía ocurrir esto, preguntó, cuando las revoluciones de México eran mucho peores que las de Europa? Uno no debe, contestó Eugenia, «rodearse de cuadros y retratos antiguos, es decir, vivir en un mundo que ya no existe». Ese era exactamente el mundo en el que Gutiérrez de Estrada quería vivir. Le contestó que, en México, no había cuadros antiguos; tampoco Edad Media y las instituciones del colonialismo español, en especial, la Iglesia, seguían tan vigentes como siempre. En un intento de apaciguar a la emperatriz, concluyó diciendo que México debería tener «una dictadura a semejanza de la establecida en Francia».

Aquellas palabras fueron un error. A pesar del golpe de Estado de 1851, Napoleón III y Eugenia no creían gobernar una dictadura. «Sí», respondió airada la emperatriz, «pero una dictadura que aspire a traer la libertad».[2] Gutiérrez de Estrada, perdiendo toda reserva, replicó que el problema de México era que había demasiada libertad. Hidalgo, también presente en la cena, acudió en ayuda de la emperatriz y le propuso la cooperación política con los moderados mexicanos. Después de todo, con treinta mil soldados en México, Napoleón III podía hacer lo que quisiera. Mientras su ejército estuviera allí, no apoyaría las ideas reaccionarias de Gutiérrez de Estrada.

A pesar de las tensiones entre ellos, Napoleón III y los conservadores mexicanos tuvieron que trabajar juntos y persuadir a Maximiliano para que abandonara su insistencia en una alianza con los británicos, pero Francisco José había presionado a Maximiliano para que mantuviera esta condición antes de aceptar el trono mexicano. Tras leer la respuesta de su hermano a Gutiérrez de Estrada, Francisco José telegrafió a Maximiliano. «No puedes», le advirtió, «colocarte en un estado de dependencia exclusivo de Francia».[3]

Napoleón III, los conservadores mexicanos y las relaciones personales de Maximiliano y Carlota con la reina Victoria se unieron en un último intento de conseguir el apoyo británico. La suma de todos estos factores convenció a lord Palmerston, primer ministro británico, para reunirse con Francisco de Paula Arrangoiz y Berzábal, un antiguo ministro de Finanzas mexicano que se había ganado la confianza de Maximiliano y hablaba bien inglés. Arrangoiz recibió instrucciones de Maximiliano en Miramar antes de viajar a París a fin de conversar con el ministro de Asuntos Exteriores francés. Tomó un camino sinuoso hasta Londres, pasando por Bruselas, donde Carlota había estado visitando a Leopoldo I. Allí, esta le entregó una carta de su padre que Arrangoiz debía presentar a Palmerston.

Tras la reunión, un poco impresionado Palmerston se limitó a mencionar a lord Russell, su secretario de Asuntos Exteriores, que un mexicano de nombre impronunciable había venido a hablar con él, pero que la política británica no cambiaría. Puesto que el archiduque ponía como condición para aceptar el apoyo británico, Russell quiso informar categóricamente a Maximiliano de que el Gobierno nunca se lo daría. Palmerston se lo impidió bajo el argumento de que una monarquía ligada a Europa y que desafiara a Estados Unidos redundaba en su interés, sobre todo cuando no suponía coste alguno para el Gobierno británico.

Esta actitud ambigua daba más esperanzas a Maximiliano y Carlota; les permitía urdir un alegato para seguir adelante sin el apoyo británico. Aunque Gran Bretaña no firmara un tratado formal antes de que la pareja real viajase a México, estaban seguros de que, una vez allí, Palmerston reconocería su Gobierno. Maximiliano se había creído la lógica geopolítica subyacente tras el Imperio mexicano y escribió que «incesantemente amenazada por el espíritu estadounidense de conquista, [Gran Bretaña] está obligada a darse al fin cuenta de que sus propios intereses exigen que impulse una obra que tienda a poner límites a las invasiones de sus ambiciosos vecinos».[4]

El hecho de que la guerra civil estadounidense se hubiera convertido en una larga contienda convenció aún más a Maximiliano de que el apoyo británico era menos importante de lo que lo había sido dos años antes, en 1861, cuando se estableció por primera vez la condición. Entonces, Maximiliano temía que Estados Unidos —hostil hacia la monarquía y hambriento de más tierras— invadiera el Imperio mexicano tras una rápida victoria sobre la Confederación. En 1863, el panorama se presentaba diferente, al menos, para Maximiliano, que había empezado a mantener correspondencia con los confederados, quienes le aseguraban que ganaría el sur. James Williams, un agente confederado en Europa, se puso en contacto con Maximiliano y le escribió que «el triunfo final de la causa confederada es un acontecimiento que puede retrasarse, pero no evitarse». En cuanto a un reino mexicano, Williams creía que, si triunfaba, «su alteza imperial habrá fundado lo que está destinado a ser uno de los grandes imperios del mundo». Tales halagos y deseos llevaron a Williams a engrosar la cada vez más larga lista de invitados de Miramar. Maximiliano incluso se puso en contacto con Rose O'Neal Greenhow, una famosa espía confederada, que le aseguró el apoyo del sur. Maximiliano le respondió dándole las gracias y alabando «la fortaleza y el patriotismo que tanto distinguen a las damas estadounidenses».[5]

Mientras la Confederación y la Unión aún continuaban en liza, Maximiliano trató de racionalizar la necesidad del apoyo británico. Tal como escribió a Napoleón III, el Ejército francés se bastaba por sí solo para disuadir a Estados Unidos de cualquier acción hostil. Naturalmente, Napoleón III estuvo de acuerdo con el archiduque. «Los Estados Unidos saben muy bien», escribió, que el Imperio mexicano es «obra de Francia [y] no pueden atacarlo sin enemistarse con nosotros al mismo tiempo».[6] Tranquilizado así, la solución de Maximiliano al insoluble problema del apoyo británico fue negarle su condición de requisito. Al explicar esta decisión a Francisco José a través de Rechberg —quien debió de sentir como si gran parte de su cometido como ministro de Asuntos Exteriores fuera negociar entre archiduques—, Maximiliano afirmaba ahora, de manera poco convincente, que, cuando en 1861 había insistido en obtener una garantía de Gran Bretaña, en realidad, había querido decir que «una vez fundado su imperio», trabajaría para asegurar una alianza posterior. Sabedor, sin duda, de que su razonamiento no era el más consistente, añadió: «Me parece que no es prudente aspirar a lo inalcanzable ni honesto ofrecer [a Napoleón III] la perspectiva de una aceptación solo si se cumplen ciertas condiciones que uno ha reconocido quiméricas».[7]

En cualquier caso, también pedía ayuda a su hermano con miras a evitar la dependencia total de Napoleón III. ¿No podría Francisco José aliarse con Francia a fin de sostener el Imperio mexicano? Su hermano alegó intereses de Estado, argumentando, de forma bastante aguda dada la posición de Maximiliano como comandante en jefe, que la Marina austriaca carecía de poder para emprender expediciones a través del Atlántico y, por tanto, no podría defender México.

Francisco José consideraba poco práctico el asunto mexicano y no quería tener nada que ver con él de manera oficial. La extraña petición de Maximiliano de que Luis Víctor, el hermano menor de ambos, se casara con una de las dos hijas de Pedro II, emperador de Brasil, lo desanimó más si cabe. Dado que don Pedro II no tenía herederos, tal matrimonio podría fundar otra dinastía Habsburgo en América Latina. Maximiliano se estaba entregando a su imaginación y soñaba con que, algún día, el dominio de los Habsburgo se extendiera a gran parte de América del Norte, Central y del Sur. Por eso, fue a ver a su hermano menor, homosexual y travesti con fama de libertino, para convencerlo de las ventajas del matrimonio.

La reunión no fue bien. Maximiliano escribió a Francisco José que Luis Víctor no estaba «en absoluto contento con la idea». Maximiliano había logrado arrancarle la promesa de que obedecería una orden directa de Francisco José. Tal directiva, apuntaba, era justo lo que su hermano menor requería. Tal como Maximiliano escribió a Rechberg: «Todos los que conocen bien a mi hermano deben desear que lo aparten de la existencia sin rumbo que ha llevado hasta ahora en el ambiente de Viena». Era necesario emplear amor severo. «Estoy convencido de que, bajo la dirección firme y juiciosa, aunque fría y posiblemente egoísta, del emperador de Brasil, su carácter podría tomar una dirección saludable».[8] Esto no era un aval para un futuro suegro y Francisco José se resistió a ordenar un matrimonio no deseado a un hermano solo por la arrogante fantasía de otro.

La madre de los hermanos también compartía las graves reservas de Francisco José sobre la corona mexicana. La huida del rey Otón I de Grecia, su sobrino, había aterrorizado a Sofía, y escribió a Maximiliano que podría esperarle un destino similar en México, pero con consecuencias más desastrosas. Maximiliano odiaba la confrontación y dejó que su esposa disipara las preocupaciones de Sofía en una larga misiva. En cuanto a Grecia, escribió Carlota sin compasión, asunto que «ante todo, parece haberte alarmado», no había comparación posible: México era un antiguo territorio de los Habsburgo, mientras que Baviera, de donde era Otón, no tenía ninguna relación con Grecia.

A Sofía también le preocupaba, no sin razón, que los mexicanos vieran a Maximiliano como un gobernante extranjero impuesto por las bayonetas francesas y que fuese, por ello, incapaz de ganarse a los nacionalistas. Nada más lejos de la realidad, afirmaba Carlota: la Asamblea de Notables había consagrado como monarca a Maximiliano y pronto sería ratificado en un plebiscito nacional. Contradiciéndose un poco, Carlota citó ejemplos de intervenciones extranjeras exitosas en la historia reciente, en especial, Bélgica. Volviendo a la cuestión del nacionalismo, Sofía creía que si Juárez —un hombre que, en su opinión, había traicionado a su país frente a Estados Unidos y oprimía la fe católica— representaba a la nación mexicana, entonces, la nacionalidad no era más que un «simulacro vacío».

Tras perderse un poco por esta tangente, la carta de Carlota recobraba su tono triunfal con siete argumentos —efectivamente, los enumeró— que, al parecer, destruían toda posible comparación con el país heleno. El principal era que, en Grecia, la familia real tuvo que adoptar una «religión cismática» (la ortodoxa griega), mientras que la labor de Maximiliano y Carlota en México consistía en salvar a la Iglesia católica de los ataques de los revolucionarios. Además, creía que los griegos no tenían solución, si bien los «españoles» y las «razas indias» de México conservaban cualidades admirables a pesar de lo que ella denominaba «años de degradación» en la anarquía republicana. Volviendo sobre la intervención extranjera, Carlota señaló que, tras las revoluciones de 1848, el orden solo había logrado restablecerse en el Imperio austriaco con la ayuda del Ejército ruso. Esto fue un golpe bajo, ya que Sofía todavía sentía profundamente la vergüenza de 1848. En respuesta a la preocupación de que las tropas francesas no fueran suficientes para apoyarles en México, Carlota argumentó que era más importante el amor del pueblo, que se ganaría con un Gobierno sabio y el carisma de Maximiliano. Sin eso, ninguna bayoneta sería suficiente.

Para concluir lo que ella describía como una «interminable carta», subrayó que cualesquiera que fuesen las dificultades de gobernar México, la sabiduría y el ornato de su esposo las superarían. Finalizaba su misiva con una última apelación a la emoción: «Incluso diría», escribió Carlota, «que el comportamiento de usted no parece, en absoluto, típico de su persona. Le ruego que no le cause más pena a Max, quien ya tiene muchos sacrificios que hacer, lazos que romper y amigos que dejar atrás para cumplir esta difícil, pero digna, misión».[9]

Carlota, convencida de la grandeza de Maximiliano, estaba decidida a que su marido se convirtiera en emperador de México, y ella, en emperatriz. Expuso sus razones al escribir a su abuela. México era un hermoso reino que daría a Maximiliano un propósito, mientras que, si se quedaba en Austria, no sería más que el pretencioso conserje de Miramar, que viajaba de cuando en cuando. Carlota también quería acción: «He conocido demasiado poco la vida como para no desear algo que amar y por lo que luchar». No soportaba estar sin hacer nada: «Necesito actuar». Además, veía la divina providencia en su futuro imperial. Había consultado a su sacerdote, quien le confirmó que la corona mexicana era una misión sagrada. Al concluir la carta, escrita en el aniversario de la muerte de su madre, sentenció que «perdimos un ángel en esta tierra para ganar un protector en el cielo y este ángel mismo nos hubiera animado en semejante obra tan digna de su aprobación».[10] Con su madre fallecida ocupándose de los asuntos espirituales, Carlota también tenía los consejos políticos de su padre. «¿Voy a México?», le preguntó. «Es tu deber», respondió Leopoldo. Además, Carlota tenía una fe enorme y acrítica en el genio de Napoleón III, al que consideraba el único hombre con el poder y los recursos para emprender una obra de tal grandeza como la regeneración de México; además, lo movía el desinterés.[11]

Así pues, en diciembre de 1863, Maximiliano había racionalizado los obstáculos que le impedían convertirse en emperador de México e ignoraba las advertencias de su familia Habsburgo. No obstante, aún quedaba la cuestión de la proclamación popular y aquí es donde intervino Napoleón III. Aseguró a su protegido que las elecciones y las asambleas podían esperar. «Permítame insistir tanto como pueda en un punto: la libertad parlamentaria no puede regenerar un país desgarrado por la anarquía. Lo que se necesita en México es una dictadura liberal». Señaló que el *Times* publicó un «artículo muy notable» en el que se argumentaba lo mismo: instaure el orden y a ello le seguirá la libertad.[12]

El artículo del *Times,* firmado como lo estaba por Bourdillon, no era periodismo político neutral. El agente de Maximiliano también había escrito directamente al archiduque, exponiendo las cosas con más franqueza que Napoleón III: establecer un Gobierno constitucional en México sería como «poner una navaja de afeitar en manos de un lunático. [...] Probablemente, se cortará la garganta».[13] Aunque Napoleón III todavía albergaba la esperanza de organizar algún tipo de ratificación del nombramiento de Maximiliano, lo que más convenció al archiduque de que un Imperio mexicano era posible no fue ninguna expresión de la voluntad nacional mexicana, sino el hecho de que el Ejército francés estaba haciendo retroceder a Juárez hasta las fronteras del norte de México.

No era Forey quien dirigía este ataque. Una vez tomada Ciudad de México, todo el mundo esperaba una campaña para consolidar al poder francés, pero Forey se mostró tan dilatorio como siempre. En su lugar, se instaló en la capital y, bajo la influencia de Saligny, entregó la administración de México a los miembros del Partido Conservador. Estos ejercieron su poder con venganza, confiscando las propiedades de los juaristas y reimponiendo la autoridad de la Iglesia católica. Se aprobaron varias leyes, incluida una que especificaba una multa de 50 dólares, o cincuenta días de prisión, para cualquiera que trabajara un domingo sin oír misa primero y obtener permiso de un sacerdote. Esta disposición fue tan impopular que tuvo que ser derogada; sin embargo, para el plan de Maximiliano de reconciliar a las facciones de México, no fue un buen augurio el hecho de que los primeros actos de su Regencia fueran claramente teocráticos.

Molesto por la falta de progreso militar y por la dirección reaccionaria, Napoleón III disfrazó un despido en ascenso. Elevó a Forey a mariscal de Francia, el rango más alto del Ejército francés, pero, en la carta que acompañaba a la noticia, el emperador explicaba que las minucias del gobierno estaban por debajo de tan ilustre rango: Forey debía abandonar México. El recién nombrado mariscal acató esta orden con la velocidad de costumbre, organizando primero otro baile para celebrar su nuevo rango. Forey, corpulento y de tez rubicunda, alcanzó la cúspide de la humillación cuando la silla en la que descansaba después de bailar se desplomó bajo su peso. Lo ayudaron a incorporarse mientras los espectadores intentaban disimular su diversión.

Bazaine, el sustituto de Forey, contrastaba con su predecesor de manera sorprendente. Había desempeñado un papel decisivo en el sitio de Puebla, se había ganado el respeto de sus hombres y hablaba español con fluidez. En 1863, tenía cincuenta y dos años, había pasado su vida adulta en el Ejército y era la encarnación del soldado profesional. Tras haberse abierto camino desde el escalafón más bajo, él también recibiría la más alta condecoración militar del Ejército francés al ser nombrado mariscal de Francia en 1864. Había servido en la Legión Extranjera francesa en Argelia y España, y, asimismo, se había desempeñado con distinción en la guerra de Crimea. Tal como atestiguaban las numerosas heridas de bala y metralla que había recibido a lo largo de los años —una le dejó cicatrices en la cara—, lideraba desde el frente. Ahora, comandaba un Ejército francés bien equipado, disciplinado e implacable, cuyas tropas habían aprendido su oficio en los conflictos más sangrientos de mediados del siglo XIX.

Sin embargo, Bazaine no podía desatar todavía esta fuerza contra los juaristas. Forey se negaba a marcharse y, como tenía un rango superior, no podía dar órdenes. Forey partió finalmente el 4 de octubre, pero la presencia de Saligny seguía siendo un obstáculo. París lo consideraba demasiado cercano a los conservadores, y también lo había destituido. Saligny no era el tipo de hombre que dejaba que las órdenes se interpusieran en el camino de sus propios intereses, y se entretuvo en la capital mientras cerraba lucrativos tratos comerciales y desposaba a una mujer de rica familia mexicana. A pesar de varias misivas, cada vez más airadas, del ministro francés de Asuntos Exteriores, aguantó seis meses tras su traslado, hasta diciembre de 1863, cuando se celebró su boda, bendecida por el arzobispo de México. Finalmente, Saligny regresó a Francia muy enriquecido y, por tanto, con la distinción de ser la única persona que había prosperado con la aventura hasta el momento.

Sin Saligny ni Forey, Bazaine pudo poner en práctica sus planes. El Gobierno civil aún tenía que llevarse a cabo nominalmente a través de la Regencia, lo que significaba que Bazaine pasaba gran parte de su tiempo escribiendo cartas —194 entre el 1 de octubre de 1863 y el 10 de marzo de 1864— a Almonte con «recomendaciones». Tal como Napoleón III dejó claro a Bazaine, era imperativo mantener la Regencia «para evitar la idea de que yo quiera conservar México»; sin embargo, en realidad, tenía «el deber de controlarlo todo y decidirlo todo». La clave era «pacificar y organizar México, apelando a los hombres de buena voluntad y evitando ser reaccionario».[14]

Esto puso a Bazaine en conflicto con Labastida, el hombre que bendijo el matrimonio de Saligny y, ahora, arzobispo de

México. El Consejo de Regencia estaba formado por Almonte, Mariano Salas, antiguo general y dos veces presidente interino, y Labastida. A pesar de ser un político importante en su época, Salas se plegaba a Almonte, quien, a su vez, trabajaba —aunque, a veces, a regañadientes— de acuerdo con los deseos franceses. Por su parte, Labastida veía en estos deseos los mismos pecados que habían cometido los liberales de Juárez. Para él, la cuestión crucial era la venta forzosa de propiedades eclesiásticas bajo los liberales casi una década antes. Para muchos conservadores, la razón de apoyar una invasión extranjera y, luego, respaldar una monarquía era hacer retroceder lo que consideraban las impías reformas de Juárez. Ahora en el poder, Labastida esperaba justo eso.

Sin embargo, Napoleón III tenía otras ideas. A pesar de la indiferencia de Forey ante las órdenes de París, el 12 de junio de 1863, a instancias del emperador francés, emitió una proclama en la que instaba a los mexicanos a dejar atrás la guerra civil. En su lugar, los ciudadanos moderados de todos los bandos debían unirse a fin de formar un solo partido, el sueño bonapartista en Francia. Con el objetivo de facilitar esta armonía universal, Forey propuso que quienes habían comprado propiedades eclesiásticas bajo las nuevas fórmulas de Juárez las conservaran. Después de todo, la nacionalización de estas en Francia había sido uno de los fundamentos de la revolución de 1789. No obstante, lo que ya no era controvertido en Francia seguía siendo algo radical en México. Desde el punto de vista de los conservadores, todos los males tenían su origen en la Revolución francesa, cuyas ideas habían arruinado a su México querido. En su opinión, la Revolución francesa no era más que la expresión incoherente de los ateos; filósofos como Voltaire, Rousseau y Diderot no eran héroes de la Ilustración, sino enemigos del cristianismo. Además, al dar el poder a la gente común, que en absoluto tenía la inteligencia suficiente para ejercerlo, la revolución de 1789 había desatado un tigre que desgarró un mundo hermosamente ordenado, jerárquico y piadoso, construido durante siglos, dejando tras de sí solo sangre, violencia e inestabilidad. En las memorables palabras de Joseph de Maistre, uno de los filósofos preferidos de los conservadores, la revolución era «la ley universal de la destrucción violenta. […] La tierra toda, continuamente empapada en sangre, no es más que un inmenso altar en el que todo ser viviente debe ser inmolado sin fin, sin freno, sin tregua hasta la consumación del mundo, hasta la extinción del mal, hasta la muerte de la muerte».[15]

El enfrentamiento entre las ideas de 1789, así las llamaba Napoleón III, y el pensamiento político de Labastida, fundado en elementos muy anteriores, era inevitable. En su primer encuentro, en octubre de 1863, las relaciones entre Bazaine y Labastida no empezaron con buen pie. El general francés dejó claro que la venta de los bienes eclesiásticos nunca se anularía; el arzobispo dejó igual de claro que nunca aceptaría menos. Al día siguiente, Labastida convocó una reunión extraordinaria del Consejo de Regencia, a la que se invitó a Bazaine. En ella, el arzobispo reiteró su postura y añadió que no aceptaría nada sin la aprobación previa del papa. Luego, dirigiéndose directamente a Bazaine, le dijo con arrogancia: «Si su ejército fue bien recibido a su llegada a la capital, fue por obra del clero. Y si no lo apoya [la Iglesia], si no está de acuerdo con él, traiga otros quince mil hombres, porque sus amigos de hoy…». En este punto, Labastida se interrumpió, dejando la frase sin terminar, limitándose a hacer un gesto que Bazaine interpretó como una indicación de que los franceses ya no podían contar con sus actuales aliados.[16]

Bazaine y sus burócratas franceses no se inmutaron. Explicaron que el imperio se dirigiría de acuerdo con las ideas de la Revolución francesa de 1789, lo que Napoleón III llamó el «espíritu del siglo». El austero clérigo hizo una pausa y, luego, con un desdén fulminante, replicó a los franceses que buscar soluciones europeas a los problemas mexicanos era una «quimera». «La revolución de aquí», continuó, «lo ha sacrificado todo a la rapacidad». Concluyendo lo que debió de parecer un sermón, dijo: «Del siglo no tiene México más que la fecha: esto es todo».[17]

Días después, un furioso Bazaine demostró el poder material del Ejército francés sobre la teología abstracta. En uniforme de gala y flanqueado por sus hombres, entró en una reunión del Consejo de Regencia con paso militar y afirmó a las claras que la política francesa sobre la propiedad eclesiástica no iba a cambiar. Labastida, con la esperanza de paralizar la acción del Gobierno, se negó entonces a asistir a más reuniones de la Regencia. Este *impasse* duró hasta el 17 de noviembre, momento en el que Bazaine obligó a Almonte y a Salas a decretar que Labastida ya no era miembro del Consejo. Este último protestó, pero no le quedó más remedio que retirarse.

Con un Labastida temporalmente neutralizado, Bazaine pudo centrarse en descubrir la voluntad de la nación. Napoleón III le había comunicado que tenía que lograr que «el mayor número posible de mexicanos ratificase la elección de Maximiliano». Esto era fundamental porque, como bien sabía el emperador, «desde la perspectiva europea, el apresurado nombramiento tiene el grave defecto de que no parece ser el legítimo deseo del país».[18] Dejaba a discreción de Bazaine elegir cuál era la mejor forma de manifestar tal deseo. En la práctica, esto significaba que, siempre que fuera posible, los mexicanos bajo el control del Ejército franco-mexicano firmarían una instancia en la que declarasen su lealtad al imperio. No obstante, incluso el hecho de organizar esto resultó imposible en muchas zonas donde la autoridad francesa se sostenía con alfileres. Al final, se decidió que, en gran medida, el plebiscito sobre el imperio consistiría en declarar que las zonas bajo control nominal francés se habían manifestado a su favor. Se contaría a los habitantes de cada zona y, luego, se enviarían las cifras a París como prueba de que los mexicanos reclamaban a Maximiliano.

Sin embargo, en octubre de 1863, el problema era que, incluso sobre estas bases democráticas más bien precarias, el resultado de la pretendida votación estaría reñido. La Regencia solo gobernaba el corredor de tierra que iba desde Veracruz hasta Ciudad de México y los alrededores de la capital. Por ello, antes de poder explicar al electorado los beneficios del gobierno imperial, resultaba necesario conquistar sus distritos electorales.

La intervención había encontrado en Bazaine el dinamismo que necesitaba tras más de dos años de liderazgo cuestionable y escasos réditos. Desplegándose en abanico desde Ciudad de México, su estrategia consistía en atacar los flancos de las fuerzas liberales para forzar su retirada, tras lo cual ocuparían las principales ciudades y obligarían a Juárez a abandonar su nueva capital en

San Luis Potosí. En cuanto Forey se marchó en octubre, el plan se puso en marcha. Dos columnas de soldados franceses marcharon hacia el norte; Márquez comandaba un ejército mexicano en el flanco izquierdo, mientras que, a la derecha, se encontraba otra fuerza mexicana al mando de Mejía, quien había declarado hacía poco su lealtad al imperio.

Al igual que Márquez, Mejía tenía un profundo sentimiento religioso; sin embargo, Márquez era criollo, y Mejía, otomí, un pueblo indígena de la Sierra Gorda, en las proximidades de Querétaro. Oficial de caballería en la guerra mexicano-estadounidense, durante la guerra civil, Mejía luchó con los conservadores y reclutó una fuerza ferozmente leal en su región de origen. Mejía se negó a rendirse, incluso después de que Juárez tomara Ciudad de México en 1861 y resistió con unos mil quinientos soldados en las montañas. El Gobierno envió un ejército de siete mil hombres para derrotarlo, pero Mejía no tardó en aplastar a estas tropas a pesar de su, en principio, abrumadora superioridad numérica. Inclusive los franceses, que eran propensos a despreciar las habilidades militares de sus aliados, lo tenían en alta estima. Barail no soportaba a Márquez, pero describió a Mejía como «un general de primera clase, querido y respetado por sus hombres, de valor probado, [...] concienzudo, leal, fiel a su palabra, esclavo de su deber y patriota hasta el tuétano».[19] Ahora, era uno de los mejores generales del imperio y lideraba el ataque contra Juárez y sus asediadas fuerzas.

En noviembre, Mejía ocupó Querétaro, una importante ciudad a unos doscientos kilómetros al noroeste de Ciudad de México. La urbe, próxima a la región natal de Mejía, era un bastión conservador, y se recibieron a las tropas como libertadoras y con un entusiasmo delirante. A continuación, se celebró una procesión religiosa, en la que ochocientas mujeres recorrieron las calles portando velas mientras los espectadores prorrumpían en vítores y saludaban enérgicamente a las tropas. Este tipo de escenas se repetirían cuando los partidarios conservadores salían a vitorear los rápidos avances del ejército franco-mexicano. Por tanto, los informes de Bazaine a Europa consistían en una lista de ciudades tomadas y de enormes distancias recorridas: México se conquistó más con las piernas que con las espadas, tal como señaló un soldado.

En el mapa, este avance parecía imponente, pero «en realidad», señaló Barail, «solo éramos dueños del espacio que ocupábamos».[20] La guerrilla controlaba gran parte del campo y los franceses solo disponían de tropas suficientes para guarnecer las ciudades de mayor importancia. Juárez aún podía contar con unos veinte mil soldados, aunque estos se encontraban dispersos por la inmensidad del país. Su estrategia era simple: ceder espacio a fin de ganar tiempo. Al norte de la frontera, la marea de la guerra civil estadounidense se estaba volviendo contra los confederados, y Juárez esperaba que el apoyo de Estados Unidos a su causa pronto le proporcionaría hombres, dinero y municiones.

Una dificultad añadida para los franceses fue encontrar aliados locales moderados que pudieran ayudarlos a ganarse los corazones y las mentes del pueblo, y así demostrar que la intervención no consistía solo en reavivar la guerra civil en favor de los conservadores, quienes, esta vez, contaban con ayuda extranjera. En una ciudad, Bazaine no encontró a nadie dispuesto a hacerse cargo de la administración y tuvo que nombrar responsable a un guerrillero conservador analfabeto llamado Chávez. Sin embargo, no fue su falta de conocimientos lo que más preocupó a los franceses: después de que los irregulares de Chávez se vieran envueltos en una escaramuza con los juaristas, un oficial francés preguntó cómo estaban tratando a los heridos enemigos. Chávez respondió que consistía en decapitarlos. Los actos violentos fueron sin duda habituales en ambos bandos, pero, mientras Napoleón III y Maximiliano podían ensalzar sus propias virtudes liberales, lo cierto es que parecía haber pocas esperanzas de reconciliar a las partes en México cuando hombres como Chávez gobernaban en nombre del Consejo de Regencia.

A pesar de estos problemas, la actuación militar de los aliados mexicanos era prometedora. Aunque al principio se había negado a apoyar la intervención, en julio de 1863, convencieron al joven y apuesto expresidente Miramón para que regresara a México, jurase lealtad al imperio y dirigiera un batallón de tropas mexicanas. Con Miramón, Mejía y Márquez, la intervención disponía ahora de una fuerza de combate eficaz y despiadada, que, de forma políticamente oportuna, confería un rostro mexicano a la campaña (eso sí, uno conservador, algo que, tal vez, no atraería a muchos liberales a la causa imperial).

A medida que la intervención avanzaba, Márquez recibió el encargo de guarnecer la antigua ciudad colonial de Morelia. Con una población de unos veinticinco mil habitantes, era la capital del estado de Michoacán, así como fundamental para la «votación» que su alrededor de medio millón de habitantes estuviera bajo el control de la Regencia. Con el Ejército francés lejos de Morelia, el general José López Uraga, un moreliano curtido en el enfrentamiento entre Estados Unidos y México que había perdido una pierna en la guerra civil enfrentándose a los conservadores, vio la oportunidad de humillar la causa imperial. El 17 de diciembre de 1863, Uraga, con doce mil hombres a su mando, lanzó un ataque bien apoyado por la artillería contra los aproximadamente 35 000 defensores de Márquez. Este había fortificado la ciudad y dispuesto un perímetro alrededor de la plaza mayor como último emplazamiento defensivo. Conforme los liberales avanzaban, los conservadores hacían sonar las campanas de la catedral con desesperación, lo que recordaba a Márquez que sus tropas superadas en número estaban librando una guerra santa.

Los «imperialistas», tal como se denominaba a los partidarios de Maximiliano, lograron contener a los liberales durante la noche, pero el ataque se reanudó a la mañana siguiente. A medida que los hombres de Uraga avanzaban, los imperialistas retrocedían y se producían encarnizados combates callejeros hasta que llegó el momento en el que lo único bajo su control era el perímetro de la plaza mayor de la ciudad. En la refriega, Márquez recibió un disparo en la cara y resultó herido de gravedad, pero sus tropas lograron recuperarse y resistieron la embestida de nuevo de manera sangrienta y triunfal. Solo perecieron cuarenta y cinco hombres de Márquez, frente a casi seiscientos de Uraga, y muchos más cayeron prisioneros. Más importante aún, la derrota fue un duro golpe para el prestigio de las fuerzas republicanas, a las que ahora no habían derrotado los franceses, sino sus propios compatriotas. Márquez estaba tan orgulloso de esta victoria que envió a Maximiliano —a la sazón en Europa— un extenso informe, mapas y tablas en los que se detallaban las cifras.

Pocos días después de que Márquez derrotase a Uraga en Morelia, Mejía avanzó sobre San Luis Potosí, sede del Gobierno de Juárez. Una vez más, Juárez se vio obligado a huir, esta vez, unos cuatrocientos cincuenta kilómetros hacia el norte, al estado de Coahuila. Ahora, estaba más cerca de la frontera estadounidense que de Ciudad de México. Cada vez más desilusionados, muchos liberales empezaron a abandonar la causa del presidente. Algunos de sus lugartenientes más leales pidieron a su líder que dimitiera.

Juárez se negó. El 20 de enero de 1864, escribió a sus críticos, argumentando que, como el pueblo le había confiado la nación, solo dejaría su puesto si perdía su cargo en unas votaciones o lo expulsaban del poder los franceses y «sus traidores» aliados. Hasta entonces, Juárez estaba resuelto a hacer todo lo posible para «ayudar al país a defender su independencia, sus instituciones y su dignidad». Era cierto, admitió, «que la situación nos es desfavorable ahora», pero «hacer la guerra de cualquier forma posible contra el enemigo es el único medio de salvación».[21] En esta etapa, el hombre que demostró hacer mejor que nadie «la guerra de cualquier forma posible» fue el arzobispo Labastida, implacable enemigo de Juárez. A finales de diciembre, los habitantes de Ciudad de México se despertaron con una carta, pegada en los edificios e introducida por debajo de las puertas, en la que se denunciaba la tiranía del Gobierno de la Regencia. Sin embargo, el pasquín no era propaganda juarista, sino obra de clérigos anónimos. En él, se afirmaba que la intervención iba en contra de la fe religiosa del país y se amenazaba con la excomunión a quienes se negaran a devolver los bienes eclesiásticos. Charles Louis Camille Neigre, el general francés a cargo de Ciudad de México, sospechó de Labastida y le escribió el 16 de enero de 1864. Neigre declaró sin rodeos que el Ejército francés era reacio al uso de la violencia, pero que recurriría a cualquier medio necesario con tal de reprimir a los enemigos de México, incluso si estos eran sacerdotes.

Labastida se mostró contumaz en su respuesta. Según él, la intervención no solo había sometido a la Iglesia a las mismas leyes atroces que Juárez, sino que también los franceses perseguían al clero con más amargura que nunca. Así, Labastida, quien solo unos meses antes había inaugurado la capilla privada de Maximiliano en Miramar con una misa de celebración, afirmaba, ahora, que prefería el Gobierno de Juárez a la Regencia. Como muchos oficiales franceses empezaron a lamentar, parecía que los peores enemigos de la intervención eran los partidarios de la monarquía.

No obstante, una vez más, el enfrentamiento entre la Iglesia y el Estado llegó a un rápido fin. En Ciudad de México, el arzobispo oficiaba todos los domingos una misa para el Ejército francés. Mientras duró la disputa, Labastida insistió en que las puertas de la catedral permanecieran cerradas. Al oír que esto ocurría, el general francés envió un ayudante de campo al palacio de Labastida con el mensaje de que, si las puertas de la catedral no estaban abiertas el domingo siguiente por la mañana, volarían por los aires. La misa debía comenzar a las ocho. A las siete y media, estas permanecían cerradas y Neigre ordenó desplegarse a la artillería en la enorme plaza mayor, con los cañones apuntando a la catedral. Poco después, las puertas se abrieron y Neigre, vestido con uniforme militar, ocupó su asiento habitual en misa.

En los informes a Maximiliano, se restaba importancia a estas tensiones. En su lugar, el archiduque supo de la campaña de Bazaine, de la espectacular victoria de Márquez y de los rápidos avances de Mejía. Sobre un mapa, aquello parecía impresionante. Todo esto, escribió Bourdillon a Maximiliano, confirmaba que la monarquía era popular en México. Juárez estaba prácticamente derrotado, aseguraba Almonte a Maximiliano. Era, por tanto, el momento de que abandonase Europa y reinara como emperador en México.

Alentado por estos informes, en enero de 1864, Maximiliano escribió a Napoleón III que, gracias al avance del Ejército francés, pronto la mayor parte de la nación mexicana declararía su apoyo al imperio. Maximiliano se dedicó, entonces, a la planificación de sus residencias, una de sus actividades preferidas, y dio instrucciones a su secretario para comunicarse con Almonte y pedirle que preparase el Palacio Nacional. A finales de mes, Maximiliano envió a México a su cocinero, su mozo de cuadra y su arquitecto, todo ello con el mayor de los sigilos.

A Maximiliano le habían llegado alarmantes rumores de que la vajilla de plata utilizada por los anteriores presidentes de México podría no estar a la altura exigida de un emperador. Había hecho bien en preocuparse, pues, en febrero de 1864, Almonte le comunicó con pesar que sería necesario adquirir una nueva cubertería para cuarenta personas, ya que la presidencial había desaparecido. Almonte haría todo lo posible al respecto y conseguiría lo mejor que pudiera encontrar en el país, pero temía que, en última instancia, incluso estas adquisiciones tendrían que ser reemplazadas. Al final, Napoleón III intervino, y regaló a Maximiliano y Carlota una cubertería bañada en plata, así como una mesa de comedor.

Una vez resueltos estos apremiantes detalles, el 5 de marzo de 1864, Maximiliano y Carlota llegaron a París. Napoleón III y Eugenia les dieron la bienvenida como emperador y emperatriz y les ofrecieron deslumbrantes recepciones, cenas y fiestas. Carlota, que insistió en hablar en español con Eugenia, irradiaba una confianza llena de entusiasmo. Por el contrario, el archiduque parecía haber envejecido. Le pesaba la enormidad de la empresa, sobre todo las conversaciones en curso sobre la alianza militar francesa y los detalles de un préstamo a fin de cubrir la bancarrota del Tesoro mexicano. Napoleón III había empleado su maquinaria de Estado en estas discusiones con el objetivo de asegurar que Francia obtuviera condiciones favorables, mientras que Maximiliano, distanciado del Ministerio de Asuntos Exteriores austriaco y de gran parte de su familia, dependía del consejo de Leopoldo, su suegro, y del diplomático belga Roodenbeck.

Esta negociación unilateral, conocida como el «Tratado de Miramar», impuso onerosas obligaciones al imperio de Maximiliano. El nuevo monarca aceptó abonar el coste total —que los franceses estimaron en 270 millones de francos, más un interés del tres por ciento— de la intervención desde enero de 1862 hasta el 1 de julio de 1864. Una vez satisfechos estos pagos, México debería pagar 1000 francos por hombre al año por el privilegio de la ocupación y así mantener al Ejército francés en la otra orilla del Atlántico. El origen de la intervención era la imposibilidad del Gobierno de Juárez de hacer frente a la deuda internacional mexicana; con todo, una vez en México, Maximiliano debía cumplir con sus cuotas mensuales porque, de lo contrario, aquello supondría incumplir el tratado y Napoleón III podría retirar sus tropas. De igual manera, el imperio pedía un préstamo para cubrir los gastos inmediatos, y esto endeudaba todavía más al futuro Gobierno de Maximiliano. Peor aún, la mayor parte del dinero nunca llegó a México: se quedaría en Francia como adelanto de lo que el archiduque había acordado pagar por su reino.

En resumen, con la misión de evitar que los costes recayeran sobre el Tesoro francés, Napoleón III apalancó la conquista de México y externalizó su administración. Tal como señaló Metternich, tanto las cargas del tratado como del préstamo eran «enormes» y las finanzas de México «tendrán que estar muy bien reguladas para que el peso de estas monstruosas exigencias no resulte aplastante». Sin embargo, el 18 de marzo de 1864, Napoleón III escribió a Maximiliano a fin de disipar cualquier duda. «Puede estar seguro», dijo el emperador francés, «de que no le fallará mi apoyo».[22]

Después de París, Maximiliano y Carlota viajaron a Inglaterra. Allí, cenaron con Leopoldo I, quien también estaba de visita, y vieron a la reina Victoria, prima de Carlota. «Se van a México, cosa que no entiendo», escribió la reina en su diario. No era la única que tenía esta opinión. María Amelia, abuela de Carlota y antigua reina de Francia, ahora exiliada en Inglaterra, advirtió a su nieta. «¡Te van a matar!».[23] Carlota no se inmutó. Por su parte, Maximiliano no pudo contener la emoción, lo que llevó a una niña de seis años que presenció la escena a comentar con incredulidad que, normalmente, eran las mujeres quienes lloraban.

Convertirse en emperador había pasado de ser una agradable ensoñación a una realidad inminente, y la enormidad de la tarea abrumaba a Maximiliano. Sin embargo, lo que más le perturbaba era una memoria que su hermano le había entregado antes de viajar a París. Temeroso de que el trono austriaco pudiera pasar a Maximiliano o a sus descendientes y poner así a Austria en la absurda situación de ser gobernada desde México, en el último momento, Francisco José había exigido que, antes de abandonar Europa, su hermano renunciara a sus derechos sucesorios —y a los de cualquier hijo que pudiera tener— al trono de los Habsburgo. Puesto que toda su identidad se arropaba en el antiguo linaje de su familia, Maximiliano estaba devastado.

De regreso a la capital austriaca, se celebró una magnífica cena en honor de Maximiliano y Carlota, a la que asistieron las más altas esferas de la sociedad vienesa. Carlota, envalentonada por el hecho de que pronto tendría el mismo estatus, el de emperatriz, que su cuñada Sissi, lució de manera ostentosa una tiara de diamantes y esmeraldas, diseñada específicamente para su nuevo rango. Al día siguiente, pasadas ya las celebraciones, Rechberg, ministro de Asuntos Exteriores de Austria, entregó a Maximiliano el documento que debía firmar para renunciar a su herencia: el archiduque se negó a hacerlo.

«Mi querido hermano», escribió Francisco José al enterarse, «según las informaciones que he recibido, está dispuesto a aceptar el trono de México. [...] Me veo obligado, como jefe supremo de la Casa de Austria, a notificarle que solo puedo otorgar mi consentimiento a tan grave y trascendental acto de Estado con la condición» de que Maximiliano renunciara a «los derechos sucesorios de usted y sus herederos».[24]

Furioso, Maximiliano contestó el mismo día, quejándose de que la renuncia a sus derechos en Austria nunca se había planteado en más de dos años y ello solo se había abordado de forma somera antes de viajar a París dos semanas antes. Ahora había redactado un tratado, acordado un préstamo y «empeñado mi palabra de honor, respetada en toda Europa, a una población de nueve millones de personas que ha apelado a mí, confiando en un futuro mejor y con la esperanza de ver el final de la guerra civil que ha venido haciendo estragos durante generaciones; lo hice en un momento en el que desconocía cualquier condición como la que ahora usted me ha impuesto».[25]

Cuando los ánimos se caldearon, Maximiliano y Carlota abandonaron Viena en dirección a Miramar. Francisco José envió a un primo tras ellos para insistir en que Maximiliano estampase su firma en el documento, pero no cedió. En lugar de eso, devolvió la pelota a su hermano y le planteó la siguiente pregunta:

¿debía informar a la delegación mexicana y al Gobierno francés de que la razón por la que no podía aceptar el trono eran las exigencias de su hermano? Temiendo la reacción de París, Francisco José dio el extraordinario paso de informar al embajador francés en Austria de que necesitaba la ayuda de Napoleón III para resolver esta discusión familiar. El emperador francés debía persuadir a Maximiliano de que firmase el documento; en caso contrario, no podría ir a México. Tras gastar cientos de millones de francos, arriesgar decenas de miles de vidas y prometer al pueblo francés que todo se resolvería con el reinado de Maximiliano en México, Napoleón III se quedó estupefacto al enterarse de que todos sus planes pendían de un hilo.

A las dos de la madrugada del 28 de marzo, uno de los ayudantes de campo de Napoleón III despertó a Metternich en su propia casa. Portaba una misiva de Eugenia: se refería al desacuerdo como un «asunto familiar sin importancia» comparado con «la confusión» a la que se vería abocado «el mundo entero». La emperatriz firmaba la carta: «Suya, créame, pues mi buen ánimo se asienta en las mejores razones».[26]

Esa misma mañana, Metternich corrió a las Tullerías para entrevistarse con Napoleón III y Eugenia. Napoleón III se sintió traicionado a nivel personal. Dos semanas antes, había acordado todos los detalles con Maximiliano, quien había rubricado el tratado entre México y Francia antes de firmarlo como emperador de México. Cuando Metternich trató de explicar la situación de los derechos sucesorios, Napoleón III lo interrumpió: «Pero el archiduque debía saberlo de antemano». El emperador francés dejó claro entonces que la decisión de Maximiliano afectaría gravemente a las relaciones con Francia y casi amenazó con la guerra. Metternich informó a Rechberg —ambos de nuevo en su ya habitual, aunque infeliz, papel de consejeros familiares— de que era fundamental que el asunto se resolviera «en interés de nuestra propia paz». No está claro si se refería a la de Austria o a la suya propia. Esta «disputa mortal», añadió, era «tan indigna que me da lástima».[27]

Ese mismo día, Napoleón III escribió a Maximiliano. Desesperado por evitar cualquier decisión inmediata, también lo telegrafió: «Imploro a su alteza imperial que no tome ninguna decisión contraria a nuestros compromisos antes de recibir mi carta». Envió la misiva con un consejero de confianza, el general Charles Auguste Frossard, que debía transmitirla en persona y que rezaba lo siguiente: «Me dirijo a vuestra alteza bajo el influjo de una fuerte emoción». El tratado, el préstamo, las garantías dadas a México, todo ello, argumentaba Napoleón III, eran compromisos que Maximiliano ya no era libre de romper. «¿Qué pensaría de mí», preguntó retóricamente el emperador, «si, una vez que su majestad imperial hubiera llegado a México, dijera que ya no puedo cumplir las condiciones que he firmado?». Sabiendo la importancia que Maximiliano concedía al honor, el emperador francés dijo a Frossard que recordase al archiduque las promesas realizadas en París.

El día en el que Napoleón III hacía todo lo posible por convencer a Maximiliano de que cambiase de opinión, Carlota escribió una carta a Eugenia donde renunciaba al trono mexicano en nombre de su marido. El cielo nos privó de la dicha de ocupar el trono de México, escribió, pero el honor de Maximiliano no le permitía aceptar las condiciones de su hermano. Por tanto, al día siguiente, explicaría a la delegación mexicana que ya no podía ser emperador.

El telegrama de Napoleón III llegó justo antes de que Maximiliano informara de su decisión a los mexicanos. «Recepción de la delegación aplazada», se leía en un telegrama que Maximiliano envió a París. Añadió que llegaría «hasta el límite de lo que el honor personal permita» para encontrar una solución.[28] Nunca se envió la misiva de Carlota.

Dos días más tarde, Frossard apareció en Miramar y le entregó la carta de Napoleón III. Un profundamente conmovido Maximiliano dijo que el emperador francés no solo era un amigo, sino también un padre. Sin embargo, su honor como archiduque y esposo se veía comprometido: no podía aceptar la corona mexicana. Cuando Frossard le replicó que su honor también estaba comprometido con el emperador francés, con Francia y con el mundo entero, Carlota señaló que eran ellos quienes estaban haciendo un gran servicio a Napoleón III al ir a México. «Vuestra alteza reconocerá que los servicios son, al menos, mutuos», respondió Frossard con sutileza.[29]

El general francés visitaba Miramar a diario y pasaba mucho tiempo con Carlota. La encontró decidida a ser emperatriz de México, aunque muy frustrada por la humillación a la que Francisco José había abocado a su marido. No obstante, mientras Maximiliano se centraba en Europa, Carlota miraba a su posición en México e instaba al compromiso.

Así, Maximiliano intentó negociar con Francisco José, pidiéndole que modificase sus demandas: se debía permitir al archiduque mantener sus intereses financieros en Europa, así como añadir una cláusula secreta: si Maximiliano abdicaba o era depuesto como emperador mexicano, entonces podría regresar a Austria y disfrutar de los mismos derechos que tenía cuando se marchó. Francisco José cedió en cuanto a las finanzas, pero insistió en que renunciara a los derechos sucesorios.

Esto no fue suficiente para Maximiliano. Tras negarse a hablar en persona con su hermano, envió a Carlota a Viena para defender su caso. Decidida a ser emperatriz de México, Carlota discutió con su cuñado durante más de tres horas. Poco impresionada por el intelecto de Francisco José, consideró que sus argumentos carecían de sentido. En cualquier caso, Francisco José no hizo concesiones. Durante su estancia en Viena, Carlota recibió los consejos de su padre, a quien Napoleón III había engatusado para que intentara que las cosas salieran del punto muerto en el que estaban. Leopoldo telegrafió a Carlota y le dijo: «Ahora es casi imposible romper con los mexicanos. [...] Debemos intentar encontrar un camino intermedio».[30]

Sin embargo, con un Francisco José intratable, no había término medio: Maximiliano debía renunciar a sus derechos sucesorios o al trono mexicano. Sin la compañía de Carlota, el archiduque se había sumido en una depresión y se entregaba a componer poesía para pasar el tiempo, pero, cuando su mujer regresó, su tenacidad le fortaleció. Eso, junto con la considerable presión que Napoleón III había ejercido, lo convencieron, el 8 de abril de 1864, tras más de una semana de tortura mental, vacilación y desesperación, de que finalmente aceptara la corona. Un Napoleón III lleno de alivio telegrafió a Maximiliano: «Puede contar con mi amistad y apoyo».[31]

El 9 de abril, Francisco José llegó a Miramar. Allí, los hermanos se encerraron en la opulenta biblioteca del castillo, debatiendo entre los bustos de Homero, Dante, Goethe y Shakespeare que Maximiliano había ubicado allí. En la estancia, con vistas al Adriático, los hermanos pasaron horas discutiendo acaloradamente y sus voces, fuertes y emocionadas, se oyeron por todo el castillo. En el momento en el que abandonaron la biblioteca, los dos estaban exhaustos, pero Maximiliano, cansado, había renunciado a la herencia de los Habsburgo. Francisco José se marchó y Maximiliano lo acompañó a la estación. Justo cuando el emperador estaba a punto de subir al tren, Francisco José, por lo normal, frío y reservado, se dio la vuelta, se acercó a su hermano y exclamó «¡Max!» antes de abrazarlo con lágrimas en los ojos.

Al día siguiente, 10 de abril de 1864, la delegación mexicana, que esperaba con paciencia en Europa tras haber ofrecido a Maximiliano la corona más de seis meses antes, regresó a Miramar. Agotado e inquieto, el archiduque los acogió en el salón de recepciones del castillo. Con Carlota a su espalda, un Maximiliano nervioso, de pie ante un velador, hojeó el documento en el que aparecían todas las ciudades mexicanas que, supuestamente, se habían declarado a su favor. A continuación, Gutiérrez de Estrada pronunció otro largo y ampuloso discurso donde ensalzaba sus virtudes y le agradecía que aceptara la corona. Tras esto, con su voz temblorosa por la emoción, Maximiliano leyó una alocución que había preparado en español. Al terminar, la sala, abarrotada, prorrumpió en gritos de «¡Viva el emperador Maximiliano! ¡Larga vida a la emperatriz Carlota!». El estruendo de los cañones resonó por toda la bahía, mientras los buques de guerra saludaban la bandera imperial mexicana, ahora izada en Miramar.

A pesar de la solemnidad de la ocasión, Maximiliano I —así se hacía llamar ahora el nuevo emperador de México— no podía haberse imaginado de aquella manera este momento. Durante casi tres años, las posibilidades que se abrían ante él lo habían hipnotizado, pero, ahora, la dificultad de la tarea que tenía por delante lo abrumaba. Después de que Maximiliano estampara su firma en numerosos documentos —el Tratado de Miramar, los detalles de un préstamo, los planes para la formación de legiones de voluntarios en Austria y Bélgica—, su médico encontró al nuevo emperador desplomado, con la cabeza gacha y los brazos extendidos sobre la mesa. Aquejado de agotamiento nervioso, había caído en una depresión de la que no saldría en varios días. Aquella noche intentó asistir a un banquete en su honor, pero, pálido, callado y agotado, no tardó en retirarse, y Carlota tuvo que representarlo. Convertirse en emperatriz tuvo el efecto contrario en la joven princesa: estaba enérgica y radiante, y recibía con confianza a los numerosos invitados que le presentaban. Maximiliano y Carlota habían planeado partir hacia México al día siguiente, pero el estado mental de Maximiliano lo hizo imposible. Carlota incluso se vio obligada a redactar una carta de agradecimiento a Napoleón III, que Maximiliano firmó como si fuera suya. En el último momento, durante la convalecencia del Habsburgo, llegaron los telegramas de felicitación; los padres de él escribieron: «Adiós. Nuestra bendición, la de papá y la mía, nuestras oraciones y nuestras lágrimas te acompañan. [...] Adiós por última vez desde tu tierra natal, donde, por desgracia, ya no te veremos. Te bendecimos una y otra vez desde nuestros profundamente apenados corazones».[32]

Por fin, el 14 de abril, Maximiliano se sintió lo bastante bien como para partir. Los habitantes de Trieste se agolparon en los jardines y el embarcadero de Miramar para despedirlo. El alcalde leyó un discurso y, una vez más, Maximiliano rompió a llorar. Intentó controlar sus emociones mientras lo conducían a remo hasta la Novara, su querido barco, que sería escoltado por una fragata francesa hasta Veracruz. Por el contrario, Carlota sonreía de placer y orgullo al ver el pabellón imperial mexicano. Una de las damas de compañía de Carlota se percató de que, en cuanto Maximiliano embarcó en la Novara, se recluyó en su camarote para ocultar su incontrolable desesperación.

Maximiliano no pudo permanecer allí encerrado mucho tiempo: cuatro días más tarde, los barcos atracaron en Civitavecchia, el puerto de Roma. Allí, contemplaron las ruinas romanas, asistieron a opíparas cenas y, lo más importante, visitaron el Vaticano. Carlota acudió a la tumba de san Pedro y, en éxtasis religioso, clamó: «¡Dios mío, en ti creo!».[33] En una audiencia con el papa Pío IX, Maximiliano y Carlota recibieron su bendición, pero se evitó toda discusión difícil sobre la propiedad eclesiástica en México. En su lugar, se acordó que un nuncio papal, tal como el Vaticano denominaba a sus diplomáticos, los seguiría en unos meses para acordar un concordato que regulase las relaciones entre la Iglesia y el Estado.

Después de visitar Roma, la Novara hizo escala en Gibraltar y luego se dirigió a Madeira antes de cruzar el Atlántico. Carlota sufrió mareos y pasó gran parte del tiempo en su camarote preparándose para su nueva vida, estudiando mapas de México, leyendo libros sobre política e historia, y mejorando su español. Entretanto, su marido discutía el futuro con los políticos mexicanos que viajaban a bordo. Sin embargo, su principal objetivo era la elaboración de un libro de etiqueta para su corte, tomando como modelo las rígidas y centenarias tradiciones de los Habsburgo, así como a Luis XIV y su *étiquette à la cour de France*, la encarnación definitiva de la monarquía absoluta. Su minuciosidad era obsesiva: los guardias de palacio debían medir, como mínimo, un metro ochenta; cada acto oficial presidido por la pareja imperial estaba organizado al milímetro —hasta la posición exacta de cada participante en relación con el emperador— según un sistema jerárquico que incluía más de doscientos escalafones. También estaba previsto en qué momento, y a quién, entregaría Maximiliano su sombrero, y Carlota, su pañuelo.

Después de cuarenta y cuatro días de viaje, divisaron la costa de México. Maximiliano subió a cubierta, con el rostro imperturbable, mientras oteaba los horizontes de su nuevo imperio.

5

Emperador y emperatriz

El 28 de mayo de 1864, mientras la Novara navegaba hacia tierra firme, Maximiliano y Carlota divisaron, por primera vez, su nuevo reino. Las nubes ocultaban el Pico de Orizaba, pero, contra el telón de fondo de las lejanas montañas, los buitres negros volaban en círculos sobre la destartalada ciudad de Veracruz. A su izquierda, a medida que la pareja imperial se acercaba al puerto, pasaron junto a la Isla de Sacrificios, donde, más de trescientos años antes, los conquistadores de Hernán Cortés habían visto cuerpos desmembrados apilados sobre altares de piedra manchados de sangre. El nombre seguía siendo acertado, pues la isla estaba ahora cubierta de cruces que marcaban las tumbas de los soldados franceses que habían muerto para crear el reino de Maximiliano y Carlota. Los restos del naufragio de un barco francés en un arrecife cercano aumentaban la sensación de deterioro y decadencia que embargaba a los pasajeros de la Novara, que, bajo un sol tropical abrasador, ancló a dos millas de la costa esa tarde.

Mientras, desde un fuerte cercano resonaba el estruendo de ciento un cañones que disparaban hacia la bahía para anunciar su llegada, Maximiliano y Carlota escudriñaron con inquietud los muelles y vieron que el puerto estaba casi desierto. La fiebre amarilla endémica hacía de Veracruz un lugar peligroso en que permanecer, y Almonte, que debía recibir a la pareja imperial, esperaba, en un lugar seguro cercano, noticias de la Novara, pero estas no habían llegado a tiempo. Mientras corría apresurado hacia el puerto, se arremolinaban en los muelles los curiosos y unos funcionarios consternados.

El primero en dar la bienvenida a Maximiliano y Carlota a México fue un francés, el comandante de la Marina francesa en Veracruz. No esperó a la llegada de Almonte y, en cuanto el almirante subió a bordo de la Novara, sermoneó a Maximiliano delante de su comitiva por haber fondeado en la zona más infestada del puerto. Maximiliano había ordenado que la Novara se apartase de la flota francesa con la optimista esperanza de distanciar simbólicamente su llegada de la intervención extranjera; sin embargo, según el almirante, esto había causado que los marineros hubieran contraído la fiebre amarilla tras pasar una sola noche en el atracadero de la Novara. A continuación, comunicó a los asombrados pasajeros que la guerrilla estaba al acecho en las afueras de Veracruz con la intención de capturar a Maximiliano y Carlota, y que Bazaine, comandante en jefe de las fuerzas francesas, se encontraba demasiado ocupado para escoltarlos en persona hasta Ciudad de México.

Almonte llegó por fin a Veracruz esa misma tarde y reunió a los dignatarios más importantes antes de subir a un barco para recibir a Maximiliano y Carlota. Se leyeron discursos formales y se intercambiaron cumplidos; entretanto, se había hecho tarde, y Maximiliano y Carlota decidieron permanecer a bordo de la Novara y entrar en Veracruz a las cinco de la mañana siguiente. Demasiado nerviosos para dormir, escribieron cartas a sus familiares en Europa. Carlota, que intentaba tranquilizar a su preocupada abuela, escribió que era erróneo llamar a América el «Nuevo Mundo», porque lo único que allí faltaba era «el telégrafo y un poco de civilización, que, espero, vendrán a unirlo con lo que denominamos el Viejo».[1] A las cuatro y media, se celebró una misa a bordo del barco y después, en la oscuridad del crepúsculo, la pareja imperial subió a bordo de una barca de remos hacia tierra firme. La confiada misiva de Carlota contradecía la inquietud que, en efecto, sentía mientras entraba en su reino al amanecer, preocupada por el recibimiento que le darían sus nuevos súbditos.

Hacía bien en estarlo. En las primeras horas del 29 de mayo, los cañonazos volvieron a perturbar la bahía y a conmocionar a los veracruzanos, a quienes despertaron de manera violenta a una hora tan intempestiva y prefirieron quedarse en la cama antes que alinearse en las calles para aclamar a sus nuevos monarcas. En todo caso, con independencia de la hora que fuese, era improbable que se congregaran multitudes, puesto que Veracruz había sido la sede del Gobierno constitucional de Juárez durante los tres años de guerra civil. La mayoría de los veracruzanos eran liberales y veían con hostilidad cómo el Partido Conservador, apoyado por las tropas francesas, derrocaba al legítimo Gobierno republicano de México y lo sustituía por una monarquía europea.

La pareja imperial realizó, así, una sombría procesión en un carruaje abierto a través de calles desconcertantemente vacías. Sobre ellos, los primeros buitres de la mañana alzaban el vuelo. Maximiliano y Carlota pasaron por delante de los arcos triunfales inacabados destinados a celebrar su llegada; los fuertes vientos de la noche anterior habían derribado los andamios, que yacían esparcidos por el suelo. Sus primeras impresiones de México fueron tan escalofriantes que Carlota estuvo a punto de llorar.

La pareja imperial llegó a la estación de ferrocarril de Veracruz, donde los esperaba un tren en el que viajarían a la capital mexicana. La raquítica línea férrea, tendida a la carrera para transportar no a la realeza, sino a las tropas galas curtidas en mil combates, se abría paso a través de las tierras bajas semidesérticas del estado de Veracruz y solo llegaba hasta una pequeña población situada a unos ciento diez kilómetros de la ciudad portuaria. Lo que restaba de trayecto debió completarse en carruaje, o mejor dicho, en multitud de ellos, pues la numerosa comitiva que Maximiliano había traído con él sumaba ochenta personas, entre los que se incluían sirvientes, cocineros y hasta un célebre director austriaco con la encomienda de dirigir la orquesta personal del emperador. En el grupo, también había numerosos aristócratas, que formarían la corte de Maximiliano en Ciudad de México; además, estaba el séquito de Carlota, incluidas sus damas de compañía. Solo una vez desembarcados los pasajeros del tren, pudieron trasladarse las quinientas piezas de equipaje a los carruajes y las diligencias. Este grupo de viajeros presentaba un espectáculo extraordinario: la élite de la sociedad de los Habsburgo, vestida a la más exquisita moda europea, conducida hacia la capital por arrieros mexicanos ataviados con chaquetas de cuero, pantalones de piel de cabra y amplios sombreros con ribetes dorados.

La ruta seguía caminos precarios, atravesando montañas y volcanes, lo que obligaba a los conductores a abrirse paso por valles o desfiladeros con abruptas caídas a ambos lados. Aunque el conductor consiguiera sortear estos obstáculos, siempre existía el peligro de los bandidos o, peor aún, de los juaristas. Tal como escribió Carlota: «Pasamos por muchos lugares de aspecto sospechoso, donde se ocultaban varios miles de guerrilleros. Confieso que, en el primer día de nuestro viaje [...], no me habría sorprendido si el propio Juárez hubiera aparecido con algunos cientos de guerrilleros».

El viaje no fue cómodo. A pesar de que Maximiliano y Carlota aseguraron a sus acompañantes mexicanos que esto no era un problema, la emperatriz admitió que «lo cierto es que [el viaje] fue más desagradable de lo que se podría expresar, y solo sirviéndonos de toda nuestra juventud y buen humor logramos acabarlo sin un calambre o una costilla rota».[2] Maximiliano se limitó a hacer el diplomático comentario de que el viaje nunca se borraría de su memoria, y que, si bien les había brindado la oportunidad de ver la belleza y las riquezas de su país, también les había mostrado el pésimo estado de los caminos.

Sin embargo, una vez fuera de las tierras bajas de la costa, la marcha hacia la capital se convirtió, por fin, en la esperada procesión triunfal. Almonte y Bazaine habían elaborado detallados planes para recibir a la pareja en las principales ciudades de la ruta, y, en cada parada, los funcionarios locales dieron la bienvenida a sus nuevos monarcas. Asistieron a misa, fueron agasajados en banquetes y presenciaron fuegos artificiales. Los lugareños se alinearon en las calles para aclamarlos, mientras, por la noche, miles de indígenas mexicanos iluminaban la carretera con antorchas encendidas.

A Maximiliano y Carlota les resultaba ajeno mucho de lo que veían. Incluso las aldeas más pobres y dejadas de la mano de Dios del Imperio austriaco tenían más en común con la corte imperial de Viena que algunas de las remotas aldeas mexicanas por las que pasó la pareja imperial. A pesar de la naturaleza políglota de Maximiliano, que hablaba unos diez idiomas, nada podía resultarle más extraño que las palabras en náhuatl —la lengua de los aztecas— que los líderes indígenas le dirigían para darle la bienvenida.

En un pueblo, Maximiliano y Carlota invitaron a estos líderes a comer con ellos. Tal como señaló un periódico, aquello fue un espectáculo fascinante, ya que los jóvenes soberanos, que acostumbraban a cenar en compañía de las personalidades más ilustres del Viejo Mundo, se sentaron en la misma mesa que unos indígenas mexicanos ataviados con sus trajes tradicionales. Maximiliano y Carlota probaron por primera vez la gastronomía mexicana: mole de guajolote —pavo en salsa picante— y tortillas con chile regadas con pulque, una bebida local del color de la leche elaborada a partir de la savia del agave. La comida era demasiado picante, por lo que no pudieron acabarla.

El 5 de junio, nueve días después de contemplar México por primera vez, Maximiliano y Carlota llegaron a Puebla, donde encontraron un entorno más familiar. La emperatriz comparó los campos que rodeaban la urbe, circundada de montañas, con el norte de Italia, mientras que las calles, iglesias y los edificios gubernamentales de Puebla les parecieron europeos. Una entusiasta multitud recibió a la pareja imperial cuando atravesó la ciudad en dirección a la catedral y pasaba bajo arcos triunfales, esta vez terminados y adornados con banderas mexicanas, francesas, austriacas y belgas. Las celebraciones en Puebla fueron especialmente magníficas, porque el 7 de junio era el cumpleaños de la emperatriz, y, aquella noche, se celebró un baile en su honor: el acontecimiento más característico de la vida de una corte aristocrática europea. Carlota apareció con un sencillo vestido de seda blanca, una corona de esmeraldas y diamantes, y un magnífico collar y brazaletes de diamantes; no había mole de guajolote ni pulque a la vista.

Desde Puebla, la comitiva imperial se dirigió hacia la capital. El 11 de junio, la pareja real peregrinó a la basílica de Nuestra Señora de Guadalupe, a unos diez kilómetros al norte de Ciudad de México, cerca de donde, según la leyenda y la Iglesia católica, en 1531, la Virgen María se apareció por primera vez a un converso azteca en el Nuevo Mundo. La basílica era el lugar más sagrado de México y la élite de la capital acudió allí para recibir a sus nuevos gobernantes, llenando doscientos carruajes con jóvenes de las familias más distinguidas de México, acompañadas por quinientos caballeros y sus monturas. Al día siguiente, tras oficiarse una misa en la iglesia, Maximiliano y Carlota llegaron a la sede de su nuevo poder.

No les decepcionó: Ciudad de México era una capital imperial por excelencia. El tiempo, la guerra y las revoluciones habían erosionado algo de su esplendor, pero la urbe conservaba las huellas de las magníficas edificaciones construidas en los trescientos años anteriores, cuando fue el epicentro de la riqueza de la Norteamérica española. Con sus anchas calles adoquinadas, sus innumerables y bellas iglesias y conventos cargados de misticismo, sus célebres teatros y óperas, sus tiendas en las que se podían comprar productos de todo el mundo y sus gigantescos edificios gubernamentales, el esplendor arquitectónico de Ciudad de México seguía rivalizando con el de casi cualquier ciudad europea. En resumen, la capital del imperio se prestaba a un desfile imperial.

Efectivamente, la recepción de Maximiliano y Carlota fue espectacular y eclipsó la entrada del Ejército francés un año antes. Tanto las calles como plazas estaban abarrotadas y la gente llenaba los balcones al grito de «¡Viva el emperador! ¡Viva la emperatriz». Los omnipresentes arcos triunfales marcaban el recorrido del desfile y los hogares estaban engalanados con flores y banderas. Los lanceros mexicanos, rebautizados como «guardia imperial», encabezaban el desfile, mientras que, tras ellos, iba un escuadrón de cazadores de África franceses con sus llamativos uniformes compuestos de pantalón rojo y guerrera azul. Maximiliano y Carlota, que viajaban en un carruaje abierto, sonreían mientras sus nuevos súbditos los aclamaban. Su destino era la catedral, erigida sobre el antiguo Templo Mayor azteca, que había sido escenario de innumerables sacrificios humanos. La plaza mayor se llenó de miles de personas. Profundamente impresionados por su recibimiento, la pareja imperial se abrió paso entre la multitud para asistir a un tedeum presidido por el arzobispo Labastida, con toda la solemnidad que exigía la ocasión.

Tras días de celebraciones, el boato concluyó el 19 de junio con otro baile. Al temer que, tal como el estereotipo rezaba, los latinoamericanos no fueran puntuales ni en una ocasión como aquella, Maximiliano, de puntillosidad austriaca, había insistido en que sus nuevos súbditos estuvieran en el teatro donde se celebraba el evento a las ocho y media. Lo cierto es que, en un raro alarde de puntualidad mexicana —según comentó un periódico—, todo el mundo estaba a la hora señalada donde se los había convocado. En el interior, las velas de los candelabros centelleaban en las paredes revestidas de espejos, y se había decorado un patio acristalado con plantas y flores, así como con lámparas venecianas ocultas entre el follaje. En las mesas, se amontonaban galletas, helados y licores exquisitos a modo de refrigerio para unos tres mil invitados.

A las nueve y media, entre las aclamaciones de una multitud entusiasta, los nuevos monarcas llegaron al teatro y accedieron al lugar para sentarse en los tronos especialmente dispuestos para la ocasión. La pareja se había asegurado de estar a la altura: el emperador iba vestido de negro y lucía la medalla de gran maestre de la Orden de Guadalupe, una condecoración que Maximiliano había instaurado; la emperatriz llevaba un vestido de seda rosa con encaje inglés y su corona de diamantes.

Los republicanos criticaron la pompa que marcó el viaje de Maximiliano y Carlota a Ciudad de México. Era caro y contrastaba con el austero Gobierno republicano de Juárez. El viaje era, sin embargo, una campaña publicitaria orquestada con cuidado y, a pesar de la decepcionante llegada a Veracruz, resultó todo un éxito. Las teatrales entradas de la pareja imperial en las principales ciudades demostraron el esplendor, la riqueza y el poder de la monarquía, pero, sobre todo, proyectaron la impresión, real o no, de que el imperio gozaba del apoyo popular. Todo, desde los bailes y banquetes, las procesiones y los arcos triunfales hasta los encuentros con los líderes indígenas, los tedeums y la peregrinación al santuario de Guadalupe, formaba parte de una coreografía que pretendía tranquilizar a las élites, agasajar al pueblo y presentar a los monarcas como defensores del catolicismo y paladines de la población indígena de México.

Maximiliano no pretendía instaurar una caricatura de las cortes aristocráticas europeas: más bien, se propuso crear una monarquía moderna y popular que combinase la tradición con una ideología democrática cercana, en cierto modo, a la de Juárez. No pretendía que su régimen se basara en la autoridad divina, sino en el apoyo de la nación. Bourdillon —que todavía estaba en México como corresponsal del *Times* y era agente de Maximiliano— informó de que las «clases bajas» solían decir: «¡Estos son unos príncipes de verdad! Qué diferencia con aquellos desgraciados presidentes, que nunca podían salir si no era con una escolta de soldados para derribar a quienes se cruzaran en su camino».[3] Aunque, al escribir esto, se estaba tomando demasiadas licencias periodísticas, sus palabras transmitían la impresión que Maximiliano quería proyectar, una imagen que esperaba que salvara la contradicción entre el nacionalismo mexicano y el dominio dinástico europeo.

Sin embargo, las viejas costumbres nunca mueren y Maximiliano insistió en hacer cumplir la estricta etiqueta que había elaborado en el viaje desde Europa, y, en su época, lo ridiculizaron por ello. No obstante, estas burlas pasaban por alto una cuestión muy importante. Maximiliano, Napoleón III y los partidarios del imperio no pretendían, tal como algunos afirmaban, implantar un reino del Viejo Mundo en el Nuevo. Tampoco intentaban instaurar un régimen reaccionario basado en una noción romántica del pasado colonial, sino crear un mundo que nunca había existido. Este debía construirse tanto en el ámbito de las ideas como en la práctica, y, para ello, era crucial la imagen que proyectaba la pareja imperial y su corte.

Al principio, hubo problemas con la rígida disciplina de la corte. Cuando presentaron a las principales mujeres de México ante la emperatriz por primera vez, una de ellas, la esposa del regente Salas, fue a abrazar a Carlota. Esto era un saludo común en México, pero semejante nivel de intimidad horrorizó a Carlota, quien se puso en pie y retrocedió con lágrimas de indignación en los ojos. Para terminar de empeorar las cosas, la señora Salas le ofreció un cigarrillo a modo de disculpa antes de echarse a llorar. Carlota se negó cortésmente a fumar por motivos de salud y la costumbre de hacerlo en público pronto desapareció entre las mujeres de la alta sociedad. La emperatriz también inspiró otras modas, aunque con menor éxito: así, las mujeres intentaron imitar su elegancia a la hora de vestir y lucían los bonetes parisinos preferidos de Carlota, sin embargo, aquello que era el colmo de la sofisticación en el Viejo Mundo se convirtió en motivo de burla en el Nuevo, ya que las mexicanas los llevaban del revés. En una ciudad, miles de mujeres acudieron a recibir a Carlota, quien las pasó revista con amabilidad y seriedad, deteniéndose, de vez en cuando, para hablar con sus nuevos súbditos. No obstante, tan ridículas le parecieron sus indumentarias que, más tarde, se echó a reír hasta que las lágrimas le corrían por el rostro. Más allá de las diferencias culturales, el Imperio mexicano empezó su andadura con buen pie. Maximiliano y Carlota, aliados con Almonte y Bazaine, habían demostrado su habilidad para transmitir una imagen de poder real apoyado en el pueblo. Además, las recepciones de Orizaba, Puebla y, sobre todo, Ciudad de México convencieron a Carlota de que «según todo lo que he visto, la monarquía es viable en este país y responde a las necesidades unánimes del pueblo». Sin embargo, el imperio era un precario edificio construido sobre los cimientos de una república. Tal como escribió la emperatriz, «todavía es un enorme experimento, pues debemos batallar contra el desierto, la distancia, los caminos y el caos más absoluto».[4]

Ciertamente, caos no faltaba. A su llegada a Veracruz, Maximiliano había puesto en circulación una proclama: «¡Mexicanos!», comenzaba diciendo, «¡vosotros me habéis deseado! Vuestra noble nación, por una mayoría espontánea, me ha designado para velar de hoy en adelante por vuestros destinos! ¡Yo me entrego con alegría a este llamamiento». Sus palabras eran sinceras. Creía que el pueblo de México anhelaba que ostentara el trono del país, pues los emigrados mexicanos y Napoleón III así se lo habían transmitido. Después de todo, en marzo, el enviado diplomático francés en México había escrito a París para informar al ministro de Exteriores de que 5 498 587 mexicanos de una población total de 8 629 982 apoyaban al imperio, pero estas cifras tan exactas de manera sospechosa no eran más que una estimación de la población bajo control nominal franco-mexicano. Barail señaló que los mexicanos habrían elegido al «diablo [...] si hubiéramos presentado su candidatura a punta de sable y bayoneta».[5]

La verdad era que Maximiliano podía ostentar el título de emperador de México, pero solo se reconocía esta pretensión en los estados centrales del país; en los demás, seguía gobernando un presidente. A pesar del éxito de la campaña de Bazaine, Juárez mantenía Nuevo León, Coahuila, Tamaulipas y Chihuahua en el norte; Sinaloa, Colima y Guerrero en la costa oeste, y Oaxaca, Tabasco y Chiapas en el sur. Incluso en los estados nominalmente bajo control imperial, verbigracia, Veracruz, Michoacán y Puebla, los juaristas libraban una incesante guerra de guerrillas y, fuera de las principales ciudades, la autoridad de Maximiliano solo existía sobre el papel.

Juárez había establecido su última capital en Monterrey, Nuevo León, un estado que bordeaba el río Bravo, que marca la frontera nororiental entre Estados Unidos y México. Desde allí, dirigía la oposición republicana; tras numerosos reveses, quizá no tenía más de quince mil soldados repartidos en varios frentes. Oponiéndose a ellos, Maximiliano contaba con unos treinta mil franceses y unos veinte mil soldados mexicanos. Sin embargo, a estas tropas se les había encomendado la tarea de acabar con la resistencia regular y guerrillera de Juárez en un país de casi dos millones de kilómetros cuadrados. Para complicar aún más esta tarea, Maximiliano heredó los problemas a los que se habían enfrentado todos los Gobiernos mexicanos: un Estado débil y unas finanzas al borde del abismo.

Con la intención de ganarse a los juaristas, Maximiliano adoptó un programa liberal de forma inmediata, aunque el hecho de que lo hubiera escrito un periodista francés que solo llevaba dos semanas en México no tranquilizó a los nacionalistas mexicanos. El día en el que Maximiliano llegó a Veracruz, se publicó *Le programme de l'empire*, un breve panfleto, el embrión de un ambicioso proyecto que aspiraba a construir un nuevo imperio basado en el «camino del medio» que Napoleón III había labrado en Francia. Anteriormente, argumentaba el manifiesto, la palabra «imperio» se había asociado con el gobierno absolutista, pero Napoleón III había configurado, por un lado, una íntima alianza entre los principios modernos del progreso y la democracia, y, por el otro, el conservadurismo y la estabilidad. El Imperio mexicano debía basarse en la reconciliación nacional tras el rencor de la guerra civil; en la organización de un Gobierno estable apoyado en la ley, la religión y la nación, así como en el progreso económico y la democracia. Con esta embriagadora mezcla, Maximiliano repetiría los presuntos éxitos de Napoleón III en Francia, y, algún día, México sería más rico y poderoso que Estados Unidos.

Maximiliano soñaba con que su reino se transformara, de la mano de la tecnología, en un moderno imperio de hierro y acero. El emperador fantaseaba con conectar sus extensos territorios a través de líneas de telégrafo y ferrocarril, mientras los barcos de vapor cruzaban el Atlántico transportando los productos manufacturados de una nación recién industrializada y liberal que rivalizaría con las grandes potencias de la época. Sin embargo, aunque Carlota y él ridiculizaban en privado las anticuadas creencias de sus aliados conservadores, todavía no eran lo bastante fuertes como para romper en público con los hombres que tanto habían hecho para llevarlos al poder. En consecuencia, quedaron importantes cuestiones políticas —sobre todo, las relativas a la propiedad eclesiástica— sin resolver.

Mientras tanto, dos asuntos requerían la atención inmediata del emperador. En primer lugar, tenía que formar Gobierno y ganarse a los liberales leales a Juárez. En segundo lugar, debía poner en orden las finanzas de México. Esto último era fundamental, pues el Tratado de Miramar imponía arduas obligaciones. El Gobierno de Maximiliano tenía que pagar al ejército extranjero que lo protegía, pero, en 1864, el erario público no recibía ingresos suficientes como para hacer frente a tal gasto, a lo que había que sumar los costes de gobernar el país. Este coste se cubrió temporalmente con el préstamo que Maximiliano había acordado antes de partir hacia México; sin embargo, solo era un parche y aquello aumentó de manera considerable la deuda a largo plazo de México. Era imperativo que el Tesoro mexicano equilibrara su presupuesto, ya que, si Maximiliano no podía pagar a Francia, estaría incumpliendo el tratado y Napoleón III tendría derecho a retirar el Ejército francés. Así pues, resultaba urgente emprender reformas financieras, como ceñirse a un presupuesto, recortar los gastos y crear nuevos impuestos. No obstante, en vez de tomar alguna de estas medidas, Maximiliano realizó lo que los gobiernos que desean dar la impresión de actuación han acostumbrado a hacer lo largo de los siglos: estableció comisiones para que le informaran.

Entretanto, el emperador parecía más preocupado por perfeccionar sus residencias imperiales que por reorganizar las finanzas de la nación. El Palacio Nacional de Ciudad de México, que los presidentes habían creído lo suficiente bueno, no parecía adecuado para la realeza. Este austero edificio gris de dos plantas domina el lado oriental del Zócalo, junto a la catedral, y mide más de ciento noventa metros de largo. En el interior de sus interminables pasillos y cavernosas habitaciones, Maximiliano se sentía como una monja solitaria en un convento, obligado a dormir sobre una mesa de billar para evitar la plaga de ratas y chinches que infestaban el palacio. Tras solo ocho noches, Maximiliano y Carlota lo abandonaron por el castillo de Chapultepec, a cinco kilómetros del centro de la ciudad.

Construido a finales del siglo XVIII como residencia de los virreyes españoles, Chapultepec se levantó en un lugar sagrado azteca, en un bosque de árboles gigantescos de más de sesenta metros de altura. Situado en lo alto de una colina, las vistas desde palacio eran magníficas, con el valle de México y los volcanes Popocatépetl e Iztaccíhuatl dominando el horizonte. El castillo, empero, se encontraba en mal estado, otra víctima de la guerra entre Estados Unidos y México. Así que, en un movimiento que no auguraba nada bueno para la futura austeridad financiera, Maximiliano gastó enormes sumas en la restauración de su nuevo hogar, y convocó a sus jardineros y arquitectos preferidos al otro lado del Atlántico. Lo amuebló a buen costo con ricos tapices de seda carmesí procedentes de Europa y magníficas lámparas de araña venecianas; por su parte, los candelabros iluminaban los grandes jarrones blancos y las estatuas que adornaban la escalera principal. Maximiliano se permitió distraerse de los apremiantes asuntos de Estado y se adentró en las minucias de la remodelación. Incluso se encargó de elegir personalmente todo el mobiliario, así como la fina y delicada vajilla y la cristalería, que se enviaron desde Europa y, luego, se transportaron en recuas de mulas desde Veracruz hasta la capital.

En Chapultepec, la pareja imperial se instaló en su nueva rutina. Maximiliano era diligente, se levantaba a las cuatro para revisar los papeles del Estado y trabajaba hasta las siete, antes de salir a cabalgar. Después, tomaba un generoso desayuno con Carlota y algunos secretarios. A continuación, lo conducían al Palacio Nacional, donde presidía las reuniones de su gabinete, asistía a ceremonias y dirigía otros asuntos de gobierno. Leopoldo I, suegro de Maximiliano, siempre había insistido en comunicarse con todo el servicio mediante notas. En México, Maximiliano adoptó la misma práctica, porque no soportaba que lo interrumpieran. Incluso a la emperatriz solo se le permitía ver a Maximiliano si este la invitaba, o a la hora de comer. Siguiendo la rutina de su infancia, Maximiliano se acostaba a las ocho, pues una de sus máximas era que ocho horas de sueño son fundamentales para una buena salud y una larga vida.

Carlota trajo su propio séquito de Europa, aunque pronto nombró damas de compañía a algunas mexicanas. Este pequeño ejército seguía su estela y la acompañaba a pasear, a misa y al teatro. Como parte de su rutina, la emperatriz celebraba *soirées* los lunes para agasajar a diplomáticos, oficiales militares, amigos y otros simpatizantes. Eran eventos formales de alto copete, con la mejor cocina y en los que no se reparaba en gastos. Ostras, volovanes, tartar de salmón, codornices y trufas formaban parte del menú, regados con numerosos vinos y los mejores champanes, una ventaja de dirigir un régimen respaldado por Francia. Se dice que la bodega imperial gastaba varios centenares de botellas al mes. A fin de entretener a los invitados, las orquestas interpretaban obras de Strauss, Verdi o Schubert.

La vida cortesana era una novedad para los ciudadanos de una antigua república y, en los estratos superiores de la sociedad mexicana, se desató la fiebre aristocrática, pues todo el mundo ansiaba asegurarse un puesto en la corte. Eran tantos quienes estudiaban sus genealogías con el objetivo de demostrar que descendían de la nobleza española que Maximiliano comentó que era una pena que Chapultepec no tuviera una fábrica de pergaminos, porque le haría rico. Sin embargo, para los juaristas, la vida en la corte de Maximiliano encarnaba la decadencia de la monarquía europea. Nunca hubo ni podría haber, argumentaba un escritor liberal, una verdadera aristocracia en México, y Maximiliano debería haberse avergonzado de los mexicanos que pretendían ser nobles. Además, su corte suponía un gran dispendio, lo que era un perjuicio mayor desde el punto de vista propagandístico; a la corte se le asignaban 125 000 dólares al mes, mientras que el salario de un presidente mexicano había sido de 30 000 dólares al año.

Pese a ello, a Maximiliano no le gustaba el lado más extravagante de la vida en la corte, y rehuía los bailes y banquetes, ya que ponían en peligro sus preciadas ocho horas de sueño. «Las llamadas "diversiones" de Europa», se jactaba ante su hermano menor, «como las recepciones nocturnas, los chismorreos de las fiestas del té, etcétera, etcétera, de aborrecible memoria, son bastante desconocidas aquí, y tendremos mucho cuidado de no introducirlas».[6] Por desgracia para él, ya eran conocidas, solo que aún no estaban organizadas. Una vez lo estuvieron, Maximiliano se las dejaba a menudo a Carlota, quien disfrutaba de su esplendor imperial. Tal como señaló una de sus damas de compañía, Carlota sentía una alegría infantil al mostrarse al pueblo en las grandes ocasiones de Estado, cuando podía lucir su corona y su traje de ceremonia bordado en oro con una larga capa de terciopelo rojo que, adornada con profusión, caía desde sus hombros.

Maximiliano no podía escapar a todos los acontecimientos de la corte y, después de las cenas a las que debía asistir, le gustaba retar a sus invitados a partidas de billar, en las que se burlaba de sus ministros mexicanos en alemán, pues imaginaba que no lo entenderían. Si sus invitados perdían, estaban obligados a arrastrarse por debajo de la mesa, pero si Maximiliano perdía, un criado lo hacía por él. Además, tenía un sentido del humor procaz y le encantaba cotillear la mañana después de un acontecimiento social. En una de sus charlas con José Luis Blasio, su secretario personal mexicano, Maximiliano comentó que uno de los funcionarios de su corte tenía doce hijos y que, sin duda, hacía un excelente uso de su tiempo, trabajando patrióticamente para aumentar la población del imperio. Aquel funcionario, añadió el emperador, debía, pues, ser eximido de sus obligaciones gubernativas a fin de que su tiempo pudiera emplearse de forma más agradable y provechosa para la nación. En otra ocasión, después de que Blasio se quedara dormido en un carruaje, con la cabeza apoyada inadvertidamente en el hombro de una hermosa mujer que viajaba a su lado, Maximiliano bromeó diciendo que, aunque tuviera los ojos cerrados, Blasio nunca había estado tan despierto. Con menos sentido del humor, el emperador denegó a su secretario el permiso para casarse, porque no quería que fuera como un «conejo» con «diez hijos y, entonces, adiós juicio, adiós trabajo y adiós a levantarse a las cuatro de la mañana».[7]

En México, Maximiliano pasaba menos tiempo con Carlota, lo cual afectó a su vida privada. Ante el mundo exterior y sus familiares más cercanos, ambos proyectaban la imagen de ser la pareja real perfecta. En cartas a su abuela, Carlota recalcaba que vivía feliz y estaban unidos tanto en lo político como en lo demás. En Europa, esto había sido así, aunque Carlota nunca compartió las reservas de Maximiliano sobre México. La correspondencia personal de la pareja resulta conmovedora; Carlota empieza sus cartas con la fórmula «querido tesoro» en múltiples variantes, y Maximiliano, con «ángel amado». Sin embargo, Carlota, que solo tenía veinticuatro años al comienzo de su reinado, se sentía particularmente sola cuando Maximiliano viajaba por el interior del país. En su primera salida fuera de la capital, en agosto de 1864, tras quedarse sola en Chapultepec, escribió a Maximiliano que estaba enferma y que los días pasaban penosamente mientras ella permanecía «momificada en este palacio pantanoso», pues era época de lluvias, y en Ciudad de México las tormentas eran frecuentes.[8]

Otro problema fue que los ojos de Maximiliano empezaron a desviarse de su esposa. En su juventud, fue un mujeriego, y ahora, con solo treinta y dos años, le encantaban las mexicanas. Esto escandalizó a Blasio, quien se preguntó cómo podía ocurrir tal cosa cuando estaba casado con una de las mujeres más atractivas del mundo. «Amigo, contésteme con entera franqueza; usted come todos los días manjares exquisitos en la mesa imperial y… qué ¿no se le antoja, de cuando en cuando, un almuerzo de platillos picantes nacionales, rociado con el blanco licor del país», respondió el emperador.[9] Además, Maximiliano y Carlota nunca dormían en la misma habitación, ya que se alojaban por separado en Chapultepec. Incluso cuando viajaban juntos, después de que los dignatarios locales se hubieran marchado, Maximiliano ordenaba con malas pulgas a los criados que buscaran otra habitación en la que instalar una cama de campaña, en lugar de dormir en la que ya se había dispuesto para él y la emperatriz. Más adelante, Maximiliano mantuvo otra residencia imperial en Cuernavaca, una ciudad a unos cincuenta kilómetros al sur de Ciudad de México, donde pasaba gran parte de su tiempo. Circularon rumores de que lo hacía por asuntos ajenos a los de Estado, entre los que se incluían los de la hija de su jardinero mexicano.

En julio, tras establecer su residencia y su corte, Maximiliano se dedicó, por fin, a regir los destinos del imperio. Su determinación de gobernar por encima de las facciones, convirtiendo a liberales y conservadores en imperialistas, dio lugar a varios conversos. Nombró a liberales moderados para puestos en el gabinete, entre los que destacaba el de José Fernando Ramírez como ministro de Asuntos Exteriores. Esto era significativo porque Ramírez se había opuesto a la intervención francesa, así como al establecimiento de la monarquía, y se había negado en redondo a decorar su casa para recibir a la pareja imperial en la capital. Un conservador dijo de él que fue un «republicano de los más rojos».[10] Se trataba de una hipérbole, pero los moderados como Ramírez eran justo el tipo de hombres que Maximiliano necesitaba para consolidar su imperio.

Sin embargo, se cometieron errores considerables. Para irritación de sus partidarios mexicanos, el emperador incorporó a su camarilla europea en el núcleo de su nuevo imperio. Su secretario húngaro ejercía una enorme influencia, al igual que el belga Félix Eloin —antiguo ingeniero de minas—, a quien se nombró jefe del gabinete civil imperial de Maximiliano. Los mexicanos lo despreciaban en especial no solo porque era protestante y no hablaba español, sino también porque insistía en que todos los asuntos de gobierno pasaran por él antes de llegar a Maximiliano. Esto significaba que los documentos debían ser trabajosamente traducidos al francés antes de que Eloin pudiera leerlos. Por otra parte, el belga no sabía nada de México ni tenía experiencia alguna en dirigir un país. En palabras de un crítico mexicano, este gabinete privado era «una oficina políglota, una especie de torre de Babel, en la que había alemanes, belgas, franceses, húngaros y no sé de qué otros países», algo que, en gran medida, contribuyó a impedir que el imperio estuviese bien gobernado.[11]

No obstante, el magnetismo de Maximiliano, combinado con su llamativa apariencia, le ayudó a ganarse a muchos escépticos. Blasio, su secretario personal, lo describió como «arrogante, majestuoso y esbelto», pero con una expresión apacible, y añadió que su voluminosa barba rubia, partida por la mitad, le confería tal aspecto de majestuosidad que era imposible no sentirse cautivado por él.[12] Como emperador, Maximiliano fue generoso, ya que conservó la indulgencia que había caracterizado su gobierno de Lombardía-Venecia y perdonó con frecuencia a los enemigos que sus partidarios le instaban a ejecutar. Esto frustró a Bazaine, quien creía que, para «pacificar» México, era necesaria una mano más firme. Maximiliano, empero, estaba decidido a ser amado, no temido, y seguía portando sus veintisiete aforismos de buena conducta. Así, en México, «Olvidemos las sombras del pasado» se convirtió en uno de sus favoritos, pues era una máxima destinada a reconciliar a las divididas facciones políticas de México.

La campaña con la que se ganaría a los enemigos del imperio dio sus frutos en el verano de 1864. En agosto, Santiago Vidaurri, un líder liberal de feroz independencia, traicionó a Juárez y escribió a Maximiliano para reconocerlo como emperador. Vidaurri se convirtió en un miembro inestimable del círculo íntimo de Maximiliano y en uno de los imperialistas más decididos. Del mismo modo, el cojo Uraga —otro de los mejores generales de Juárez—, a quien Márquez había derrotado en Morelia, se pasó renqueante al imperio y se convirtió en otro compañero leal. Maximiliano cortejó a estos hombres con determinación, reuniéndose con ellos y convenciéndolos para que luchasen por la causa imperial.

Una vez conquistados, Carlota los cautivaba durante la cena. Según Carlota escribió a su abuela, este tipo de republicanos se unió al imperio porque el Gobierno trabajaba incesantemente por el bienestar de la nación. «La tarea es difícil, pero factible con perseverancia y valor, y a nosotros no nos faltan ni lo uno ni lo otro».[13]

En 1864, el rápido avance del ejército franco-mexicano contribuyó a convencer a cuantos habían abandonado Juárez de que habían tomado la decisión correcta. De hecho, el problema para Bazaine no era tanto vencer batallas como encontrar fuerzas republicanas contra las que ganarlas. Los generales de Juárez siguieron evitando el conflicto abierto, retirándose para sobreextender las líneas de comunicación francesas, con el objetivo de extenuar a los galos con marchas a través del castigado terreno de un país cuatro veces más grande que Francia. Así, durante gran parte de la campaña del verano de 1864, las tropas francesas volvieron a ocupar importantes ciudades sin oposición, y el 26 de agosto se tomó Monterrey. Juárez huyó hacia el desierto del norte de México, esta vez a Chihuahua, en compañía de unos pocos partidarios en viejos carruajes, llevando, tras de sí, un carro con los archivos nacionales, pero no sin antes enviar a su familia a Estados Unidos en busca de seguridad.

Matamoros, junto al río Bravo, era el último puerto importante del golfo de México en manos liberales. Cuando por fin cayó el 26 de septiembre, Mejía condujo a sus jubilosas tropas por las calles, con tambores y banderas al viento. Aquí chocaron las dos guerras del continente norteamericano. Meses antes, los confederados habían retomado Brownsville, ciudad estadounidense situada al otro lado del río. Pocos días después de que Mejía ocupara Matamoros, los soldados de casaca gris se apresuraron a felicitar a los imperialistas por su victoria, mientras las tropas de la Unión observaban con recelo la llegada de la Marina francesa al golfo de México.

Falto de recursos, con sus partidarios abandonándolo en masa y huyendo del avance francés, Juárez parecía ahora menos el presidente legítimo que el líder derrotado de una causa perdida.

En la correspondencia con su familia, Maximiliano se centró en estos aspectos positivos. Dondequiera que iba, afirmaba, lo recibían con entusiasmo, y las infinitas y emocionantes posibilidades del Nuevo Mundo eran inconmensurablemente superiores a las del insufrible y sofocante Viejo Continente. No obstante, Maximiliano era consciente de que su imperio no era la arcadia que describía. A quien no podía engañar era a Napoleón III, que recibió exhaustivos informes de Bazaine, entre otros, en los que se detallaba la situación financiera, política y militar de México. Estos informes indicaban al emperador francés que los réditos de su considerable inversión estaban en peligro, ya que no se había hecho nada para reformar el Tesoro mexicano. Napoleón III insistió en que la prioridad inmediata de Maximiliano debía ser solucionar este problema.

El 9 de agosto, Maximiliano aseguró al emperador francés que, en efecto, lo era: «La cuestión financiera de México es demasiado crucial como para no ser objeto de mi constante atención».[14] Sin embargo, al día siguiente, emprendió una gira por su reino que duraría casi tres meses. Estos viajes se convertirían en algo tan habitual que sus adversarios lo tacharon de turista regio. Además, era una extraña forma de demostrar que las finanzas eran objeto de su constante atención porque, tal como señalaban los informes franceses a Napoleón III, la ausencia de Maximiliano de la capital paralizaba el gobierno.

La idea de la gira, sostenía el emperador, era conocer su reino y sus gentes para identificar y, luego, abordar sus problemas, pero el viaje coincidió con la estación de lluvias, que volvió casi intransitables unos caminos ya de por sí malos y en los que la ley no se podía imponer. Sin desanimarse, mientras las cuestiones urgentes seguían sin resolverse en Ciudad de México, Maximiliano partió con un gran séquito y una escolta militar más numerosa. Al igual que en la travesía desde Veracruz, lo que el emperador vio no se correspondía con la situación real: las tropas aseguraban las rutas desde la distancia, y solo un pequeño número lo acompañaba en las ciudades, cosa que transmitía la impresión de que la zona era más segura de lo que en verdad era.

La gira de Maximiliano coincidió también con el aniversario de la independencia de México o, al menos, con uno de los aniversarios. Nada demostraba mejor el abismo que dividía a México que el enconado debate entre liberales y conservadores sobre qué fecha celebrar. Los liberales remontaban la independencia al primer movimiento insurreccional contra los españoles. Fue liderado por Miguel Hidalgo y Costilla, un sacerdote, quien, el 16 de septiembre de 1810, lanzó el Grito de Dolores por la ciudad en la que Hidalgo pronunció un histórico discurso instando a sus feligreses a rebelarse contra los españoles.

Sin embargo, para los conservadores, Hidalgo era la encarnación de la Revolución francesa, alguien que desató a las turbas y alentó el asesinato de criollos. Argumentaban que sus partidarios se habían embarcado en un sanguinario ataque contra la raza blanca que culminó con la masacre de más de trescientos hombres, mujeres y niños refugiados en un granero ante el avance del ejército de Hidalgo. Sus hombres prendieron fuego al edificio y masacraron a quienes no murieron quemados.

Para los conservadores, el hecho de celebrar a Hidalgo suponía honrar un asesinato. En su lugar, festejaban el 27 de septiembre de 1821, fecha en la que el antiguo oficial realista Iturbide entró en Ciudad de México tras declarar la independencia. Por su parte, los liberales veían a Iturbide como a un traidor convertido en tirano tras coronarse emperador; para horror de los conservadores, los liberales de principios de la república lo habían fusilado en 1824. En resumidas cuentas, los conservadores acusaban a los liberales de homenajear a un sacerdote que predicaba el genocidio, así como de haber ejecutado al equivalente mexicano de George Washington; a su vez, los liberales afirmaban que los conservadores veneraban a un déspota, mientras que ellos honraban a un sacerdote revolucionario que predicó la igualdad y la justicia. Más de cuarenta años después, estos hechos seguían dividiendo a los mexicanos, quienes ni siquiera estaban de acuerdo sobre qué día celebrar su independencia.

Maximiliano permaneció felizmente ajeno a este debate. Tuvo que preguntar a sus asesores quiénes eran los héroes de la independencia mexicana y, en consonancia con su antipatía por los conservadores, adoptó la interpretación liberal y decretó la combinación de ambas celebraciones, pero —y esto era crucial— sería el 16 de septiembre. Para celebrar el Día de la Independencia,

Maximiliano visitó la ciudad de Dolores, donde planeaba emular a Hidalgo y pronunciar un discurso desde la casa donde se había dado el primer grito de independencia. Cuando entró allí, Maximiliano debió de sentirse todo un héroe mexicano: las multitudes lo aclamaban y, en el cielo, estallaban los fuegos artificiales. Incluso cenó con el nieto de Hidalgo —el derecho divino de los reyes no era la única doctrina católica que este sacerdote revolucionario había puesto en cuestión— y, dejándose llevar por el momento, escribió a Carlota que Juárez estaba «acabado».[15]

Empero, si bien Maximiliano se mostraba esperanzado con el futuro de su imperio, no lo estaba tanto ante la perspectiva de pronunciar su discurso del Día de la Independencia. No era un orador seguro de sí mismo; le preocupaba que la gente se riera de él y estaba muy nervioso cuando subió al segundo piso de la casa y salió al balcón. Al asomarse, vio la plaza abarrotada de funcionarios, soldados franceses y tropas imperiales mexicanas que escucharon el discurso en respetuoso silencio antes de prorrumpir en fuertes aplausos y en los ya habituales gritos de «¡Viva el emperador!». Un aliviado Maximiliano escribió: «Salió bien, gracias a Dios, y el entusiasmo fue indescriptible».[16]

Sin embargo, para otros, sí se podía describir lo que pasó: «Les aseguro», escribió un testigo, «que nunca hemos visto una ocasión semejante en la que haya habido tan poco entusiasmo». Fue un «espectáculo ridículo y chocante [ver] a un ejército extranjero celebrando el aniversario de la independencia; no puede sino inspirar una profunda repugnancia». A Maximiliano se le escapaba el hecho contradictorio de que el Ejército francés vitoreara a un emperador austriaco en el aniversario de la independencia mexicana. Las ironías no acababan ahí, ya que, como Habsburgo, Maximiliano era descendiente del emperador Carlos V, en cuyo nombre Cortés había conquistado México y esclavizado a su pueblo bajo el duro yugo del colonialismo español. Así pues, no solo se trataba de que un ejército francés aclamase a un príncipe extranjero, sino de que tal príncipe recrease el momento mismo en el que los mexicanos desafiaron al Imperio español —que su propio antepasado había impuesto— por primera vez. Maximiliano también utilizó el discurso con miras a demostrar sus credenciales liberales. Escribió a Carlota para decirle que contenía ideas nuevas y asustaría a los conservadores. Y en esto no se equivocó, ya que uno de sus líderes lo describió como «lenguaje impolítico, falso, ofensivo a los antepasados de Maximiliano, a la familia reinante de España, al Partido Conservador».[17]

Las reacciones ilustraban las enormes dificultades a las que se enfrentaba Maximiliano. Tal como, al parecer, había hecho Napoleón III en Francia, Maximiliano esperaba encontrar un *juste milieu* entre liberales radicales y conservadores reaccionarios, pero los años de guerra civil habían polarizado de tal manera a los mexicanos que en el centro no había nadie. Aunque hombres como Juárez y Labastida tenían visiones del mundo antitéticas, creían, sin el menor atisbo de duda, en sus visiones para México. Maximiliano parecía ciego o indiferente al hecho de que, al dejar claras sus credenciales liberales, estaba distanciándose de sus partidarios tradicionales. Mientras que el emperador podía presumir de haber hecho algunos conversos de alto nivel para la causa imperial, los conservadores señalaban que una monarquía extranjera nunca se ganaría a los republicanos nacionalistas acérrimos —hombres como Juárez— y que, primero, debía aplastar a sus enemigos antes de perdonar con magnanimidad a los supervivientes.

En parte, la gira de Maximiliano pretendía aplacar el nacionalismo mexicano, mostrando al emperador como un gobernante mexicano y no como a un aristócrata europeo. Con este fin, se presentaba ante sus súbditos ataviado con la indumentaria tradicional mexicana, ofreciendo un espectáculo asombroso al entrar a caballo en cada ciudad. Llevaba pantalones con botones plateados a cada lado, chaleco blanco, chaqueta, corbata roja y sombrero. Además, iba a lomos de un caballo negro con la montura mexicana de un charro o vaquero, lo que era aún más impactante. A diferencia de las tradicionales sillas inglesas, las mexicanas eran enormes asientos de cuero ornamentados, diseñados para cabalgar largas horas por terrenos accidentados. La característica más distintiva de la del charro era un gran cuerno o agarrador en la parte delantera, que permitía al jinete sujetarse con una mano, liberando la otra para echar el lazo o disparar. Sin embargo, en

México, vestir así era una declaración política. La indumentaria escogida por el emperador, en especial la corbata roja, se asociaba con los republicanos radicales. Para los conservadores, la realeza no debía vestir así. Cuando invitaron a un Habsburgo a gobernarlos, no esperaban que vistiera como un vaquero revolucionario.

Con este atuendo, Maximiliano entró, en octubre de 1864, en el antiguo bastión liberal de Morelia, capital del estado de Michoacán y escenario del enfrentamiento de Márquez contra Uraga. A pesar de la implacable «pacificación», esta región no era segura. En cualquier caso, acudieron grandes multitudes a ver al emperador, formando una peligrosa mezcla de partidarios del imperio y curiosos que deseaban ver la cara de un Habsburgo. En Morelia, la gente quería descubrir cuál era la diferencia entre un emperador y un hombre corriente. Se corrió la voz de que Maximiliano se parecía a Víctor Backhausen, un comerciante prusiano de la ciudad, y, conforme la noticia se extendía por la ciudad, cada vez más gente se unía a la multitud para comprobar si el rumor era cierto.

Pero todo esto se le escapó a Maximiliano. Tal como escribió a Carlota: «Nunca había experimentado en toda mi vida algo semejante al recibimiento; ya no se trataba de entusiasmo, era algo más, la gente ya no gritaba, sino que vociferaba». El volumen de estos gritos quizá hacía inaudibles las comparaciones con Backhausen. El día concluyó con una fiesta a la que fueron invitadas más de quinientas mujeres, algunas de ellas, en opinión de Maximiliano, muy hermosas. Inundaron su habitación y le gritaron llenas de emoción durante un cuarto de hora, después de lo cual todas quisieron el tan temido abrazo, contra el que, según Maximiliano, protestó enérgicamente, al menos, ante su esposa. Esta actitud continuó durante todo el viaje: Maximiliano reunía grandes multitudes allá donde iba. No obstante, tal como señaló Blasio, esto le impidió darse cuenta de que «se lo odiara a muerte y se lo tratara de usurpador y aventurero en los pueblos y en las ciudades que no lo conocían».[18]

Si se le hubiera permitido viajar a lugares todavía más alejados de Ciudad de México, Maximiliano habría contemplado escenas horribles. Por ejemplo, un soldado francés describió cómo sus tropas pasaron junto a una hilera de cadáveres desnudos colgados de los árboles. El inclemente sol había secado los cuerpos, que ofrecían un espectáculo espantoso y macabro. Cerca de allí había una tumba recién cavada marcada con una cruz donde se leía el mensaje «Muerte a los franceses». Cuando un soldado trató de quitar la cruz, sonó una enorme explosión: la tumba era una trampa. A continuación, los galos recibieron una lluvia de disparos de mosquete, mientras los guerrilleros emboscados iniciaban el asalto. Unos días más tarde, las mismas tropas se encontraron con el cadáver de uno de sus hombres, que había desaparecido, colgado de un árbol por una pierna. Además de desnudo, estaba acribillado a balazos y puñaladas, y le habían arrancado el corazón del pecho.

Los dos bandos cometieron atrocidades. Juárez había declarado que todos los mexicanos que ayudaran a los franceses eran traidores y serían ejecutados si los capturaban. Para Bazaine, el conflicto era «una guerra a muerte, una guerra sin cuartel; así es esta guerra que hoy se libra entre la barbarie y la civilización. Ambos deben matar o perecer».[19] Para contribuir a cumplir este objetivo, se formó una división de la Legión Extranjera francesa, los Contre-Guérillas Françaises, con el particular propósito de llevar la «civilización» a México.

El coronel Charles-Louis du Pin, comandante de esta nueva unidad, tenía, al igual que Bazaine, una larga hoja de servicios en el Ejército francés, sobre todo, en Argelia y Crimea. Sin embargo, a diferencia de Bazaine, Du Pin no era lo que podría llamarse un «soldado honorable». Un miembro de la Legión Extranjera francesa dijo que, a excepción de la embriaguez, tenía todos los vicios posibles. Esto lo convertía en la persona idónea para dirigir los Contre-Guérillas, a cuyo frente lucía un aspecto extraordinario: vestido con un enorme sombrero trenzado de plata, la casaca roja de su antiguo regimiento, siempre abierta con una camisa blanca debajo, y con las medallas colgando del lado izquierdo del pecho. Remataba su atuendo con unos pantalones blancos plisados en contraste con sus botas de cuero negro hasta la rodilla y sus espuelas. Llevaba una pistola engarzada en el cinturón con desenfado, portaba un sable y siempre tenía un puro en la comisura de los labios.

Las tácticas de Du Pin eran despiadadas. Cuando una guerrillera se negó a dar información sobre el paradero de sus compañeros de lucha, los Contre-Guérillas suspendieron una cuerda del techo, colocaron un reloj sobre la mesa y dijeron a la prisionera que, si no hablaba en cinco minutos, la ahorcarían. La mujer no dijo nada y, cuando se cumplió el tiempo, los soldados bajaron lentamente la soga alrededor de su cuello hasta que, temblorosa, hizo una confesión. Tuvo suerte, puesto que a los guerrilleros varones les sacaban la información a golpes antes de ejecutarlos. La única forma de derrotar a las fuerzas irregulares, entremezcladas con la población local, era aterrorizar a los mexicanos para que delatasen a sus compatriotas. La tortura, las ejecuciones y la crueldad conformaban sus medios preferidos, y Du Pin quemaba pueblos enteros a la menor provocación. Así lo admitió en una carta a su sobrina: había librado una «guerra atroz». «Si yo fuera mexicano», escribió, «qué odio sentiría por estos franceses y cuánto los haría sufrir».[20]

Con independencia de las tácticas que empleasen, los franceses no disponían de las suficientes tropas para ocupar todo un país del tamaño de México. Tal como señaló un soldado, la tarea del Ejército francés se parecía al tapiz de Penélope: lo que hacía un día se deshacía al día siguiente, porque el Ejército mexicano era incapaz de conservar los puntos que los franceses habían conquistado. De igual manera, otro oficial lamentaba que el Ejército francés «gastó magníficamente sus fuerzas en la inmensidad del espacio»; cuando sus tropas atravesaban México, «parecían un barco deslizándose por el agua, sin dejar tras de sí ningún rastro de su viaje».[21] Ocupaban el territorio de manera temporal, pero carecían de los efectivos con los que guarnecer cada ciudad y pueblo, y las guerrillas, que volvían a sus anteriores posiciones en cuanto el Ejército francés se había marchado, enseguida atacaban a los civiles imperialistas. Maximiliano permaneció protegido de toda esta realidad en su viaje por las zonas más seguras de su reino, aunque Carlota temía que, en Ciudad de México, los guerrilleros pudieran emprender un ataque sorpresa contra Chapultepec.

El emperador regresó por fin a su capital el 30 de octubre, casi tres meses después de su partida. En la ciudad, recibió las cada vez más preocupadas misivas de Napoleón III, quien había leído los alarmantes informes de Bazaine y los diplomáticos franceses sobre su inactividad. En una carta del 16 de noviembre de 1864, el emperador francés le hizo llegar una advertencia apenas velada: era hora de resolver las cuestiones «que conciernen a la verdadera organización de México lo más rápidamente posible». Maximiliano debía imponer su voluntad en el país y poner «fin a la incertidumbre con respecto a algunos puntos de gran importancia». La cuestión más crítica era la financiera. Aunque se estaba organizando un segundo préstamo, resultaba crucial, según Napoleón III imploraba, que se reformase el Tesoro mexicano.

Habiendo construido él mismo un imperio sobre las cenizas de una república, Napoleón III ofreció un consejo que esperaba resolviera la indecisión de Maximiliano. «Cuando se trabaja para fundar un nuevo imperio, es imposible alcanzar la perfección de golpe», pero la seña de un buen soberano consistía en tomar decisiones de forma que las ventajas superasen a las desventajas. Eugenia, que formaba un mismo frente con su esposo, escribió por separado a Carlota para decirle que «la cuestión principal es la financiera». Un mes más tarde, Eugenia volvió a preguntar a Carlota si se había tomado alguna decisión sobre la reorganización financiera. En París, se alegraban, escribió displicente, de que la gira de Maximiliano por su reino hubiera sido un éxito, pero esperaban «con impaciencia noticias de su regreso para ver qué medidas financieras» se iban a tomar.[22]

Maximiliano, molesto por el tono poco sutil de las cartas que le llegaban de París, respondió finalmente a estas acusaciones el 27 de diciembre de 1864. Cargaba las culpas sobre los franceses y, según escribió, había esperado que Bazaine y la Regencia hubieran «despejado el camino» y tomado «medidas preparatorias» a fin de resolver «las grandes cuestiones de reforma y reorganización del país» antes de su llegada a México; sin embargo, «todo estaba por hacer». Insistió en que ya estaba despachando todas las cuestiones a las que se enfrentaba su régimen. Tal vez Napoleón III se preguntara por qué Maximiliano no había comenzado a hacer todo esto en los seis meses que siguieron a su llegada, pero parecía que el emperador mexicano por fin estaba tomando las riendas del asunto.

Era fundamental que lo hiciera, porque se enfrentaba a otros dos retos. El primero tenía que ver con el nuncio papal, que llegó en diciembre de 1864. Maximiliano necesitaba establecer un concordato con el papa con el objetivo de resolver las cuestiones religiosas que, desde la década de 1850, habían desgarrado México. La cuestión más crítica seguía siendo si ratificaría las leyes que los liberales habían aprobado para confiscar y, luego, vender terrenos eclesiásticas. Si Maximiliano hacía esto, se enajenaría permanentemente a sus aliados conservadores, pero, si devolvía las tierras a la Iglesia, perdería toda esperanza de reconciliar a los liberales con el imperio. Su única posibilidad de evitar el aislamiento de, al menos, una de las facciones más poderosas de la política mexicana residía en persuadir al nuncio de que el sumo pontífice debía respaldar la confiscación de las tierras de la Iglesia. La bendición papal obligaría a los conservadores a apoyar su política, mientras que la confirmación de una de sus reformas estrella complacería a los liberales.

La segunda cuestión era la amenaza estadounidense. Mientras el destino de la Unión pendía de un hilo durante la guerra civil estadounidense, Lincoln y Seward se habían mostrado cautelosos para no emprender ninguna acción que pudiera poner en jaque a Francia y precipitar la intervención europea. Sin embargo, en 1864, la Cámara de Representantes se sintió lo bastante segura de derrotar a los confederados como para dirigir su atención hacia el sur. Así, el 4 de abril, los congresistas estadounidenses habían aprobado una resolución en la que declaraban que «Estados Unidos no está dispuesto, por mantenerse en silencio, a dejar que las naciones del mundo tengan la impresión de que es un espectador indiferente de los deplorables acontecimientos que, ahora, se desarrollan en la República de México». La Unión, continuaba el texto, no permitiría «que un Gobierno monárquico se erigiera sobre las ruinas de cualquier Gobierno republicano en América bajo los auspicios de cualquier potencia europea».[23]

La forma en la que Maximiliano se enfrentaría tanto al poder espiritual de la Iglesia católica como al poderío material de Washington el año siguiente contribuiría, en gran medida, a responder a la pregunta de si el Imperio mexicano no era más que un sueño efímero.

6

Un imperio liberal

En diciembre de 1864, el enviado sueco a México, en su camino de Veracruz a la capital, vio cómo una reta de treinta mulas arrastraba un delicado y ornamentado carruaje por un lodazal. Las bestias, que luchaban con desesperación por escapar del barro, estuvieron a punto de ahogarse en el viscoso pantanal que, en algunos lugares, hacía las veces de camino a Ciudad de México. En el interior del carruaje, viajaba Pier Francesco Meglia, arzobispo titular de Damasco y nuncio papal en México.

Dada la importancia de su invitado, Maximiliano se aseguró de que su llegada a la capital contrastara con su peligroso viaje. Maximiliano ideó la etiqueta para la bienvenida de Meglia y estaba tan orgulloso del protocolo —que involucraba un total de treinta y siete pasos— que envió una copia a Napoleón III. El programa abarcaba todos los detalles, desde el número de carruajes para el cortejo hasta las puertas que se abrirían a la llegada del nuncio y el número de lacayos que lo atenderían. Para disgusto del diplomático sueco, la recepción de Meglia contó con seis caballos, carruajes de escolta y una guardia de honor, mientras que el sueco solo tuvo un carruaje de cuatro caballos y ningún escolta o guardia. Se dio prioridad al nuncio porque, a diferencia de él, Meglia tenía en su mano poner fin a décadas de amargo conflicto religioso.

Con la esperanza de ganarse a los juaristas, Maximiliano quería un acuerdo entre la Iglesia y el Estado que incorporase muchas de las reformas anteriores de Juárez y demostrara la dedicación del imperio a la causa del progreso, el liberalismo y la civilización moderna. Por tanto, resultó desafortunado que, al día siguiente de la llegada de Meglia a Ciudad de México, el papa Pío IX denunciara «el progreso, el liberalismo y la civilización moderna» como contrarios a las ideas de la Iglesia católica en lo que se conoció como el *Syllabus*.[1] Este escrito, que formaba parte de una encíclica papal, enumeraba ochenta falsas doctrinas consideradas anatema, incluida la libertad de culto, que fue calificada como una peste más mortífera que cualquier otra.

Aunque la publicación del *Syllabus* al día siguiente de la llegada de Meglia fue una coincidencia, las instrucciones del sumo pontífice que traía el nuncio reflejaban su mensaje. Las leyes de Juárez debían ser revocadas; el catolicismo, la religión del Estado con exclusión de todas las demás, y las propiedades eclesiásticas nacionalizadas, devueltas. Sorprendido por la intransigencia de Meglia, Maximiliano ofreció una contrapropuesta liberal, pero el nuncio, en conferencia con Labastida, se negó a considerarla. Se informó a Maximiliano de que no habría negociación: el nuncio había venido a dictar las condiciones.

Carlota estaba horrorizada. Consideraba que su misión en México era una obra santa: devolver al catolicismo el lugar que le correspondía. En Europa, creía que eso significaba apoyar a la Iglesia, pero, al cabo de seis meses, llegó a la conclusión de que esta necesitaba una reforma urgente. Los escándalos del clero mexicano, escribió a su abuela, eran tan estruendosos que demostraban la verdad de su santa religión, porque, si el catolicismo no fuera divino, hace tiempo que habría desaparecido en México. Carlota odiaba a Labastida y creía que el arzobispo solo deseaba que le devolvieran las propiedades de la Iglesia para poder vivir con mayor lujo mientras los párrocos pasaban hambre. Al ver el programa de un acto público al que asistiría el arzobispo con su «venerable» consejo, tachó la palabra «venerable», señalando que nada lo era en México, y menos, el alto clero. Carlota no pudo creer que el arzobispo mexicano fuera de la misma opinión que Labastida y le dijo a Bazaine que deberían tirar al nuncio por la ventana.

Maximiliano se enfureció cuando se rechazaron de plano sus condiciones. Informó a sus ministros de que, si el nuncio se negaba a negociar, se emitiría un decreto en el que se confirmarían todas las leyes de Juárez. Como siempre, Maximiliano evitó la confrontación personal y, el 23 de diciembre, envió a Carlota para que diera el ultimátum a Meglia. Sin inmutarse, desechó sus argumentos «como si fueran polvo» y «parecía muy a gusto en el vacío que había creado a su alrededor y en su absoluta negación de toda luz». Al igual que Labastida había amenazado a Bazaine un año antes, Meglia dijo a la emperatriz que el clero había creado el imperio y que su supervivencia dependía de su apoyo. «Monseñor, pase lo que pase», advirtió al nuncio al marcharse, «no somos responsables de las consecuencias; hemos hecho todo lo posible para evitar lo que ahora sucederá, pero, si la Iglesia no nos ayuda, la serviremos contra su voluntad».[2]

Las consecuencias fueron que, el 27 de diciembre, Maximiliano decretó la libertad de culto, confirmó la venta de propiedades eclesiásticas y aceptó la mayoría de las reformas de Juárez. Labastida tembló de rabia al conocer la noticia. Con la esperanza de librarse de estos males, explicó por escrito a Maximiliano que la Iglesia había apoyado al imperio, pero, amenazaba Labastida, las dificultades a las que se enfrentaba el emperador aumentarían de manera drástica, ya que el clero no podía respaldar un régimen impío.

No era una amenaza en vano. Tal como escribió Carlota a Eugenia en enero, «se desatan todas las pasiones» y detrás de todo veía a Labastida, «cuyo mal italiano conozco tan bien que puedo reconocerlo en cada línea». Hablando más en serio, continuaba: «Se dice que la época de los pronunciamientos no ha terminado, sino que, tal vez, no ha hecho más que empezar». Carlota, que antes se mostraba optimista sobre las perspectivas del imperio, ahora sentía que, desde la llegada de Meglia, México estaba en crisis. «He llegado a preguntarme», escribió a Eugenia, «si, de continuar aumentando las dificultades a este ritmo, hay alguna posibilidad humana de salir de ellas».[3]

El ambiente en Ciudad de México era febril. La esposa de uno de los funcionarios de Maximiliano apuntó: «Sigue habiendo un gran desorden». El clero «está rabioso», y lo que es peor, «están conspirando, un general se ha escapado de Ciudad de México y está a seis leguas de aquí con mil hombres, hemos doblado nuestras guardias. Desde aquí, nadie cabalga a la ciudad sin un revólver; habrá más robos y asesinatos que nunca». Las guerrillas seguían hostigando la ruta de Veracruz a Ciudad de México, pero la autora del escrito temía más al clero que a los juaristas. «Dicen que se deberá ahorcar a un par de obispos», concluyó.[4]

Maximiliano se tomó tan en serio la amenaza de revuelta que sintió que ya no podía confiar en la lealtad de Miramón y Márquez. Los envió al extranjero: a Miramón a Berlín para estudiar las tácticas militares prusianas y a Márquez en comisión diplomática al Imperio otomano. En la corte, los rumores decían que había mandado adrede al fanáticamente devoto Márquez a un país musulmán. Maximiliano fue aún más lejos y disolvió gran parte de su pequeño ejército mexicano porque temía que debiera su lealtad a los conservadores y no a él. Napoleón III lo advirtió contra esta medida, pero Carlota defendió la decisión ante Eugenia, argumentando que el Ejército imperial era más peligroso que las guerrillas. Tal como pronto se comprobaría, resultaba discutible que esto fuese así: repentinamente desprovistos de ingresos, no pocos de estos combatientes se unieron a las fuerzas juaristas.

Muchos conservadores se negaron a servir al imperio. Francisco de Paula Berzábal Arrangoiz, el mexicano cuyo nombre le costaba pronunciar a lord Palmerston, había sido nombrado enviado de México a Gran Bretaña (para probable disgusto de Palmerston, según puede imaginarse). Al enterarse de la política de Maximiliano hacia la Iglesia, dimitió. En una carta de protesta, atacó a Maximiliano, afirmando que el emperador había «faltado a todas sus promesas». Arrangoiz se mostraba en especial molesto con Carlota, pues creía, con razón, que odiaba al alto clero mexicano. «Negocio tan grave, tan trascendental como el de la Iglesia», despotricó el reaccionario Arrangoiz, «no era de la incumbencia de una señora».[5]

Maximiliano rompió entonces con el hombre que más había hecho por la existencia del imperio. Al enterarse de la política liberal de Maximiliano, Gutiérrez de Estrada —que había decidido permanecer en Europa— redactó una carta de ochenta y cuatro páginas en la que amonestaba al emperador, y le explicaba que

México era católico y conservador y debía ser gobernado como tal. Esto fue demasiado para Maximiliano. Replicó que el catolicismo piadoso del que tanto le habían hablado los conservadores era un mito: el clero mexicano no comprendía su propia religión. Maximiliano había visitado regiones donde la gente nunca había visto a su obispo, donde no se bautizaba a los adultos y donde el conocimiento de los santos sacramentos estaba del todo ausente. En su discurso, Maximiliano se refirió a un punto que, tal vez, se tendría que haber considerado antes: Gutiérrez de Estrada no había estado en México desde hacía veinticinco años y no podía albergar un conocimiento preciso del país.

Aunque el riesgo de enemistarse con sus aliados conservadores era grave, Maximiliano era ahora libre de gobernar como el benévolo monarca liberal que siempre había soñado ser. Aprobó algunas de las leyes más progresistas del mundo: además de prohibir los castigos corporales y regular el trabajo infantil, los decretos preveían cosas inauditas, a saber, pausas para comer, limitación de las horas de trabajo y días libres. Además, se abolió el peonaje por deudas, un sistema por el que los hacendados obligaban a sus inquilinos a pagar las deudas con trabajo. Los grandes terratenientes y los propietarios de fábricas también debían encargarse de proporcionar escuelas gratuitas y, en algunos casos, acceso al agua y alojamiento a sus trabajadores.

Como señaló un antiguo juarista que se unió al imperio, las reformas de Maximiliano demostraban su «intención de preservar y desarrollar las ideas liberales progresistas que prevalecen en el país». El emperador se había «hecho mexicano» y el imperio, por tanto, tenía un futuro glorioso. En el aniversario de la independencia de México en 1865, Maximiliano subrayó este compromiso con su país de adopción. Al pasar revista a sus tropas en la gran plaza mayor de Ciudad de México, declaró: «Mi corazón, mi alma, mis trabajos, todos mis leales esfuerzos os pertenecen a vosotros y a nuestra querida patria. Ningún poder en este mundo podrá hacerme vacilar en mi deber; cada gota de mi sangre es, ahora, mexicana». Podía morir, continuó Maximiliano, «pero moriré al pie de nuestra gloriosa bandera».[6]

También quiso dotar su imperio de lustre cultural a través de la creación de la Academia Imperial de Ciencias y Literatura. En su inauguración, en julio de 1865, dijo a su público que las tradiciones de México podían mostrarse con orgullo al mundo, y enumeró las pirámides de Teotihuacán, las ruinas de Uxmal y el calendario azteca. Todo ello reflejaba el amanecer de «una era triunfal de la ciencia y el arte en este país». Además, afirmaba que aquellos «genios» y sus «obras milagrosas» estaban, en muchos aspectos, más avanzados que nada que existiera en la Europa de la época.[7] Maximiliano se deleitaba en plantear estos contrastes y describía con frecuencia el Nuevo Mundo como un lugar emancipado y democrático, en contraste con la moribunda y conservadora Europa. Se regocijaba en sus políticas liberales, que pensaba que lo convertían en una «especie de anticristo» para su «devota y reaccionaria» familia de Viena. Libre de sus ataduras, sentía que, por fin, podía «contribuir con unas gotas de aceite a la gran luminaria de la ilustración».[8]

La celebración de la cultura indígena mexicana por parte de Maximiliano también contenía un mensaje radical para sus nuevos súbditos. La élite criolla de México, liberal y conservadora, a menudo denigraba el pasado indígena como bárbaro; Maximiliano lo adoptó como parte del México moderno. De hecho, sentía cada vez más que su imperio debía apoyarse en la población mayoritariamente indígena de México. Las reformas agrarias liberales de la década de 1850 no solo habían despojado a la Iglesia de sus propiedades, sino que también habían declarado ilegales las tierras comunales de las aldeas, dividiéndolas para su venta privada. Maximiliano devolvió el derecho a la propiedad compartida de la tierra a los pueblos indígenas. La población indígena de México era diversa, con numerosas lenguas, grupos e intereses distintos. Muchos se oponían al imperio; otros, entre los que destacaba Mejía, habían apoyado la alianza conservadora con la Iglesia durante mucho tiempo, y la decisión de Maximiliano de devolver las tierras fue un poderoso incentivo para que otros indígenas respaldaran al imperio. Con miras a subrayar su simpatía por los indígenas, Maximiliano mandó publicar decretos gubernamentales en náhuatl —la lengua de los aztecas— por primera vez en el México independiente. También se reunió con los líderes indígenas, que acudieron vestidos con ropas tradicionales para hablar con el emperador Habsburgo de México, ataviado con sus galas aristocráticas. Por su parte, Carlota había nombrado dama de compañía a una indígena. No obstante, como de costumbre, los intentos de Maximiliano por complacer a unos lo enemistaron con los otros, y muchos contemporáneos acusaron a la pareja imperial de «indiomanía».

Maximiliano confiaba tanto en ganarse a la gente para su imperio liberal que incluso había pensado en trabajar con Juárez, quizá como primer ministro. El secretario de Maximiliano escribió a un confidente del presidente para sugerirle una entrevista personal. Maximiliano, continuaba la carta, quería llevar la paz y la estabilidad a México: «Un esfuerzo francamente leal por parte de los principales políticos del Partido Liberal, y, en especial, con el que ha sido hasta ahora el legítimo jefe del país [es decir, Juárez], y cuyos sentimientos políticos el archiduque nunca ha dejado de apreciar, ayudaría definitivamente a conseguir este fin».[9] Ingenuo, confiado y arrogante, Maximiliano no podía entender por qué un hombre que había dedicado su vida a luchar contra la Iglesia, el Partido Conservador y contra la intervención francesa no trabajaría después con un imperio apuntalado sobre estas tres cosas. Carlota era más realista. Aunque los republicanos más fervientes estaban, según ella, «fascinados» con la personalidad de Maximiliano, su marido no debía contar con ellos, pues la monarquía era incompatible con su visión del mundo. Además, añadía Carlota, Juárez siempre sería más democrático que Maximiliano y, sobre todo, más mexicano.[10]

Sin embargo, mientras Maximiliano soñaba, otros constataban la existencia de un enorme problema: la mayor parte de sus nuevas leyes nunca se hacían cumplir. El emperador llegaba al colmo de la felicidad cuando supervisaba su imperio de papel, pero su Estado tenía un tamaño mucho más grande en su imaginación que en la realidad, y cada vez se ridiculizaba más al emperador por el abismo entre la teoría y la práctica. Aunque México nunca había tenido una Armada en sentido propio, Maximiliano, como el antiguo marino que era, estaba decidido a crear una. Con el objetivo de supervisar el proyecto, nombró a un oficial francés, cuya residencia estaba en una calle de Ciudad de México que se inundaba con frecuencia. Sus camaradas del Ejército compraron una flotilla de juguete, la engalanaron con banderas mexicanas en miniatura y la hicieron navegar por la calle para diversión de los curiosos.

En parte, el inmovilismo en el corazón del imperio se debía a su estructura laberíntica. Los imperialistas se quejaban de que, a menudo, se emitían instrucciones contradictorias, pues los franceses recibían sus órdenes directamente de París, los ministros mexicanos emitían sus propias directivas y otras procedían del gabinete privado del emperador. Bazaine sentía un particular desprecio por Eloin, el hombre que dirigía esta última institución, y consideraba al belga una persona poco fiable, que prestaba oídos al soborno y alguien a quien era mejor evitar. Para empeorar las cosas, Maximiliano continuó realizando largas giras por sus nuevos dominios, por lo que dejaba languidecer los asuntos de Estado con frecuencia.

Mientras él viajaba, Carlota reinaba: permanecía en Ciudad de México en calidad de regente, un papel que le permitía emprender el tipo de acciones que había ansiado en Europa. «La actividad nos sienta bien», escribió a su abuela. «Éramos demasiado jóvenes como para no hacer nada». Cuando Maximiliano presidía las reuniones de su gabinete, los ministros pasaban horas debatiendo muchos asuntos, pero era poco lo que se decidía; Carlota, en cambio, estudiaba los problemas en detalle y, luego, presentaba sus propias conclusiones al gabinete. Los ministros estaban demasiado asombrados o eran demasiado educados como para contradecirla, por lo que rara vez rechazaban sus propuestas. «Hoy tuve consejo de ministros que duró también casi tres horas, y me cubrí de gloria», escribió a Maximiliano. «Puedes confiar en mí», le dijo. «Incluso me presentaría al frente del Ejército si la situación lo exigiera». Sin embargo, no estaba impresionada con la mayoría de sus políticos. «Beware of advocates!» ('¡Cuidado con los partidarios!'), advirtió en inglés. «Son una enfermedad de las sociedades moderna».[11] Para Carlota, se hablaba mucho, pero se hacía poco.

Mientras se ensanchaba el abismo entre la política y la acción, la pareja imperial seguía aplicando un grueso barniz de pompa y poder. Para ello, eran fundamentales los inmensos bailes que se celebraban con regularidad en el Palacio Nacional, la antigua residencia de los presidentes de México que se transformaba en el colmo del lujo aristocrático mientras los invitados se apresuraban a recorrer el enorme complejo, iluminado con velas para ver la entrada de Carlota. En un baile, apareció puntual, a las nueve de la noche, y con actitud imperiosa, luciendo un vestido de brocado azul con una larga cola, collar de diamantes y brazaletes. Tras ser presentada a los invitados, se acercaba a ellos con gracia y orgullo, y conversaba con soltura en español, francés, alemán, inglés o italiano. Antes de que empezara el baile, se sentó en un trono con vistas a la pista de baile. Para el primer baile, eligió a Ramírez, el anciano ministro de Asuntos Exteriores de Maximiliano y mal bailarín; Carlota se rio de su falta de soltura, y el viejo político sonrió alegre. Después, regresó a su trono, con los ojos de unos mil invitados puestos en ella a la par que la orquesta interpretaba a Richard Strauss, Joseph Lanner y Joseph Labitzky. En esos momentos, el imperio parecía en la apoteosis de su poder. Tanto veteranos franceses como austriacos —muchos de los cuales habían luchado entre sí en 1859— se mezclaban con inexpertos oficiales belgas, húsares húngaros y lanceros polacos mientras los diplomáticos del Viejo Mundo correteaban por las salas (por ejemplo, se escogió a un joven agregado británico como pareja de baile de Carlota). Los europeos se entremezclaban con los políticos y funcionarios imperiales mexicanos, junto a las familias más acaudaladas del país, entre candelabros que iluminaban mesas rebosantes de los mejores manjares de la cocina francesa. La partida de Carlota en las primeras horas de la mañana fue la señal que puso fin al evento. Los invitados salieron a la gran plaza; la catedral se alzaba a su derecha, los trajes de baile de seda y los uniformes militares contrastaban con las sencillas ropas de las indígenas del mercado, que descargaban sus mercancías callejeras a la luz del amanecer.

La ausencia del emperador de esta velada fue notoria. Maximiliano evitaba estas ocasiones siempre que podía, pero calificaba de «grandes éxitos» los bailes a los que asistía. Cuando escribía a su hermano, señalaba que, en ellos, participaban «las mujeres más hermosas» de México. También estaba satisfecho con la calidad de las bodegas y cocinas imperiales, sobre todo conforme llegaban más diplomáticos extranjeros a la corte. Si la pareja imperial debía celebrar «aburridas recepciones y cenas», al menos, los diplomáticos bebían y cenaban tan bien que «por regla general, después de cenar solo pueden murmurar sonidos inarticulados». La irritación de Maximiliano por tener que agasajar a sus invitados contrastaba con el placer que le produjo la publicación de la etiqueta de la corte que regía estas ocasiones: «un grueso volumen, una obra gigantesca». A ojos del emperador, se trataba de la obra «más acabada que jamás se haya hecho» en este género.[12]

Sin embargo, quienes se regían por esta etiqueta no estaban tan conformes con el libro. «Tengo que decir que no nos lo pasamos muy bien», escribió Blanchot, ayudante de campo de Bazaine. Las normas le parecían asfixiantes y la rígida reserva de la pareja imperial, «a menudo altiva», hacía que nadie se divirtiera. Las personas obligadas a asistir se aburrían hasta el bostezo, decía Blanchot.[13] Stevenson era del mismo parecer y señaló que las recepciones de los lunes de Carlota eran acontecimientos aburridos y formales, celebrados en un salón mal iluminado.

Una destacada víctima del protocolo de Maximiliano fue Peter Campbell Scarlett, el representante británico en México. Como amigos de la reina Victoria, Maximiliano y Carlota se alegraron de que su Gobierno reconociera el imperio. El diplomático enviado desde Gran Bretaña era un viudo de sesenta años, y su hijo e hija lo acompañaron a la fiesta. Esto provocó una pequeña crisis, ya que la etiqueta de Maximiliano prohibía a las mujeres solteras asistir a las representaciones de Estado. En lugar de ofender a su hija, el diplomático devolvió sin respuesta las invitaciones a un evento. Al enterarse de tal afrenta, Maximiliano puso el grito en el cielo y amenazó con escribir a la reina Victoria a fin de exigir la destitución del representante. Al final, la *realpolitik* se impuso y Scarlett informó a Londres de que tanto él como su hija habían recibido una invitación para asistir a una representación teatral en palacio. Sin embargo, el incidente fue un nuevo recordatorio del errático enfoque de Maximiliano sobre el liderazgo y las prioridades, sobre todo cuando él mismo consideraba que era fundamental que el imperio se congraciase con Gran Bretaña.

Lo cierto es que a Maximiliano no le gustaban los diplomáticos, así que dejaba la tarea de entretenerlos en manos de Carlota. La emperatriz pasó un día con Scarlett y su familia fuera de la capital, en un paraje cercano. El rincón, cerca de una cascada y rodeada de volcanes, era uno de sus lugares favoritos. Se aseguró de conversar largo y tendido con el diplomático británico, quien le contó cuánto se admiraba la proclamación de la libertad de culto de Maximiliano en Gran Bretaña. El emperador era «mucho más liberal que sus ministros», le dijo Scarlett a Carlota, y le ofreció el consejo de un buen imperialista victoriano: «Hay que imponer la civilización en el país».[14] Sin embargo, Maximiliano y Carlota necesitaban impresionar a Francia, no a Gran Bretaña. En mayo de 1865, Alphonse Dano, nuevo enviado francés, había llegado a México. El aristócrata Habsburgo lo describió como una persona amigable, aunque no le pareció «un gran genio».[15] Lo fuese o no, su primera tarea sería elaborar un informe exhaustivo sobre el imperio; en efecto, Maximiliano comprendió la importancia del hombre y le escribió a Carlota para decirle que debían encandilarlo. Esta agasajó a Dano a su llegada a la capital y logró darle la impresión de que, a pesar de su preocupación por el clero, ahora era optimista. Dano demostró el mismo disimulo: menos optimista sobre el futuro del imperio, aseguró al ministro de Exteriores en París, que nunca mostraría su verdadero sentir. Dijo que Maximiliano y Carlota eran sensibles a las críticas en extremo y añadió que solo escuchaban los consejos a condición de que les fueran dados con la mayor cautela.

A pesar de la ofensiva destinada a encandilar a Dano, Napoleón III recibió numerosos informes críticos. Dano observó la falta de aplicación política y de equilibrio contable en el corazón del régimen, e informó a París de que «gobierno» era una palabra demasiado grandilocuente para referirse a la administración de Maximiliano. «No se hace nada serio», escribió el diplomático. «Todos los días se publican decretos, pero no se ejecuta ninguno».[16] Maximiliano y Carlota seguían convencidos de que el emperador francés nunca los abandonaría, y esta le aseguró que «si en alguna ocasión, en tus peores momentos, llegas a dudar de Napoleón, puedes estar convencido de que su corazón late con nobleza por nosotros y de que, después de su hijo y los amigos que lo ayudaron a alcanzar el poder, somos a quienes más ama, pues hemos hecho sacrificios y él sabe el valor de ello».[17]

Por el contrario, Napoleón III estaba más preocupado por sus propios sacrificios, cuyo valor, medido en francos y soldados muertos, podían decirle con precisión sus ministros de Guerra y Finanzas. Con la tesorería de Maximiliano aún atrasada en los pagos, el régimen imperial había obtenido un nuevo préstamo de París para cubrir los gastos inmediatos del aristócrata Habsburgo para 1865, pero el dinero debía utilizarse con prudencia, advirtió el emperador francés: no se podría conseguir otro. Un Napoleón III cansado de esperar envió ese verano a Jacques Langlais, uno de sus asesores financieros más cercanos, con la misión de reformar el Tesoro mexicano. Sin embargo, para desgracia del presupuesto mexicano, únicamente se lo pudo convencer de partir hacia México tras concederle el desmesurado salario de 150 000 dólares anuales. Lo cierto es que Napoleón III estaba perdiendo rápidamente la fe en Maximiliano. En agosto de 1865, el ministro francés de Asuntos Exteriores lo dejó bien patente: «El brillo de una corte, las solemnidades académicas y la difusión de la educación obligatoria son las luces de la civilización más avanzada [...] y aplaudiríamos estas intenciones y estos actos de mejor gana si pudiéramos observar, al mismo tiempo, los efectos del Gobierno [de Maximiliano] en la reorganización social, política, administrativa, financiera y militar de un país, donde, a pesar de nuestros esfuerzos y sacrificios, todo sigue en crisis». La dirección política de un Gobierno «nacido bajo la bandera [francesa] y defendido por las armas [francesas]» parecía resuelta a «volver cada día más onerosa [para Francia] la tarea de sostenerlo». «No puedo comprender», escribió Napoleón III a Maximiliano, «por qué fatalidad siempre sucede que las medidas más esenciales se aplazan o enfrentan oposición».[18]

Fue una pena que, cuando Napoleón III escribió esta carta, Maximiliano se encontrase en otra gira real. De viaje con Ramírez —hombre de prodigioso apetito—, su ministro de Asuntos Exteriores, Maximiliano parecía ajeno a las crecientes críticas y su mayor preocupación era probar las delicias culinarias de México. Un exquisito almuerzo consistió en mejillones, gambas y pescado tropical. Tan espléndido era el festín que Ramírez, al parecer, se emocionó tanto que se echó a llorar; lo cierto es que comió con tal desmesura que asustó a Maximiliano. Esta gira gastronómica resultó contraproducente. Hubo que traer el marisco de la costa y tanto Maximiliano como Ramírez no tardaron en contraer una intoxicación alimentaria. Con los franceses exasperados y los conservadores enfadados por la cuestión de la Iglesia, la ocurrencia gastronómica de un diplomático fue muy apropiada: «Desayunar un sacerdote y cenar un francés, cuando el clero lo ha llamado al trono a uno y debe confiar en Francia como único apoyo, puede considerarse una política arriesgada».[19]

Los asuntos militares también aumentaron las tensiones entre Maximiliano y los franceses. Juárez seguía invicto y el Ejército francés continuaba emprendiendo costosas campañas militares con cargo al erario mexicano, mientras que el emperador consideraba esto un despilfarro. El general mexicano Porfirio Díaz, que había escapado del cautiverio francés tras la derrota de mayo de 1863 en Puebla, reunió a las fuerzas republicanas en Oaxaca. En enero de 1865, Bazaine tomó el mando y sitió la ciudad. A falta de municiones, Díaz había ordenado fundir las campanas de las iglesias de la ciudad y de los pueblos de los alrededores, y convertirlas en proyectiles. Tal como señaló un soldado galo, eran de un bronce bastante bonito, pero su eficacia artillera fue escasa, pues, a menudo, no lograban explotar. Por el contrario, el bombardeo francés fue implacable. Duró cinco días y, cuando terminó, las ruinas, los escombros y los cadáveres cubrían las antes magníficas calles de Oaxaca. El Ejército francés se desplegó entonces para asaltar la urbe; sin embargo, Díaz se rindió y, junto con unos cuatro mil mexicanos, fue tomado prisionero de nuevo. Aunque Bazaine había triunfado militarmente, Maximiliano se quejó a Napoleón III de que su victoria había tenido un coste de unos 2 millones de dólares. Dijo que Bazaine estaba sumiendo al imperio en gastos ruinosos.

Entonces, se desató una lucha por el poder. A Maximiliano le molestaba que, a pesar de ser emperador, no controlase sus Fuerzas Armadas. Este evitó la confrontación y, para atacar a un mariscal de Francia, confió en el canal informal que le ofrecía la correspondencia de Carlota con Eugenia. En una carta, Carlota dejó claro lo que pensaba que se debía hacer. «Para civilizar este país», escribió a la emperatriz francesa, «hay que ser dueño absoluto de él. [...] Debemos ser capaces de demostrar nuestro poder cada día por medio de grandes batallones». Lo que se necesitaba eran más tropas francesas y guarniciones en todo el imperio. Sin ellas, los guerrilleros arrasarían ciudades y pueblos después de que los franceses los abandonaran. A modo de conclusión a lo que equivalía a un informe sobre estrategia militar, la joven emperatriz añadió: «Creo que, a través del despliegue de una gran actividad y energía en esta dirección [...], se conseguirían sólidos resultados con escaso coste. [...] Cualquiera que tuviese a su disposición un ejército tan magnífico, y que estuviera dispuesto a utilizarlo a conciencia, pacificaría México en menos tiempo que el comandante militar más hábil si este se mostrara negligente con respecto a tales asuntos».[20] La emperatriz insinuaba dos cosas: que, con independencia de las habilidades de Bazaine, el militar francés estaba siguiendo una estrategia equivocada y que, además, sus acciones carecían de «energía». Tuviera o no razón, Carlota tendría que haber sabido que París no tomaría en cuenta los consejos militares de una joven de veinticuatro años. Tal como le dejó claro una desdeñosa Eugenia, Bazaine mantenía toda la confianza de Napoleón III.

Por su parte, Carlota había hecho frente común con una camarilla de generales franceses de rango inferior al de Bazaine. Los invitaba a sus *soirées* de los lunes, que terminaban con un baile en el que la cuadrilla seguía al galop, una danza campestre muy popular en Francia. Gracias, sin duda, al efecto del champán, los buenos vinos y los estridentes coros que entonaban *La marsellesa*, «alguien siempre acababa cayéndose redondo».[21] Como nieta de un rey francés, Carlota era capaz de cautivar a estos oficiales franceses de una forma que Maximiliano nunca podría. Era «tan majestuosa como hermosa, tan graciosa como distinguida, tan atractiva como amable», escribió un oficial francés encandilado en particular tras una cena en palacio. Añadió que, de haber podido recorrer su imperio, Carlota lo habría conquistado mejor que cualquier ejército. Para Auguste Henri Brincourt, general de brigada, era «una mujer de gran sentido común, perfectamente capaz de dirigir los asuntos de gobierno». Por desgracia, se lamentaba, «no es quien lleva los pantalones [...] en política».[22] Mientras cenaban, bebían y bailaban el vals con Carlota, estos generales franceses criticaban la estrategia militar de su comandante.

Pronto, el desprecio de la pareja imperial hacia Bazaine fue un secreto a voces en México, y el general francés lo sintió profundamente, porque acababa de casarse. A finales de 1863, mientras se encontraba en campaña, le llegó la noticia de que su esposa de quince años había muerto. Estaba consternado, pero, un año más tarde, en un baile en Ciudad de México, una joven mexicana que estaba bailando el vals se detuvo para reparar un rasgón del vestido que llevaba puesto. «¿Quién es?», preguntó Bazaine a su séquito. «Es extraordinario lo mucho que me recuerda a mi esposa». Tal aseveración pronto resultó redundante, ya que un año después se casó con ella.[23]

Se llamaba Josefa Peña y, según Carlota, era guapa y disponía de una gracia infinita, así como de una magnífica melena negra. Por otra parte, solo tenía diecisiete años. Incluso para los estándares del siglo XIX, la diferencia de edad era escandalosa. Maximiliano escribió a su hermano: «A pesar de sus cincuenta y cuatro años, el mariscal está perfectamente encaprichado; que esta azarosa felicidad conyugal le sea grata». Por supuesto que a Maximiliano no le entusiasmaba la boda. «Tenemos, por desgracia, otra gran celebración de Estado en palacio», se lamentó.[24] En la ceremonia, él acompañó a la novia y Carlota tomó del brazo a Bazaine. Sin embargo, esta muestra de unidad entre el Ejército francés y el Imperio mexicano desmentía la realidad. A sus espaldas, Carlota difundió rumores de que el espíritu marcial de Bazaine se había visto empañado por la dicha conyugal, mientras que Maximiliano se lamentaba de que el general francés no solo estaba agotado, sino de que se mostraba incompetente en sus decisiones militares.

En lugar de intrigar contra el Ejército francés, Maximiliano debería haber organizado el suyo propio. Tras licenciar a Miramón y Márquez —sus dos mejores generales— y desmovilizar a la mayoría de sus fuerzas mexicanas, ahora dependía de los voluntarios austriacos y belgas llegados a México. En enero de 1865, había cerca de mil trescientos belgas y unos seis mil soldados en la Legión Austriaca, formada por gente de todas las posesiones de los Habsburgo. La naturaleza cosmopolita del ejército de Maximiliano, o su confusa realidad, aumentó cuando se incorporaron cuatrocientos cincuenta egipcios que los franceses habían conseguido de su aliado norteafricano.

Maximiliano depositó especiales esperanzas en los voluntarios procedentes de las tierras de los Habsburgo que habían llegado a México para luchar en su nombre. Los oficiales, que juraban lealtad directa a Maximiliano, formaban un conjunto que le era fiel a rabiar y en torno al cual gravitaban, pero su presencia aumentaba el caos administrativo. Al recibir el control de ciertas regiones, a menudo se enfrentaban —en ocasiones, de manera violenta— con el Ejército francés, ya que se sentían agraviados por su autoridad. Maximiliano, empero, disfrutaba de la compañía de estos oficiales, que le recordaban su tierra natal. En una ocasión, el emperador fue a ver a las tropas por la noche mientras los hombres cantaban canciones austriacas y venecianas con tal belleza que admitió ante Carlota lo que nunca haría ante sus amigos y familiares: sentía nostalgia. Había llorado al escuchar las canciones, pero, «por suerte», escribió, «era de noche y nadie lo vio».[25]

Si bien los austriacos solían ser veteranos de las guerras de los Habsburgo, los belgas eran jóvenes con poca o ninguna experiencia militar. Destinados al estado de Michoacán, debían participar en una campaña para limpiar la región de guerrilleros. Dos columnas de tropas francesas, mexicanas y belgas partieron de Morelia, la capital del estado, pero, como de costumbre, no pudieron encontrar al enemigo. Unos trescientos belgas permanecieron en la cercana ciudad de Tacámbaro a fin de guarnecer la plaza y proteger el flanco mientras las columnas del Ejército proseguían su avance. Tras eludir a la fuerza principal, dos mil guerrilleros rodearon la ciudad.

Bajo el mando del comandante Constant Tydgadt, los belgas habían convertido la pequeña iglesia del centro de la ciudad en un fuerte. En la madrugada del 11 de abril, los guerrilleros atacaron por sorpresa. Superados en número, los belgas realizaron numerosas incursiones para hacer retroceder a los atacantes a punta de bayoneta. Los guerrilleros prendieron fuego a la iglesia y el tejado de madera no tardó en derrumbarse. Los belgas restantes se refugiaron en una sala interior y dispararon sin cesar sus mosquetes con el objetivo de contener a los juaristas. Este conflicto unilateral llegó a su fin tras cuatro horas de asedio. Tydgadt, herido de muerte, se rindió; 187 soldados cayeron prisioneros y 27 murieron. Devastada por la noticia, Carlota pasó la noche en vela, pensando en la muerte de sus compatriotas. Por su parte, Maximiliano añadió el suceso a su lista de agravios contra Bazaine, a quien culpó.

Bazaine, molesto por las numerosas acusaciones en su contra, decidió hacer una declaración militar significativa y proyectó ocupar la ciudad de Chihuahua, en el extremo norte de México, donde Juárez había establecido su capital. Con ello, los franceses capturarían al presidente o le obligarían a huir al otro lado de la frontera. Era algo en lo que Maximiliano llevaba tiempo insistiendo. Creía que, si Juárez abandonaba México, renunciaría a su pretensión de ser presidente y Estados Unidos reconocería, entonces, al imperio. En compañía de dos mil quinientos hombres, el general Brincourt, favorito de Carlota, emprendió, a principios de julio, un viaje de unos seiscientos kilómetros a través del duro terreno, en gran parte desértico, del norte de México. Brincourt confiaba en que este sería «sin duda, la última acción militar» de la intervención.[26]

El 15 de agosto, día del cumpleaños de Napoleón Bonaparte, Brincourt marchó hacia Chihuahua. «Le escribo cómodamente sentado en el sillón presidencial del ciudadano Juárez», se jactaba Brincourt en una carta. «Ayer hicimos nuestra entrada triunfal en esta capital para celebrar el cumpleaños del emperador y el fin de la guerra de México». En sus informes, el general francés incluía el rumor de que Juárez había abandonado México. Por el camino, esto se convirtió en realidad y, cuando dicha información llegó a

Ciudad de México, Maximiliano se mostró eufórico. «¡Mexicanos! La causa sostenida con tanto valor y constancia por Benito Juárez», decretó en tono triunfal el emperador a sus súbditos, «ha degenerado en facción y queda abandonada por el hecho de la salida de su líder de la nación».[27]

Sin embargo, Juárez se había trasladado a El Paso del Norte, una pequeña ciudad en la frontera entre México y Estados Unidos, más conocida hoy como Ciudad Juárez. Aquí, emitió su propia proclama desafiante: el pueblo mexicano «no cesará jamás en la lucha en todas partes contra el invasor y terminará infaliblemente en el triunfo en la defensa de su independencia y de sus instituciones republicanas».[28] El Paso del Norte estaba solo a escasos noventa kilómetros al norte de Chihuahua, a pocos días de marcha, pero Brincourt no pudo avanzar. Los acontecimientos al otro lado de la frontera hicieron temer a Bazaine que las tropas francesas se enfrentaran a los soldados estadounidenses y ordenó a Brincourt que no prosiguieran su marcha.

Maximiliano, al igual que Napoleón III, sabía que el gran escollo que debía salvar el Imperio mexicano era Estados Unidos. En marzo de 1865, Napoleón III había alentado al aristócrata Habsburgo, transmitiéndole su visión de que la guerra civil estadounidense aún duraría mucho tiempo, pero, cuando esta carta llegó a México, los ejércitos confederados se habían rendido. El Imperio mexicano era una apuesta monumental y su fututo dependía del conflicto al norte de la frontera. Debilitado por años de lucha, o quizá dividido en dos, Estados Unidos reconocería el Imperio mexicano, lo que privaría de sustento a Juárez.

Sin embargo, a pesar del enorme coste que debió pagar por ello, la Unión había salido del conflicto no solo victoriosa, sino con más poder que nunca, y ahora disponía de un ejército veterano mayor que en ningún otro momento de la historia anterior de Estados Unidos. Además, los belicosos generales de la Unión —ahora populares héroes de guerra—, en particular, Grant, estaban dispuestos a utilizar este ejército para defender la doctrina Monroe, así como la supremacía estadounidense en América. Para hombres como Grant, el imperio de Maximiliano representaba una espeluznante mezcla de conspiración papal y poder monárquico europeo que, aliados con la Confederación, desafiaban a la democracia republicana. Si hacía falta ir a la guerra con tal de acabar con el dominio de Maximiliano, razonaba Grant, que así fuera.

A lo largo de la guerra civil estadounidense, Lincoln y Seward se habían erigido como una fuerza restrictiva, combinando una estrategia de no intervención con la negativa a reconocer el Gobierno de Maximiliano; sin embargo, el asesinato de Lincoln menos de una semana después del fin de la batalla puso en peligro esta postura. Se especuló con la posibilidad de que Andrew Johnson, el nuevo presidente, cediera a la presión de sus generales e invadiera México.

Tal como solía ocurrir cuando se producían noticias importantes, Maximiliano se encontraba de gira por su reino cuando Ciudad de México supo de la derrota confederada. Las nuevas electrizaron la capital y envalentonaron a los enemigos del imperio. Carlota, que ejercía de regente, no mostró demasiada pena en el momento en el que se enteró del asesinato de Lincoln, ignorante al parecer, de que había sido una influencia moderadora de la política estadounidense hacia el imperio. «Aquí el animo es excelente desde la muerte de Lincoln, el jefe de demagogia en América; los rojos [juaristas] están como si les hubiera caído un rayo y lo atribuirán a tu buena suerte». Carlota detestaba a Estados Unidos y, en este punto, su devoción católica se fundía con su emergente nacionalismo mexicano. Veía al vecino de México como un país carente de religión, principios y libertad. La guerra civil era una consecuencia de esta degradación, argumentaba: «Pronto habrán perecido un millón de hombres, inmolados en holocausto a su imprevisión y bajas pasiones».[29] Carlota pensaba que Estados Unidos pretendía seguir expandiéndose a costa de México y sustituir el catolicismo por el protestantismo. En su opinión, poner freno a esto era una guerra santa. Aun así, se mostraba pragmática y, con la esperanza de que la muerte de Lincoln llevara a Johnson a reconocer el imperio, escribió cartas de condolencia a la esposa de Lincoln y al nuevo presidente.

En las semanas siguientes, los imperialistas escudriñaron la prensa estadounidense en busca de cualquier indicio de los planes de Johnson. Las primeras señales fueron alentadoras: Seward mantenía su política de neutralidad, y Maximiliano no entendía la razón por la cual el secretario de Estado continuaba sin reconocer su Gobierno. De manera tradicional, la diplomacia de Washington así lo hacía con el régimen que ocupaba la capital. Con Juárez vagando por los desiertos del norte, se trataba indiscutiblemente del Gobierno de Maximiliano. Además, tal como señalaba el emperador a sus amigos, ¿qué diferencia suponía para Washington que México tuviera un presidente o un emperador, sobre todo cuando ese emperador creía en el liberalismo y el progreso? Convencido de la justicia de su causa, Maximiliano envió diplomáticos a Washington en busca del reconocimiento del Gobierno estadounidense, pero los meses que pasaron en la capital resultaron infructuosos. El secretario de Estado se negó a abandonar a Juárez en favor del «presunto» emperador y su «presunto» imperio, términos utilizados en toda la correspondencia oficial estadounidense para describir tanto a Maximiliano como a su régimen.

No obstante, puesto que Estados Unidos seguía aferrándose a la neutralidad, los temores imperiales a una invasión desde el norte fueron remitiendo. Maximiliano incluso empezó a ver la rendición del sur como una oportunidad. Esperaba atraer a soldados veteranos de la Confederación con la misión de formar milicias que lucharan contra las guerrillas de Juárez. Para organizar a estos mercenarios, nombró a varios exconfederados a fin de que ostentaran puestos importantes. El principal de ellos era Matthew Fontaine Maury, antiguo oficial naval y científico, a quien se designó jefe de astronomía, consejero de Estado y comisionado imperial para la colonización, con lo que se incorporó otra nacionalidad al gabinete. Bajo el propósito de incitar la migración y con el apoyo del Gobierno, se creó el *Mexican Times,* un periódico en inglés. Su autoproclamado cometido era «la inmigración y el progreso», aunque, extrañamente, la poesía ocupó buena parte de sus páginas e incluyó, para deleite de los lectores exiliados, el poema *Home, Sweet Home!* de John Howard Payne. Los anuncios de

«Virginia Chewing Tobacco» y del «National Bar Room, dirigido al estilo estadounidense» y «preparado para satisfacer el gusto más exigente en el arte de mezclar licores», quizá reflejaban mejor los intereses de sus lectores.[30]

No obstante, el grueso del apoyo estadounidense no afluyó hacia el imperio, sino hacia Juárez. Seward no creía que fuera necesaria la guerra a fin de apoyar el republicanismo en el continente americano: todo lo que se necesitaba era tiempo para armar y abastecer a las fuerzas de Juárez. En abril de 1865, Juárez solo contaba con unos pocos miles de combatientes mal equipados y con ellos debía enfrentar a los franceses. No podía reabastecer eficazmente a sus ejércitos porque, durante la guerra civil estadounidense, pesaba un embargo sobre la exportación de armas del norte. Johnson revocó la prohibición en mayo de 1865 y la frontera pronto se vio inundada de equipo militar. Un solo empresario proporcionó a las fuerzas de Juárez 5020 fusiles Enfield, 1000 pistolas y 6 piezas de artillería, con 20 400 cartuchos de munición, así como 1308 pares de ropa interior y 813 sartenes.

No solo entraban suministros por la frontera estadounidense, sino también hombres y dinero. Juárez tenía sus propios agentes secretos, algunos en el Ejército estadounidense, que ayudaron a engrasar los mecanismos de este apoyo. Lewis *Lew* Wallace —que en el futuro escribiría *Ben-Hur: una historia de Cristo,* pero que, en aquel era momento, era un oficial de la Unión— estaba en contacto directo con los generales de Juárez; mientras, los mexicanos, con mayor o menor éxito —y, en algunos casos, no poco fraude— obtenían préstamos para la casi quebrada causa republicana. Un mareante número de clubes pro-Juárez proporcionó otra fuente de ingresos; además, fueron tantos los veteranos estadounidenses que engrosaron las filas juaristas que se creó para ellos un cuerpo de élite llamado «Legión de Honor Americana». Aunque con la toma de Chihuahua en agosto de 1865 por Brincourt el imperio de Maximiliano alcanzó su mayor extensión territorial y Juárez se vio abocado a una precaria resistencia en la frontera norte, ahora los liberales pudieron finalmente financiar, reclutar y equipar a sus mermadas fuerzas con la ayuda proveniente de la otra orilla del río Bravo.

Mejía fue testigo directo de semejante transformación. Llevaba algún tiempo destinado en Matamoros. En la otra ribera del
río Bravo, estaba Brownsville, fundada en 1848, la viva imagen
de ciudad fronteriza del Salvaje Oeste, donde los comerciantes
se enriquecían introduciendo bienes de contrabando en México.
La ciudad era ahora refugio de juaristas empeñados en derrocar
el imperio. En el verano de 1865, los restaurantes y unos salones
convertidos en hervidero de conspiraciones se llenaron de exiliados liberales, aventureros y oficiales de la Unión. En efecto, había
multitud de estos últimos: los veteranos de la Unión estaban or-
ganizados en el «Ejército de Observación», una fuerza compuesta
por cerca de cincuenta mil soldados estadounidenses que habían
recibido la misión de ocupar el antiguo estado confederado de
Texas, pero, también, de vigilar a México. Desde el otro lado del
río, Mejía observó impotente cómo los oficiales estadounidenses
hacían la vista gorda cuando los fusiles y la artillería desechados
acababan en manos juaristas tras la guerra civil.

Para mantener alta la moral imperial, Mejía hizo que una
banda tocase todas las semanas en la plaza mayor de Matamoros
y se organizó un gran baile para celebrar su propio cumpleaños.
A pesar de sus asediadas finanzas, el imperio todavía podía organizar una fiesta. Para reforzar la guarnición de Mejía, se había
enviado a Ernst Pitner, oficial de la Legión Austriaca, junto con
trescientos hombres. Pitner recordaba cómo la ciudad les ofreció
un magnífico banquete, con tres mil cubiertos elegantemente ser-
vidos en una plaza. Cada hombre recibió una botella de clarete,
así como cantidades ingentes de cerveza inglesa y champán, que
ayudaron a bajar las compotas de fruta, los pasteles y el jamón.
A pesar de tales lujos, la posición era peligrosa. Los imperialistas solo tenían fuerza suficiente para mantener la ciudad. Fuera
de ella, los guerrilleros atacaban a los hombres de Mejía con el
objetivo de cruzar, después, la frontera y refugiarse en territorio
estadounidense.

Fue la acumulación de tropas estadounidenses lo que preocupó a Napoleón III. En cuanto se enteró, ordenó a Bazaine que
retirara a los soldados franceses hacia el sur y se preparase para
una invasión estadounidense. Esta orden no solo había impedi-

do que Brincourt persiguiera a Juárez hacia El Paso del Norte: además, había provocado que solo tropas mexicanas custodiasen ahora Matamoros. Sin la protección del Ejército francés y temeroso del «apoyo casi directo» que Estados Unidos prestaba a los «disidentes», Mejía pintaba un sombrío panorama de este puesto avanzado del imperio de Maximiliano. «Por violenta que pueda llegar a ser mi situación», afirmó, «estoy decidido a morir en esta ciudad antes de abandonarla».[31]

Tuvo la oportunidad de demostrarlo en octubre de 1865, cuando un ejército liberal llegó a las puertas de Matamoros y le dio un ultimátum en el que se le conminaba a rendirse en dos horas. Tras verse superado en número, Mejía respondió con frialdad que los liberales no tenían por qué esperar tanto antes de iniciar su asalto. Los juaristas, incluidos varios estadounidenses, atacaron al amanecer del día siguiente, abriéndose paso hacia las fortificaciones a la tenue luz de la mañana. A pesar de la feroz resistencia imperialista, los liberales siguieron avanzando y tomaron el fuerte que defendía la ciudad.

En ese momento, una cañonera imperial se unió a la lucha y descargó una mortífera cortina de fuego sobre los liberales que estaban en posesión del fuerte. Mientras el hierro y el plomo derribaban a los juaristas, Mejía, a la cabeza de quinientos soldados de caballería, cayó sobre el enemigo y lo hizo retroceder. Otra cañonera imperialista se unió a la refriega; en su navegación por el río Bravo, recibió constantes disparos desde la orilla estadounidense. En efecto, las fuerzas liberales sabían que los imperialistas tenían órdenes de no devolver el fuego proveniente del otro lado la frontera para no dar ocasión a una respuesta beligerante de Estados Unidos. Esta segunda cañonera neutralizó el ataque, y, tras un costoso asedio, los liberales se dieron cuenta de que Matamoros no podía tomarse sin enormes pérdidas, y se desvanecieron en el paisaje tan repentinamente como habían aparecido.

Mientras Mejía se aferraba a su posición en el noreste, los franceses, desesperados por hacerse con el control antes de verse obligados a retroceder hacia el interior del país, libraron una guerra salvaje en el noroeste bajo el mando del general Armand Alexandre de Castagny. Como parte de esta campaña, un pequeño grupo de soldados galos guarnecía un pueblo llamado Veranos. La noche de su llegada, los guerrilleros mexicanos les robaron las mulas, por lo que la compañía no pudo partir con su equipo. Al día siguiente, los franceses se entretuvieron bebiendo aguardiente: a las siete de la tarde, los juaristas rodearon la iglesia, así como las casas que los soldados enemigos habían fortificado. Tras cuatro horas de asedio, durante las que los guerrilleros incendiaron la iglesia, los franceses se rindieron.

Sin embargo, unos pocos habían conseguido atravesar las líneas mexicanas, ponerse a salvo y pedir refuerzos. Decididos a cobrarse venganza, a la mañana siguiente, la fuerza de socorro francesa llegó a la todavía humeante aldea. En el suelo, yacían los cadáveres de dieciocho de sus soldados, algunos irreconocibles después de que los cerdos les hubieran comido el rostro, otros aún seguían con vida, aunque heridos de muerte. Casi tan pronto como enterraron a sus camaradas, los guerrilleros, que, a lomos de sus monturas, aguardaban emboscados, emprendieron otro ataque. Con él, dieron muerte a un número incluso mayor de soldados franceses, tras lo cual se desvanecieron entre los campos.

Furioso, el general Castagny, que había acompañado a sus tropas, ordenó arrasar el pueblo. Hacía tiempo que la población había huido, pero los juaristas afirmaron que los franceses mataron a la única mujer que quedaba. Sea esto o no cierto, Veranos no fue ni mucho menos el único pueblo que los soldados franceses incendiaron en México y los acontecimientos que allí se desarrollaron implicaron sangrientas represalias. Cualquier mexicano al que se le encontrase portando armas era fusilado al instante. Un soldado francés comentó que fue un conflicto sin tregua ni piedad, mientras que otro integrante del Ejército admitió que este devastó e incendió el paraje en venganza. Las represalias de la guerrilla fueron igual de crueles y, a menudo, los soldados franceses de patrulla se encontraban con rezagados de sus filas colgados de los árboles.

Lejos de condenar la brutalidad francesa, Bazaine afirmó que la guerra debía llevarse a cabo de forma todavía más despiadada. Consideraba que México había de pacificarse con una mano más firme que la indulgente permitida por Maximiliano hasta entonces y presionó al emperador para que firmara lo que se conoció como el «Decreto negro» el 3 de octubre de 1865. En nombre de Maximiliano, se remitieron a todas las fuerzas imperiales las siguientes instrucciones: «Las tropas bajo sus órdenes no tomarán prisioneros. Todo individuo, de cualquier rango, que sea capturado con las armas en la mano, será ejecutado. En el futuro, no habrá intercambio de prisioneros. Que nuestros soldados entiendan que no pueden rendirse ante tales hombres. Esta es una lucha a muerte. En ambos bandos solo se trata de matar o morir».[32]

Maximiliano solo había aceptado a regañadientes expedir el Decreto negro, pues todavía esperaba ganarse a sus súbditos por medios más tradicionales. Con ese objetivo, planeó otro de sus complicados desplazamientos regios, esta vez, hacia el lejano y asolado estado de Yucatán, en el extremo sudeste de México. Sin embargo, antes, decidió asegurar su dinastía: la forma en la que lo hizo asombró incluso a sus seguidores más acérrimos.

Abundaban los rumores sobre el motivo por el cual Maximiliano y Carlota no tenían hijos; algunos afirmaban que se debía a que Maximiliano había contraído una enfermedad venérea en los burdeles de Venecia o, quizá, en Brasil. Cualquiera que fuese la razón, aquello explicaba, en parte, el hecho de que Carlota buscara ejercer un papel político. Dada su activa participación en el gobierno, Carlota debió defenderse con frecuencia de las acusaciones de ambición, incluso por parte de su familia. Escribió a su abuela que le parecía natural que una mujer casada y sin hijos compartiera el trabajo de su marido; ella, por su parte, solo ambicionaba hacer el bien y cumplir el papel de esposa de Maximiliano. «Ciertamente, esa mujer soy yo», pero la regia imagen pública no era un reflejo de su verdadera personalidad, o eso afirmaba.[33]

Sin embargo, como Maximiliano bien sabía por su educación como Habsburgo, un emperador debe tener herederos. Sin ninguno propio, y para desconcierto general, Maximiliano adoptó a los nietos de Iturbide, el primer emperador de México. Salvador, el mayor, era adolescente y vivía en París, donde permaneció. El segundo nieto, otro Agustín, solo tenía dos años y medio, y vivía en México. Su madre, Alicia Iturbide, nacida como Alice Green, era estadounidense. La depauperada familia Iturbide la presionó para que entregara su hijo a Maximiliano cuando este les prometió 150 000 dólares. Bajo coacción, Alice firmó el acuerdo el 9 de septiembre y, una semana después, renunció a su hijo. Dejando atrás algunos de los juguetes favoritos de su hijo, Alice partió con el resto de la familia hacia Veracruz.

Alice solo pudo llegar hasta Puebla antes de que el dolor de la separación fuera demasiado intenso y regresó, angustiada, a la capital. Allí consiguió una audiencia con Bazaine, quien prometió entregarle una carta en la que imploraba a Maximiliano que renunciara al contrato. La mujer se disculpó por haberse desdicho de su palabra, pero «una pena que no tiene límites, un sentimiento de los más intensos que conoce la humanidad, han guiado mis pasos en busca de un hijo que es la dulzura de mi existencia». Suplicando a Maximiliano, Alice continuaba: «¡No ver más a mi hijo! Separarme de él quizá para siempre. Abandonarlo cuando más necesita de mis cuidados. No hay agonía comparable a este triste pensamiento. Su majestad no puede insistir en una separación que amenaza mi existencia».[34]

La respuesta llegó dos días después cuando un miembro de la guardia de la casa de Maximiliano se presentó en el apartamento de Alice. Le explicó que el emperador y la emperatriz querían verla, y que un carruaje la esperaba fuera. Alice subió esperanzada al carruaje, pero, conforme el vehículo continuaba su trayecto, la mujer se percató de que el conductor se había saltado el desvío hacia el Palacio Nacional, en el centro de la ciudad. Alice supuso entonces que se dirigían a Chapultepec, pero, cuando pasaron por la calle del castillo, quedó claro que la estaban deportando a la fuerza. El carruaje la llevó a una diligencia en la que la introdujeron entre gritos y la condujeron hasta Puebla, donde se reunió con su marido y le dijeron que debían abandonar México en el siguiente vapor que saliera de Veracruz. Al menos, era un destino mejor que lo que había recomendado su marido: que la encerraran en un manicomio. En cuanto llegó a Estados Unidos, Alice se reunió con Seward en Washington, le explicó la situación y le pidió que intercediera por ella ante el Gobierno francés.

Los súbditos de Maximiliano vieron la adopción con perplejidad, pero Dano, el enviado francés, se mostró incrédulo ante esta decisión «inexplicable e inexplicada», «tan inoportuna como pueril», tal como dijo en su informe a París. Su reacción fue similar a la vergüenza que sintió el ministro de Asuntos Exteriores francés cuando John Bigelow, el representante de Estados Unidos en Francia, le pidió que interviniera en lo que equivalía a un caso de secuestro efectivo. Maximiliano —que, de algún modo, se las había ingeniado para que París y Washington hicieran causa común en favor de una madre que alegaba el secuestro de su hijo—, se negó a prestar oídos. Explicándose ante Napoleón III, escribió: «La madre del joven príncipe, una estadounidense medio loca, fue repentinamente llamada a México, que había abandonado muy contenta, y se ha incitado a los dos tíos [del joven], un par de borrachos, a acudir a París y Viena para causar problemas y poner en ridículo a mi Gobierno».[35]

No obstante, lo cierto es que muchos creían que Maximiliano no necesitaba ayuda para ridiculizar a su Gobierno. A finales de 1865, el emperador estaba sometido a tanta presión que tuvo que renunciar a su viaje a Yucatán; en su lugar, envió a Carlota. La emperatriz partió en noviembre de 1865 con un gran séquito, que incluía al ya muy viajado Ramírez, al todavía muy odiado Eloin, a multitud de damas de compañía y a un ejército de sirvientes, así como un auténtico ejército de soldados egipcios como escolta. Cuando llegó a Veracruz, el regimiento egipcio le tributó una salva de ciento un cañonazos; a su vez, los infantes de marina franceses y los fusileros austriacos formaban filas en la calle, todo ello mientras la emperatriz belga se dirigía a sus aposentos en el puerto. Este cosmopolita recibimiento no contribuyó a mejorar sus credenciales como monarca mexicana, por lo que Carlota se negó ostentosamente a viajar en la lujosa corbeta austriaca que se había alquilado para el viaje, ya que prefirió embarcar en un destartalado vapor mexicano. Este patriotismo impresionó a los lugareños, que la recibieron con más entusiasmo que dieciocho meses antes, cuando pisó suelo mexicano por primera vez.

Maximiliano se aferró a la positiva descripción de Carlota sobre su estancia en Veracruz y vio en ello una prueba de que la popularidad de su imperio iba en alza; no obstante, el emperador también ignoró el informe de Carlota sobre su entrada en la cercana ciudad de Orizaba. «Desde el punto de vista político», escribió, «las cosas no van bien por aquí». Había todo tipo de rumores de que la ciudad estaba a punto de caer en manos de los juaristas y de que Carlota había sido enviada por delante para preparar la abdicación de Maximiliano y su huida a Europa. Se quejó de que su recibimiento no se había preparado como era debido, pocos admiradores acudieron a recibirla y fue, en definitiva, una «desgracia». No solo eso, sino que los pocos vítores proclamaban «¡Viva la emperatriz de México!», y no como prefería Carlota: «¡Viva nuestra emperatriz!».[36]

Carlota olvidó pronto este contratiempo cuando llegó a Yucatán. La condujeron desde el puerto hasta Mérida, la capital del estado, en un carruaje tirado por cuatro caballos blancos, e hizo alto en un pequeño pueblo indígena donde las fiestas tradicionales cautivaron su imaginación. Al día siguiente, por una carretera recién reparada, cuidadosamente revestida con los arcos y las flores que tanto echó de menos en Orizaba, viajó triunfante hasta la catedral, en el centro de la urbe. Allí, una gran multitud había salido a verla, las campanas de la iglesia repicaban, los cañones tronaban y la gente la vitoreaba mientras sonaba el himno nacional.

Luciendo un sencillo vestido blanco con ribetes azules, bajo el sol tropical y el griterío, Carlota era la emperatriz popular que había soñado ser. Al llegar a la catedral, una fila de dignatarios locales formaba una guardia de honor. A las puertas, se arrodilló sobre un cojín de terciopelo y besó un crucifijo. Tras un sombrío tedeum, se dirigió a pie a la elegante mansión colonial española donde se alojaba, seguida por una multitud enloquecida. Pronto, a petición popular, apareció en un balcón. Cuando el ruido se calmó, Carlota se dirigió a la multitud. Se disculpó porque Maximiliano no podía acudir en persona, pero continuó: «Os aseguro de todo corazón que él lamenta profundamente no poder estar aquí conmigo para deciros cuán grande es su afecto hacia vosotros».[37] La multitud prorrumpió en vítores, que aquí fueron a la dinastía y no a la nación, lo que supuso una notable y crucial mejora con respecto a Orizaba.

El mensaje político del viaje reforzó a Maximiliano y Carlota como defensores de los pueblos indígenas de México. Yucatán era el hogar de los mayas y, salvo en las ciudades portuarias y las iglesias, tanto los gobiernos español como mexicano no dejaron huella en él. Carlota visitó ruinas mayas, hospitales, escuelas y granjas. Un párroco llegó a presentarla a sus feligreses como un ángel venido del otro lado del mar para traerles la dicha. Confundiendo una civilización mesoamericana con otra, sintió que allí, entre los mayas, le era posible imaginar que vivía en la época del emperador azteca Moctezuma. Según ella, los yucatecos eran monárquicos por naturaleza, respetaban la autoridad y la saludaban con efusividad allá donde iba.

Los miembros de la Legión Austriaca, que se habían cruzado con la emperatriz en su camino a Yucatán, contaban una historia diferente sobre la región, una de duros combates contra juaristas, incendios de aldeas y ejecuciones sumarias. No solo eso, sino que también habían perdido casi la mitad de su compañía por la fiebre amarilla. Por supuesto, Carlota ignoraba todas estas cuestiones, pero, por muy animada que estuviera a cuenta de su viaje, la realidad de sus dominios se le vino encima en el viaje de vuelta a Ciudad de México. El 15 de diciembre de 1865, Maximiliano le escribió instándola a evitar la ciudad de Jalapa. Había demasiados guerrilleros y pocos imperialistas para garantizar su seguridad. Además, le aconsejaba llegar a Orizaba por la noche a fin de eludir otra bienvenida embarazosamente glacial.

Igual que tantas veces cuando se ausentaba de su esposa, Maximiliano se había sumido en un estado depresivo. Cuando supo la noticia del regreso de Carlota, el 19 de diciembre, escribió: «Me sentí tan feliz que quise salir esa misma noche a tu encuentro en Veracruz», pero los franceses le advirtieron que era demasiado peligroso, «de modo que otra vez tengo que hacer un nuevo y duro sacrificio». Estaba exhausto. «Estoy ya muy cansado por los muchos fatigosos asuntos, y medio gastado; todos los días tengo que presidir conferencias. Entretanto, te añoro de todo corazón y con toda el alma, mi estrella, mi vida y mi ángel».[38]

Con el regreso de Carlota, su ánimo se enardeció. Ante las cada vez mayores críticas de París, Maximiliano escribió el 27 de diciembre una extensa misiva a Napoleón III en la que justificaba su Gobierno. Señalaba que, si su Tesoro estaba vacío era a consecuencia de haber asumido onerosas obligaciones financieras que favorecían a los franceses, porque «creía, con toda sencillez, que estaba haciendo un verdadero servicio a mi mejor amigo, el emperador Napoleón». Maximiliano pidió a su «mejor amigo» un servicio a cambio, es decir, que el Gobierno francés cubriera, durante unos meses, el dinero que México debía en virtud del Tratado de Miramar. Ante la creciente presión estadounidense, Napoleón III debía ahora decidir si renunciaba a los compromisos que Maximiliano había prometido satisfacer o abandonaba a su suerte al emperador de México.[39]

7

El asunto llega a su fin

«La libertad», había declarado Napoleón III tras proclamarse emperador de los franceses, «nunca ha contribuido a establecer una duradera edificación política: remata este edificio cuando el tiempo lo ha consolidado».[1] En 1860, sentía que los cimientos de su imperio eran lo bastante sólidos como para introducir reformas liberales. Levantándose de su asiento en una reunión de gabinete, en apariencia, rutinaria, se paseó por la sala mientras leía en voz alta sus propuestas. Algunos de sus ministros no tardaron en hacer lo mismo, asombrados al percatarse de que Napoleón III había concedido al Corps législatif —la asamblea nacional francesa— el derecho a debatir, criticar y votar el discurso anual del trono. Además, un decreto posterior obligaba a debatir, así como a votar cualquier gasto extraordinario que superase el presupuesto anual acordado. Y lo que era más importante, los periódicos también podían publicar estos procedimientos parlamentarios. En resumen, la política del Gobierno podía ser ahora objeto de ataque. En este sentido, la intervención mexicana —un proyecto personal de Napoleón III con un oneroso coste en tropas y dinero— fue un regalo para la oposición.

No es que hubiera mucha oposición, al menos al principio. Para ser diputado del Corps législatif, era necesario prestar juramento a la Constitución imperial, a lo que se negaban los republicanos. Sin embargo, a partir de 1857, cinco de ellos fueron elegidos y ocuparon sus escaños en la asamblea. El más célebre fue el abogado Jules Favre, quien se hizo famoso por defender a Orsini, el italiano que intentó asesinar a Napoleón III a la salida de la ópera en 1858. Con unos magistrales ademanes dramáticos, un cabello espeso y abundante, además de una barba que enmarcaba un rostro sombrío, Favre se especializó en señalar las hipocresías de la política gubernamental. Por ende, la intervención mexicana fue el caballo de batalla perfecto.

Ya en marzo de 1862, la estentórea voz de Favre enfrentaba los abucheos de la asamblea para argumentar que Francia no se proponía, tal como afirmaba el Gobierno, solo reparar los agravios cometidos contra sus súbditos y asegurarse de que México pagara su deuda externa. Más bien pretendía derrocar a Juárez, su presidente legítimo. Peor aún, Maximiliano, su sustituto, ajeno a las costumbres de México, sería un peón en una guerra civil que ni él ni Francia comprendían. «He ahí la mezcla de circunstancias por la que el Gobierno francés envía una expedición; he ahí el interés por el que se malgastarán el Tesoro y la sangre de Francia».[2]

En los tres años siguientes, el Gobierno mantuvo la línea oficial de que los mexicanos dieron la bienvenida al Ejército francés como libertador, de que la monarquía era la libre elección del pueblo mexicano, expresada a través del sufragio universal masculino, y de que la intervención terminaría pronto. ¿Por qué, entonces, se preguntaba Favre en enero de 1864, seguían siendo necesarias las operaciones militares? El abogado respondió a su propia pregunta: porque los franceses apoyaban al Partido Conservador, detestado por el pueblo mexicano. Con un enorme coste para el Tesoro francés, la intervención había elevado al rango de generales a asesinos derrotados, como Miramón y Márquez. «Nos equivocamos, ¡retirémonos! Nuestros valientes soldados, nuestros oficiales», insistió Favre, «no deben tener nada que ver con estos aventureros mancillados y sangrientos».[3]

Un año más tarde, en enero de 1865, Napoleón III declaraba confiado al Corps législatif: «En México, el nuevo trono está consolidado, el país está pacificado, se están desarrollando sus inmensos recursos: es el feliz resultado del valor de nuestros hombres, del buen sentido de la población mexicana y de la inteligencia y energía del soberano». Llegó a decir que la intervención estaba llegando a su fin. «Podremos poner con orgullo estas palabras en un nuevo arco de triunfo: "A la gloria de los ejércitos franceses, por las victorias obtenidas en Europa, Asia, África y América"».[4]

Por consiguiente, resultó un tanto embarazoso que solo unos meses más tarde Napoleón III se viera obligado a pedir otros 35 millones de francos al Corps législatif con la misión de apuntalar a Maximiliano en México. Tal como Favre dejó claro ante la asamblea, había un enorme abismo entre las palabras del Gobierno y la verdad. Favre tuvo noticia de la brutalidad del general Castagny en Sonora; así, los vítores resonaron en la asamblea cuando leyó la proclama del general: «¡Mexicanos! He venido en nombre del emperador Maximiliano para establecer la paz, proteger la propiedad y liberaros de los criminales que os oprimen en nombre de la libertad», pero pronto se apagaron cuando este preguntó cómo el hecho de incendiar un pueblo de cuatro mil habitantes podía proteger a los mexicanos. La realidad, señaló, era que el Ejército francés no iba a volver a casa; se necesitarían cuarenta mil soldados en México durante, al menos, diez años más y cientos de millones de francos más para mantenerlos allí. «Hemos emprendido el trabajo de Penélope, pero con una diferencia: a Penélope no la mató el sudario que tejía».[5] La política mexicana de Napoleón III —concluyó Favre, igual que había ya dicho en muchas ocasiones— era una locura.

Favre no predicaba en el desierto: en enero de 1866, se había agotado la poca simpatía que la opinión pública francesa e incluso los propios ministros de Napoleón III sentían por Maximiliano. Un editorial de la influyente *Revue des Deux Mondes* captó el estado de ánimo al preguntarse simplemente: «¿Durante cuántos años vamos a perseverar en este gigantesco e irreflexivo disparate, que ya dura demasiado?».[6]

Asimismo, Napoleón III debía tomar en consideración algo mucho más grave que las críticas internas. En Estados Unidos, Grant aumentó la presión sobre el presidente Johnson para que actuase, argumentando que permitir el Gobierno de Maximiliano en México «es permitir la instauración de un enemigo» y que «los estadounidenses, en lugar de ser el pueblo más favorecido del mundo a lo largo y ancho de este continente, sean objeto de burla y escarnio». Comunicó al presidente que no se podía dar la guerra civil estadounidense por terminada mientras los franceses permanecieran en México. Grant empezó a tomar cartas en el asunto y autorizó al general John McAllister Schofield, héroe de la Guerra Civil, a reclutar voluntarios estadounidenses y prepararlos para dirigirlos en la batalla contra el imperio de Maximiliano. Con el objetivo de evitar que los acontecimientos escaparan a su control, el 4 de diciembre de 1865, Johnson aprovechó su discurso anual ante el Congreso a fin de aplacar a los halcones como Grant y amenazar a Francia: «Consideraríamos una gran calamidad para nosotros mismos, para la causa del buen gobierno y para la paz del mundo que cualquier potencia europea desafiara al pueblo estadounidense».[7]

El 16 de diciembre de 1865, Seward dio instrucciones a Bigelow, representante de Estados Unidos en Francia, de comunicar dos cuestiones al Gobierno francés: primero, que Estados Unidos deseaba la amistad, y segundo, que esta era imposible a menos que Francia pusiera fin a la intervención armada en México. Consciente de lo belicoso que se había vuelto el sentimiento antifrancés en Washington, el enviado francés en Estados Unidos encargó al conde René de Faverney, un diplomático, que le transmitiera en persona a Napoleón III que ahora se debía elegir entre apoyar a Maximiliano o ir a la guerra contra Estados Unidos.

Para reforzar aún más la posición estadounidense, Seward convocó a Schofield. El antiguo comandante del Ejército de Ohio no iba a organizar el ejército que Grant había previsto. En su lugar, Seward lo envió a París. «Quiero que te presentes en el despacho de Napoleón y le dejes muy claro que debe salir de México», le dijo Seward a Schofield. La opinión de Schofield era que «una guerra larga y sangrienta, que resultaría, sin duda, en una victoria final estadounidense y probablemente en una revolución en Francia» suponía el castigo que Napoleón III se merecía, pero, primero, debía recurrirse a la diplomacia.

En el momento en el que Schofield llegó a París en diciembre de 1865, corrió el rumor de que este famoso comandante de la guerra civil había llegado a Francia con un ultimátum: abandonar México o enfrentarse a Estados Unidos. Alojado en el Grand

Hotel, Schofield hizo un brindis en un banquete para ciudadanos estadounidenses. A lo largo de seis mesas, se dispusieron unas doscientas cincuenta personas —periodistas incluidos— quienes, tras los compases de *Yankee doodle,* interrumpieron su discurso con vítores y aplausos. El general remarcó que el Gobierno de Estados Unidos era ahora «uno de los más fuertes del planeta, y recluta y mantiene ejércitos y armadas más grandes que las que nunca se hayan conocido».[8] El mensaje no pasó desapercibido.

Sin embargo, Napoleón III se negó a conceder una audiencia al general. En su lugar, Schofield se reunió con el primo de Napoleón III, una personalidad con influencia política, y subrayó que el Gobierno estadounidense estaba dispuesto a defender la doctrina Monroe costara lo que costase: la opinión pública estadounidense exigía una política más agresiva, y el Gobierno debía escuchar sus deseos. Un Napoleón III cada vez más inquieto tuvo noticia de estas conversaciones. El 2 de enero de 1866, recibió al diplomático francés llegado de Washington. Faverney le explicó que Francia debía abandonar México o entrar en guerra con Estados Unidos.

El 15 de enero de 1866, ante la catástrofe o la humillación, Napoleón III escribió a Maximiliano. «No sin dolorosa emoción», comenzaba la carta, «me dirijo a vuestra majestad». Sin andarse con rodeos, el emperador francés le comunicó su decisión. La imposibilidad de pedir más dinero al Corps législatif y la propia incapacidad de Maximiliano para proporcionar los fondos necesarios, apuntaba Napoleón III, «me obligan a fijar un límite definitivo a la ocupación francesa». Napoleón III intentó disfrazar esto como una bendición: «La salida de nuestras tropas puede ser una debilidad temporal, pero tendrá la ventaja de eliminar todo pretexto para una intervención por parte de Estados Unidos».[9] Después de pasar cuatro años luchando para crear su reino, y casi otros tantos persuadiéndolo a fin de que ascendiera al trono, Napoleón III pretendía hacer un favor a su amigo al abandonarlo.

Esta misiva tardaría semanas en cruzar el Atlántico y llegar a manos de Maximiliano, pero Napoleón III no se molestó en esperar. El 22 de enero de 1866, el emperador tenía que inaugurar la sesión anual del Corps législatif con un discurso. En una tarde de enero agradable y templada, el emperador, en compañía de su joven hijo —el príncipe imperial—, recorrió el corto trayecto que separaba las Tullerías del Louvre en carruaje oficial. Lo observaban senadores, diputados, mariscales, almirantes, miembros de la Gran Cruz de la Legión de Honor y embajadores extranjeros, todos con sus elaborados uniformes repletos de medallas enjoyadas, y se escucharon gritos de «¡Vive l'empereur!» cuando tomó asiento en el trono. Una vez restablecido el silencio, Napoleón III, acostumbrado ya a hablar en público, comenzó, con voz clara y segura, por hacer algunas observaciones banales sobre política exterior. No obstante, las palabras que siguieron causaron una gran impresión al auditorio: «En México, el gobierno fundado en la voluntad del pueblo se ha consolidado; los disidentes, vencidos y dispersos, ya no disponen de un líder; las tropas [francesas] han demostrado su valor y el país ha encontrado garantías de orden y seguridad [...]; nuestra expedición está tocando a su fin. Llegaré a un acuerdo con el emperador Maximiliano para fijar el momento de la retirada de nuestras tropas».[10]

Un Schofield encantado escuchó personalmente el discurso y, en una cena celebrada esa misma noche, el primo de Napoleón III le preguntó si la declaración resultaría satisfactoria para Estados Unidos. El general respondió sin reservas que así sería.

Como las noticias aún no habían llegado a México, Maximiliano aún ignoraría un tiempo que el hombre al que consideraba su mejor amigo lo había abandonado. Confiado en que la carta que había enviado el 27 de diciembre de 1865 le haría ganar tiempo, Maximiliano se centró ahora en el interiorismo y la jardinería. Estaba supervisando los últimos retoques de unas lujosas residencias de retiro para Carlota y él fuera de la capital.

El emperador, amante de los climas cálidos, encontraba demasiado fríos hasta los suaves inviernos de Ciudad de México. En esos meses, tanto en Chapultepec como en el Palacio Nacional, mantenía las estufas encendidas todo el día, lo que hacía que las habitaciones estuvieran tan calientes como una *banya* rusa, según comentó Blasio, secretario particular de Maximiliano, quien añadió que sus empleados mexicanos no soportaban el calor. En cuanto Maximiliano salía del aposento, Blasio abría la ventana más cercana y, después, la cerraba apresuradamente cuando oía que el emperador volvía sobre sus pasos. Cuando Maximiliano lo pilló in fraganti, reprendió a su secretario: «¿No ves que nos estamos helando?». El emperador continuó: «Estos críos, que tienen la sangre de fuego, no ven que los viejos como yo, de treinta y dos años, la tenemos fría como la nieve. Cierre usted esa ventana y, si vuelve a abrirla, mandaré llamar a un carpintero para que la clave».[11]

En uno de los muchos sábados en los que el emperador disfrutaba de un pícnic, se presentó una solución a largo plazo para este monarca tan sensible a la temperatura. En estas ocasiones —con una caravana de mulas que transportaba comida, vino, mesas y sillas, así como una tropa de sirvientes dedicados a poner estos pertrechos en su lugar—, Maximiliano olvidaba sus obligaciones gubernamentales. La buena comida se regaba con un vino de igual calidad. Durante uno de estos almuerzos en los que no faltaba de nada, un miembro del séquito de Maximiliano habló de la belleza y, sobre todo, del clima de la cercana ciudad de Cuernavaca. Maximiliano quedó tan encantado por la descripción que decidió visitarla.

«Imagínate», escribió después a un amigo, «un valle amplio y llano, bendecido por el cielo, que se extiende ante ti como un cuenco dorado, rodeado de varias cordilleras que se elevan unas sobre otras en los contornos más audaces y bañadas en las tonalidades más magníficas, que van del más puro amaranto, púrpura y violeta al azul más profundo». Y lo que es más importante: «Imagínate este cuenco dorado lleno en todas las estaciones —o mejor dicho, durante todo el año, porque aquí no hay estaciones— de una abundante vegetación tropical [...], un clima tan encantador como el de mayo en Italia, y unos nativos hermosos, amables y leales».[12]

Maximiliano quedó tan embelesado con Cuernavaca que restauró allí una mansión y construyó cerca otra casa, El Olindo. La primera, El Jardín Borda, se erigió en el siglo XVIII para un rico magnate minero. Este palacio y sus jardines, antaño magníficos, habían caído en el abandono, pero Maximiliano, a costa de un gran desembolso, les devolvió su grandeza imperial. Los senderos rebosaban de plantas tropicales, las paredes estaban cubiertas de enredaderas y orquídeas, los peces nadaban en transparentes peceras globulares y, del techo, colgaban aves exóticas en pajareras.

En Cuernavaca, Maximiliano y Carlota pudieron relajarse en un ambiente más informal, con su corte reducida a unas pocas personas de confianza, entre ellas, Blasio, las damas de compañía favoritas de Carlota, así como algunos oficiales de la Legión Austriaca. Aquí, Maximiliano podía satisfacer su gusto por la gastronomía austriaca —no podían faltar ni el *schnitzel* ni el *goulash*, incluso en el desayuno—, aunque los invitados se quejaban de que la cocina era insípida, y el vino húngaro, terrible. Maximiliano prefería el champán y el madeira, pero las bodegas imperiales se habían quedado sin este último. Durante una comida, desesperado por una copa de oporto, el emperador se lamentó de que no hubiera en México. En ese momento, un oficial austriaco admitió a regañadientes que tenía una caja.

«Debes poseer la gracia de Baco», replicó el emperador, «o estar en tratos secretos con Mefistófeles». Después de que se trajera la caja, Maximiliano afirmó que el vino era excelente y presionó al oficial para que explicara cómo lo había conseguido. Cuando el austriaco se negó, Maximiliano se rio: «Veo que has estado contrabandeando como los franceses; pero aguarda a que termine la cena y te llevaré al confesionario». Fiel a su palabra, esa misma noche, le cogió del brazo y paseó con él por los jardines. «Ahora, confiesa; ¿de dónde lo has sacado? Prometo no delatar a tus cómplices». Al final, el oficial admitió que había comprado una caja en una tienda cercana a Chapultepec. «Eso sí que es difícil», dijo Maximiliano. «Sé, por supuesto, que me roban constantemente, y no me importa, mientras tenga todo lo que necesitamos y solo se lleven los *beaux restes;* pero no dejarme ni una sola botella de mi vino favorito y venderla delante de mis propias narices, por así decirlo, es, sin duda, más de lo que puedo soportar. No obstante, tienes mi palabra, y no los castigaré».

Regresando de buen humor a la cena, Maximiliano dijo a Carlota: «He confesado al culpable y le he dado la absolución, lo menos que podía hacer después de que me comprase con madeira». Añadió que deberían poner un centinela en la puerta de la bodega o no beberían más que pulque para enseguida decir: «Me pregunto cuánto me cobrarían por lo mío». Carlota contestó: «¡Los ladrones!», antes de reprender a Maximiliano por ser demasiado indulgente. Después de la cena, el humo de los cigarrillos y puros aromatizaba la galería mientras Carlota era el centro de la animada conversación, y Maximiliano se paseaba de arriba abajo, charlando entusiasta con los invitados.[13]

En Cuernavaca, la pareja imperial a menudo se reunía con Dominik Bilimek, un excéntrico botánico austriaco, muy alto y gordo, con pelo y barba grises, y gafas gruesas y pesadas. Rara vez participaba en la conversación a menos que tuviera que ver con la historia natural, los insectos o los reptiles, los «bichitos del buen Dios», tal como él los llamaba. Pasaba el tiempo cazando especímenes, armado con un enorme paraguas amarillo, un casco de corcho y un guardapolvo de lino con amplios bolsillos. Se le podía ver a lo lejos, «semejante a un hongo gigantesco» bajo su paraguas y su casco.[14] Al volver por la noche, colocaba las serpientes que atrapaba en frascos llenos de alcohol y quitaba los ciempiés, escorpiones y las moscas que se quedaban pegados al forro de su sombrero. A Maximiliano le encantaba pasar tiempo con Bilimek, pero Blasio, cuyo dormitorio estaba junto al del naturalista, se desvelaba por las noches, temiendo que las criaturas venenosas de al lado escaparan de sus jaulas e invadieran sus aposentos.

Carlota encontró Cuernavaca tan idílica como Maximiliano. Aficionada a la equitación, a menudo hacía el trayecto de ochenta kilómetros desde Ciudad de México a caballo en lugar de en carruaje. Durante el camino, se montaban tiendas de campaña para almorzar, evitar el calor del mediodía y admirar el pintoresco paisaje. En El Jardín Borda, podía relajarse, disfrutar de días tranquilos e indolentes, visitar hermosos parajes, hacer pícnics y visitar a las autoridades de la zona. Después de una visita, su séquito estaba de buen humor, escribió a Maximiliano, habían dormido en hamacas, comido con gran apetito e ido, de vez en cuando, al teatro de la ciudad. Reavivó su interés juvenil por las mariposas, al menos por cazarlas, y envió numerosos ejemplares a Ciudad de

México y disfrutó de los elogios que le prodigaba Bilimek por sus descubrimientos.

Sin embargo, las habladurías en torno El Olindo —la segunda residencia de Maximiliano en Cuernavaca— hirieron profundamente a Carlota. En efecto, corría el rumor de que, más que por el clima, su afición por Cuernavaca se debía a que una «nativa» especialmente guapa y leal, la hija de diecisiete años de su jardinero, se instalaba allí. En la zona, El Olindo pasó a ser conocida como La Casa de la India Bonita. Las malas lenguas decían que, cuando su amante se quedó embarazada, Maximiliano se apresuró a encontrarle un esposo para evitar el escándalo.

Blasio, curioso por tales rumores, interrogó al ayuda de cámara de Maximiliano, quien dijo que la pareja imperial se había distanciado tras el regreso de Maximiliano de un viaje a Viena. Esto explicaba la razón de que durmiesen en camas separadas, pero Carlota quería evitar el escándalo público, de ahí que aparecieran juntos en público. En respuesta a la afirmación de Blasio de que nunca había visto nada sospechoso, el ayuda de cámara respondió: «Puede que usted no haya visto nada, pero yo sí he visto mucho. Las damas de la corte visitaron con frecuencia el dormitorio del emperador: estas mujeres entraban y salían con tanto misterio que solo yo las veía, y, a menudo, sin saber quiénes eran. Cuántas de ellas, a las que nadie creería capaces de ello, cedían a los deseos [de Maximiliano]!».

Un escéptico Blasio admitió que, en el Palacio Nacional de Ciudad de México, esto podría haber sido posible, ya que había muchas puertas secretas en aquel laberinto de habitaciones, pero no en Chapultepec ni en Cuernavaca. Tal vez no en Chapultepec, concedió el ayuda de cámara, pero «en Cuernavaca, si bien el cuerpo de guardias se encontraba en el primer patio, y no hubiera dejado de observarse la entrada o salida de una mujer, ¿no vio usted nunca en el muro del jardín una puertecita muy estrecha por la que apenas cabía una persona? [...] Esa puertecita podría hacer a usted muchas y muy curiosas revelaciones respecto a las personas que por ella pasaban».[15] Es probable que hubiese poco de cierto en estas acusaciones, pero, en cualquier caso, Maximiliano y Carlota pasaban cada vez más semanas separados. Y el tiempo fuera de la capital concitó más habladurías. Por ejemplo, se acusó a Carlota de ir a Cuernavaca en lugar de a Ciudad de México después de su viaje a Yucatán porque su regreso habría coincidido con una entusiasta recepción preparada para una famosa soprano mexicana. Según esto, Carlota, celosa de que otra mujer recibiera más atención que ella, prefirió esconderse fuera de la ciudad. Más grave aún, las estancias de Maximiliano en Cuernavaca confirmaban a los franceses sus prejuicios, a saber, que prefería el lujo al gobierno. Para disipar estas sospechas, Maximiliano y Carlota decidieron, en la medida de lo posible, que uno de ellos permaneciera en Ciudad de México mientras el otro disfrutaba de un tiempo en Cuernavaca. Esto, por supuesto, no hizo sino alimentar más si cabe las especulaciones sobre sus vidas privadas.

La tensión empezaba a notarse en la emperatriz. A menudo estaba sola e, incluso cuando vivía en la misma residencia, la rutina de Maximiliano implicaba que solo veía a Carlota dos veces al día en las comidas. Sus preocupaciones por su precaria posición en México se multiplicaban y la enormidad de su papel en el imperio era una pesada carga. Sus cenas, a las que Maximiliano asistía cada vez menos, habían perdido brillo. Uno de los asistentes relató cómo Carlota saludaba a los invitados con displicencia y les hacía preguntas banales. Aunque la cubertería de plata de Christofle era impresionante, los recortes presupuestarios hacían que la comida estuviera mal cocinada y los vinos fueran mediocres. El silencio reinaba durante toda la velada, la emperatriz mostraba una actitud solemne y solo de vez en cuando intercambiaba algunas palabras con sus vecinos inmediatos. Aunque se mostraba regia en los actos públicos, procuraba que su rostro no delatara sus ansiedades más íntimas.

Ahora bien, cuando, en enero de 1866, se enteró de que su amado padre había fallecido, no pudo hacer nada para ocultar sus emociones. Carlota sabía que Leopoldo había estado enfermo, y, en el momento en el que oyó sollozar a Maximiliano tras recibir el correo, adivinó lo que había ocurrido. Entonces, lloraron juntos, pues ambos estaban muy unidos al rey belga, inquebrantable defensor de su causa. Carlota se recluyó en sus aposentos durante cuatro días. Al leer en los periódicos la noticia de la defunción de su padre, lloró desconsolada. Una vez finalizado el luto oficial, Carlota siguió vistiendo de negro, salvo en días excepcionalmente calurosos, en los que vestía de blanco con cintas negras y una pulsera con una cruz negra que Sofía, su suegra, le envió desde Europa.

Maximiliano organizó un funeral oficial para su suegro el 15 de enero, el mismo día en el que Napoleón III se sentó a escribir su carta anunciando la evacuación de las tropas francesas. Comparándose con Leopoldo I, cuyo reino belga se había fundado con apoyo francés y se gobernaba como una monarquía constitucional liberal, Maximiliano aprovechó la ocasión para pronunciar un discurso entusiasta: «Confiado en mi fe, avanzo hacia mi meta con infatigable perseverancia; mis fuerzas quizá me fallen, mi alma, nunca».[16]

No obstante, el efecto de su discurso se vio socavado en cierta medida, porque aprovechó la ocasión para humillar en público a Bazaine, lo que confirmaba a la vista de todos las fracturas de la alianza con los franceses. Maximiliano hizo patente su desprecio por el mariscal al degradar su orden de precedencia en la ceremonia, situándolo por detrás de sus propios ministros. Dada su conocida obsesión por el protocolo, esto era casi tan malo como insultar a Bazaine en su cara, cosa que hizo a continuación. Du Pin, el infame líder de las contraguerrillas, a quien Maximiliano había pedido en persona que volviera a Francia por sus numerosas atrocidades, acababa de regresar a México. Tras la ceremonia, Maximiliano saludó a los miembros del cuerpo diplomático. Cuando llegó al diplomático francés Dano, este levantó la voz: «¿Por qué está aquí Du Pin? Le escribí que no viniera. Sepa, señor, que es la primera vez desde que soy emperador que alguien me desobedece. Estoy muy disgustado. Dígaselo en mi nombre al mariscal Bazaine».[17]

Dano suavizó las cosas y explicó que la presencia de Du Pin no tenía nada que ver con Bazaine, y era verdad. Tras leer las acusaciones de lo que hoy serían crímenes de guerra, el ministro de la Guerra francés había pensado que un hombre como Du Pin sería útil en México y lo reasignó al servicio activo. Dano organizó una cena privada en la que Maximiliano se disculpó en persona;

Matrimonio de Maximiliano y Carlota, 1857, por Cesare Dell'Acqua.

*Retrato de la archiduquesa
Carlota con vestido de Brianza*,
1857, por Jean François Portaels.

Maximiliano (el segundo por la derecha, con la mano en la cadera) junto a sus tres hermanos, Carlos Luis (de pie a la izquierda de la imagen), Francisco José (sentado) y Luis Víctor (de pie, a la derecha).

Isabel de Austria llega a Miramar, 1865, por Cesare Dell'Acqua. Maximiliano y Francisco José están a punto de desembarcar, mientras que Carlota saluda a la esposa de Francisco José. Al fondo puede verse Miramar. Esta visita se produjo en 1861.

Ofrecimiento a Maximiliano de Habsburgo de la Corona mexicana,
1867, por Cesare Dell'Acqua.

*Retrato de
Maximiliano,
emperador de México,*
por Santiago Rebull.

Benito Juárez,
presidente de México.

Miguel Miramón, líder del Partido Conservador durante la guerra de Reforma contra Juárez; después luchó en el bando de Maximiliano.

Tomás Mejía, uno de los mejores generales de Maximiliano y de sus partidarios más leales.

El infame Leonardo Márquez, otro de los generales de Maximiliano.

Pelotón de fusilamiento de Maximiliano.

Cadáver embalsamado de Maximiliano.
El cuerpo permaneció varios meses en Ciudad de
México antes de ser transportado a su Austria natal.

La ejecución del emperador Maximiliano, por Édouard Manet.

no obstante, los rumores en los círculos políticos hablaban de una ruptura abierta con el Ejército francés. Peor aún, el incidente confirmó a Dano lo que ya pensaba desde hacía tiempo: que Maximiliano no mostraba respeto alguno hacia sus aliados franceses. Además, creía que Maximiliano se rodeaba de oficiales austriacos y descuidaba el gobierno de su imperio en medio del lujo de Cuernavaca. El emperador estaba allí cuando el 14 de febrero supo que un enviado francés había llegado a Ciudad de México con una carta urgente de Napoleón III.

Como se temía lo peor, Maximiliano alegó estar enfermo para retrasar la reunión. Sin embargo, el francés se dirigió a Cuernavaca y le entregó personalmente la misiva que anunciaba el fin de la intervención francesa. Tras leerla, Maximiliano montó en cólera. Primero, amenazó con abdicar de inmediato. Después decidió que, tras la retirada de los franceses, preferiría morir luchando como guerrillero contra Juárez antes que regresar a Europa.

Cuando se encontró algo más sereno, escribió una breve e irritada respuesta a Napoleón III: «Su majestad cree que una repentina presión hace imposible que cumpláis los solemnes tratados que firmasteis conmigo hace menos de dos años y me informa de ello con una franqueza que no puede sino honraros». En un arrebato de resentimiento, Maximiliano ofreció entonces su propio ultimátum: «Soy demasiado amigo vuestro como para querer ser causa de peligro para su majestad o su dinastía, ya sea directa o indirectamente. Le propongo, pues, con una cordialidad igual a la suya, que retire de inmediato sus tropas del continente americano». Ocurriera lo que ocurriese, el emperador de México resolvió comportarse «como un digno Habsburgo» y «poner mi vida y mi alma al servicio de la independencia de mi nuevo país».[18] A pesar de su enfado, Maximiliano seguía negándose a creer que su amigo Napoleón III lo hubiera abandonado y envió instrucciones a Eloin, que ya se encontraba en Europa en misión diplomática, de suplicar al emperador francés.

Una semana más tarde, Maximiliano recibió otro golpe en el paraíso de Cuernavaca cuando murió Langlais, el virtuoso francés de las finanzas, tras sufrir un infarto el 23 de febrero. Maximiliano había depositado grandes esperanzas en él y esperaba que resolviera los considerables problemas financieros del imperio. Antes de fallecer, en un intento de equilibrar el presupuesto, Langlais había propuesto por fin la reorganización que necesitaba el Tesoro mexicano: recortes en los gastos del Gobierno —y, lo que no era menos importante, en el derroche del propio Maximiliano— y nuevos impuestos para aumentar los ingresos. Sin embargo, el financiero no había tenido tiempo de aplicar estas reformas. De hecho, los franceses más ocurrentes decían que a Langlais lo había matado la tarea de reorganizar la tesorería de México, una labor digna de Sísifo. En cualquier caso, su importancia iba más allá de esto: de igual modo, estaba dispuesto a dejar patente al Gobierno francés que los problemas financieros de Maximiliano no se debían enteramente a él, sino también a los acuerdos unilaterales que había firmado a favor de los franceses.

A pesar de perder a un importante aliado, Maximiliano no asistió al funeral. El 27 de febrero de 1866, una pequeña multitud se congregó en la plaza mayor de Ciudad de México mientras se sacaba el cuerpo de Langlais de la catedral y subía a un armón que lo transportaría a Veracruz. Veinte soldados mexicanos escoltaron el coche fúnebre hasta las ventanas exteriores del Palacio Nacional, donde se detuvo a la espera de que se unieran más tropas. Los soldados, aburridos, arrojaron despreocupados sus zurrones al armón junto al cadáver, y, luego, comieron tortillas de maíz y tamales. El hijo de Langlais y algunos de sus compañeros franceses observaron horrorizados esta falta de respeto que, en su opinión, personificaba la actitud de Maximiliano hacia los franceses. Se envió un informe a Napoleón III en el que se detallaban los descuidados preparativos del sepelio, lo que perjudicó más si cabe la causa de Maximiliano.

Algunas semanas después, las malas noticias continuaron llegando. Leopoldo II, ahora rey de los belgas, había enviado una delegación a Ciudad de México para anunciar formalmente su ascenso al trono. Una vez cumplida su misión, los diplomáticos celebraron una fiesta la noche anterior a su partida. Con corbata blanca, uniformes militares o elegantes trajes de baile, la flor y nata de Ciudad de México bebió champán helado y bailó un vals al inevitable ritmo de Strauss. El centro de atención fue el barón d'Huart, aristócrata belga, amigo íntimo del hermano menor de Carlota y el hombre con el que todas las mujeres querían bailar.

A las cinco de la mañana del 4 de marzo, el pequeño grupo de belgas abandonó Ciudad de México de camino a Europa. A solo sesenta y cinco kilómetros de la capital, donde la carretera atravesaba empinados puertos de montaña densamente arbolados, su carruaje sufrió una emboscada. D'Huart echó mano de su pistola, pero, antes de que pudiera empuñarla, sonó una andanada de disparos: su cuerpo fue acribillado a balazos, uno de los cuales se estrelló contra su frente. Los demás pasajeros, muchos de ellos heridos, consiguieron disparar, salieron corriendo y abrieron fuego para defenderse antes de cargar contra los atacantes con sus espadas. Por fortuna, no andaba muy lejos un segundo transporte y los asaltantes huyeron al ver que se acercaba.

Al saber del ataque, Maximiliano corrió al lugar y ofreció a su médico personal a fin de ayudar a los heridos. En una capilla cercana, iluminada con velas, vio el cuerpo tendido de D'Huart. Tras contemplar desolado el cadáver, el emperador interrogó a los soldados presentes acerca de lo sucedido mientras se tomaba una taza de café. Carlota se quedó en Ciudad de México, donde esa noche celebraba una cena. Aún sin noticias, estaba a punto de saludar a sus invitados cuando un miembro de la Legión Austriaca le informó del fallecimiento de D'Huart. Una lágrima solitaria brotó de sus ojos, se armó de valor y entró en el comedor sin mostrar emoción alguna. Sin embargo, al día siguiente, Carlota lloró desconsoladamente en el funeral.

La investigación de Maximiliano sobre el incidente sugirió que no se trataba de un robo, sino de un ataque destinado a desacreditar al imperio en el extranjero. Y lo consiguió. Maximiliano acudió al lugar de los hechos con solo un par de oficiales para demostrar que no temía a los asesinos. Sin embargo, en Europa, la pequeña guardia del emperador no era, obviamente, el centro del interés. Tal como informó un periódico belga con no poco comedimiento, «las noticias de México no son del todo satisfactorias». El ataque a la misión belga, añadía el artículo, tan cerca de la capital, no «inspiraba gran confianza en el actual estado de cosas».[19]

Se trataba de un revés importante porque, al depender del crédito y los voluntarios europeos, Maximiliano había hecho todo lo posible por influir de manera favorable en la opinión que se tenía de su imperio al otro lado del Atlántico. Sobre todo, se debía conquistar el *Times,* «cueste lo que cueste», había escrito a su representante en Gran Bretaña, «pues, aunque parezca casi absurdo decirlo, es, sin embargo, un hecho político que quien puede contar con este periódico puede contar también con la opinión pública de Inglaterra. Todo buen hijo de John Bull* lee el *Times* cada mañana en el desayuno, adopta los puntos de vista de este periódico y, con eso, pasa el resto del día creyéndose un gran estadista».[20] No obstante, ese mes de abril, todo buen hijo de John Bull se enteró del ataque a los diplomáticos belgas.

Ni siquiera sus más fervientes partidarios podían seguir creyendo que el reino de Maximiliano fuera seguro. Hidalgo —el hombre que había presentado por primera vez la idea de una monarquía mexicana a Napoleón III y ahora ejercía como representante de Maximiliano ante el Gobierno francés— había sido cesado de su cargo en París. Reacio a abandonar su lujoso, bien pagado y, sobre todo, seguro puesto entre la alta sociedad parisina, el monárquico mexicano hizo todo lo posible por no regresar. Cuando Maximiliano insistió en ello, Hidalgo pidió una fuerte escolta militar desde Veracruz hasta la capital porque, al ser uno de los principales arquitectos del nuevo régimen, había recibido amenazas de muerte. Cuando por fin llegó a Ciudad de México, Hidalgo, habitualmente desenvuelto, se mostró siempre intranquilo en la monarquía que tanto había contribuido a crear. Al aceptar la invitación de Maximiliano para dar un paseo por la ciudad, Hidalgo llegó armado hasta los dientes. El emperador se rio de ello. Más grave fue el hecho de que Hidalgo no advirtiera a su soberano de la actitud del Gobierno francés. Maximiliano, pues, destituyó a Hidalgo, pero, para suavizar el golpe, lo nombró consejero de Estado. Tan aterrorizado estaba de permanecer en México que huyó de la noche a la mañana de la capital a Vera-

---

* «John Bull» es la personificación nacional del Reino Unido. *(N. del T.)*

cruz. Sin siquiera informar al emperador y con un nombre falso, consiguió un pasaje para Europa.

Maximiliano aún mantenía una regular —y extensa— correspondencia con Gutiérrez de Estrada, otro arquitecto de su imperio. Este había permanecido en Europa, reprendiendo a Maximiliano sin cesar por abandonar el Partido Conservador y la Iglesia católica. Gutiérrez de Estrada recomendó al emperador que diera marcha atrás en sus reformas liberales. En respuesta, Maximiliano defendió su conducta, culpó de los problemas del imperio a los franceses e invitó a Gutiérrez de Estrada a México con el objetivo de discutir en persona sus preocupaciones. Estrada declinó y optó por permanecer en las monarquías del Viejo Mundo en vez de acudir a la que había ayudado a crear en el Nuevo.

Cuando se calmó su furia por la decisión de Napoleón III, Maximiliano se lanzó a una febril actividad destinada a salvar su imperio. El emperador francés envió mensajes contradictorios: por un lado, había anunciado la retirada de sus tropas; por otro, tal como escribió a Maximiliano en abril, «es mi más ferviente deseo, además de ser de mi interés, que el Imperio mexicano perviva. Por lo tanto, haré todo lo que esté en mi mano para ayudar a su majestad». De manera crucial, Napoleón III prometió que la Legión Extranjera francesa permanecería en México a expensas suyas y que renunciaría a todo, excepto a los intereses de 25 millones de francos que se debían con carácter inmediato a Francia.[21]

Si el imperio de Maximiliano quería sobrevivir, tendría que depender de sus propios recursos. Por ello, era urgente sanear sus finanzas y crear un ejército independiente. Tomar conciencia de ello lo impulsó a actuar. Se pasó días estudiando las reformas militares. Gracias a la combinación de voluntarios austriacos y belgas con imperialistas mexicanos y la Legión Extranjera francesa, disponía de una fuerza formidable, estimada en veintiocho mil hombres. Tras una conferencia con sus generales, el emperador, animado, escribió a Carlota: «Tendremos un magnífico ejército».[22] Tan orgulloso estaba de las propuestas resultantes que envió una copia a su hermano mayor. Francisco José había aconsejado a su hermano que no se involucrara en asuntos militares porque no tenía ningún interés en ellos, y mucho menos, experiencia. Sin embargo, en su nota al emperador de Austria, Maximiliano comentaba ampulosamente que las potencias europeas podrían quizá aprender de su ejemplo mexicano.

A pesar de sus diferencias personales con Maximiliano, Bazaine también creía que el imperio podía sobrevivir. Contaba con un poderoso incentivo para asegurarse de que así fuera: la fortuna de su esposa y la suya propia —como regalo de bodas, Maximiliano le había hecho entrega de un palacio en Ciudad de México por valor de 100 000 dólares— estaban ligados al destino del régimen. Para dotar al imperio de las mejores posibilidades de éxito, planeó prolongar la evacuación del Ejército francés el mayor tiempo posible. El último contingente no se marcharía hasta finales de 1867. Así, Maximiliano dispondría de dieciocho meses de apoyo militar francés. Con los galos todavía defendiendo los lugares de mayor relevancia del imperio, el recién organizado Ejército mexicano de Maximiliano tendría las manos libres a fin de encargarse de la ofensiva contra Juárez.

Volviendo a los asuntos exteriores, Maximiliano puso entonces su nueva energía en la redacción de un tratado con Francia que reemplazase al de Miramar. Alentado por la carta de abril de Napoleón III, aún no podía creer que el emperador francés hubiera abandonado su sueño de establecer una monarquía en el Nuevo Mundo. «Me parece imposible», escribió, «que el monarca más sabio del siglo y la nación más poderosa del mundo cedan ante los yanquis de esta forma tan poco digna».[23] Al dirigirse a Napoleón III, Maximiliano atribuyó los malentendidos a la distancia entre Francia y México. Sugirió que una nueva *entente cordiale* entre los dos emperadores consolidaría el Imperio mexicano.

Sin embargo, la *entente cordiale* de Maximiliano iba mucho más allá de la buena voluntad oficiosa. En su lugar, preveía que las tropas francesas permanecieran en México hasta que el país estuviera pacificado, cuando así sucediese, aunque permitiendo una reducción gradual de sus contingentes. Maximiliano también exigió que Bazaine fuera destituido y sustituido por un general que obedeciera las órdenes del emperador mexicano. Para vender este plan en París, Maximiliano recurrió a Almonte, que tanto había seducido a Napoleón III con la visión de un reino mexicano en tiempos anteriores. Almonte había quedado relegado desde mayo de 1864 con un cargo ceremonial en la corte de Maximiliano, pero, como confidente íntimo de Napoleón III, Maximiliano estaba seguro de que era el hombre adecuado para negociar la *entente cordiale.*

Una vez quedó satisfecho con la resolución de los asuntos diplomáticos y militares, Maximiliano pasó a ocuparse de las finanzas. En abril de 1866, anunció, con gran orgullo, la aplicación de las reformas de Langlais. No obstante, sus propios ministros se dieron cuenta de que la diferencia entre el papel y la realidad era astronómica. Las tropas imperiales seguían sin cobrar y sin provisiones. A los voluntarios austriacos y belgas se les debían 1,5 millones de dólares en salarios que no habían cobrado. Los sueldos de los funcionarios llevaban meses atrasados. En una reunión de emergencia del gabinete para discutir este desastre financiero, con Dano y Bazaine presentes, Maximiliano interrumpió a sus ministros y exclamó que «prescindiendo de todo detalle, la cuestión puede resumirse en muy pocas palabras: o la bancarrota del imperio, o la esperanza de salvarlo». Lo primero, imploró, era, sin duda, contrario a los deseos de Napoleón III.[24] Bazaine adelantó las sumas necesarias del Tesoro del Ejército francés.

Sin embargo, la indignada carta que Maximiliano había enviado en respuesta a la noticia de que los franceses abandonaban México no había hecho nada para cambiar los deseos de Napoleón III. Tras leerla, el emperador francés convocó a Eloin. Visiblemente agitado, Napoleón III dijo que era obvio que «Maximiliano está enfadado. No me ofende. Comprendo la impresión que le habrá causado la lectura de mi carta. Pero ¿qué se puede hacer?». Luego le criticó: «Todos los informes que recibimos coinciden en la opinión de que al emperador Maximiliano le falta energía; se limita a redactar y promulgar decretos, sin darse cuenta de que, a menudo, no pueden llevarse a efecto. Se afirma que, urgido por su afán de conseguir algo, se pierde en planes utópicos».[25]

No obstante, Maximiliano había depositado sus mayores esperanzas de persuadir a Napoleón III y lograr que cambiara de rumbo en la misión de Almonte en París. El 20 de mayo, Almonte se presentó formalmente como representante de Maximiliano ante el Gobierno francés e hizo entrega del tratado para la nueva *entente cordiale* que Maximiliano había pasado semanas redactando. Aunque el acuerdo aceptaba una lenta retirada de las fuerzas francesas en el futuro, en esencia, equivalía a una petición de más dinero y soldados en el presente. El ministro de Asuntos Exteriores francés hizo esperar a Almonte más de una semana antes de dar una respuesta que no dejaba lugar a la duda: «Es difícil explicarse la persistencia de la ilusión que debe haber guiado la concepción de este plan».[26] El proyecto de Maximiliano iba tan lejos de lo que Napoleón III permitiría que el Ministerio de Asuntos Exteriores le dijo a Almonte que ni siquiera tenía sentido discutirlo. Con miras a evitar ulteriores malentendidos, el ministro de Guerra ordenó a Bazaine que se negara a efectuar más pagos al Gobierno de Maximiliano con fondos franceses.

Estas no fueron las únicas esperanzas que se frustraron en Europa durante la primavera de 1866. La reorganización del ejército de la que Maximiliano estaba tan orgulloso dependía de que llegasen nuevos voluntarios procedentes de Bélgica y Austria. Sin embargo, a Leopoldo II, el rey belga, le importaban poco su hermana o su posición en México. Además, Seward, el secretario de Estado estadounidense, indicó que Washington consideraba como un acto hostil el reclutamiento de voluntarios europeos a fin de luchar en México. La indiferencia de Leopoldo II y la presión de Estados Unidos hicieron que el Gobierno belga prohibiese la captación de más voluntarios para los ejércitos de Maximiliano.

Aunque Carlota se sintió personalmente insultada por la negativa de su hermano, las fuerzas belgas en México eran poco numerosas. Por el contrario, la Legión austriaca contaba con unos seis mil soldados, y Maximiliano recurrió a su patria en su momento de necesidad y firmó un convenio para alistar otros cuatro mil hombres en 1866, y luego, dos mil cada año hasta 1870. En mayo de 1866, unos mil soldados juraron lealtad a Maximiliano y se reunieron en Trieste, listos para zarpar hacia México. Cuando las noticias llegaron a Washington, Seward se indignó. Informó al Gobierno austriaco de que, si algún voluntario partía hacia

México, las relaciones entre Estados Unidos y Austria se verían seriamente dañadas. Francisco José, cediendo a tales demandas, ordenó a los hombres de Trieste que se disolvieran, muchos de los cuales tuvieron que ser inmovilizados ante la rabia que sentían por haber roto su juramento.

Maximiliano se indignó cuando se enteró de que su cuñado —y, lo que es peor, su hermano— lo había abandonado. Era una «debilidad incomparable» de las potencias europeas hacia Estados Unidos. «Si todos los Gobiernos de Europa», resolvió el emperador, «abandonan a México, yo no dejaré mi patria». En particular, despreció lo que consideraba una traición y cobardía por parte de su hermano: «Si Austria hubiera sido fiel», escribió a su representante diplomático en Viena, «habría embarcado de inmediato las tropas, pero un Gobierno tan débil y desleal naturalmente no podía comportarse de otra manera».[27]

En parte para salvar las apariencias ante amigos y familiares, pero también porque seguía siendo optimista, Maximiliano siempre había presentado su situación en México bajo una luz positiva. Por ejemplo, en una carta a un amigo, afirmó con grandilocuencia: «Por nada del mundo renunciaría a mi posición y volvería a la vida de antes». Era cierto, reflexionaba, que había dificultades, «pero la lucha es mi elemento y la vida de México vale que se luche por ella». Además, añadió, «en este continente, uno al menos recoge una cosecha de su trabajo que nunca conocí en Europa: la gratitud. Uno encuentra algo que buscaba en vano en la vida anterior: el reconocimiento». A su antiguo secretario personal le escribió que, aunque hubiera sabido en Europa lo que sabía ahora en México, habría aceptado la corona mexicana. El imperio podía desmoronarse, concluía, y él perecer con él, «pero nadie puede privarme de la conciencia de haberme dedicado con devoción a una idea sublime, y esto es mejor y más reconfortante que enmohecerse en la inactividad en la vieja Europa. Hay quien considera filosófica la vida que llevan mis hermanos menores; para mí, semejante existencia sería la muerte en vida, y lo que es peor, la encuentro ridícula. No hay nada más lamentable que un príncipe de pega, llevando lo que se llama una "vida sin preocupaciones"».[28]

Este optimismo —algunos lo llamaron «vana ilusión»— sobre su vida en México se vino abajo el 28 de junio de 1866, momento en el que le llegaron noticias de París. Tras leer que su *entente cordiale* había sido descartada de plano, Maximiliano primero se enfadó y luego, resignado, se dejó caer en su sillón. Con la mirada perdida, decidió abdicar en el acto.

Cuando se lo contó a Carlota, esta montó en cólera. Nieta de Luis Felipe I, monarca francés que abdicó en 1848, la emperatriz creía que su abuelo se había «arruinado» tanto a sí mismo como a su familia al renunciar al trono. A los ocho años, sintió vergüenza cuando se enteró de lo que había hecho su abuelo, y no iba a permitir que su marido cometiera el mismo error.

Puso sus pensamientos por escrito para asegurarse de que Maximiliano los entendía; incluso sobre el papel, su rabia era aterradora. La abdicación, insistía, «equivale a dictar sentencia contra uno mismo, y a poner por escrito la incompetencia de uno, y esto solo es admisible en los viejos e idiotas, y no es algo propio de un príncipe [...] lleno de vida y esperanza en el futuro». El hecho de renunciar al trono solo era «un error» o una «cobardía». «Yo digo que los emperadores no renuncian a sí mismos. Mientras haya un emperador, habrá un imperio, aunque no le pertenezcan más de dos metros de tierra». Argumentaba que se podía encontrar dinero, y el éxito, ganarse. «Uno no abandona su puesto ante el enemigo, ¿por qué habría de abandonar una corona? Los reyes de la Edad Media esperaban al menos a que alguien viniera a arrebatarles sus Estados antes de entregarse». Carlota añadió que la abdicación no era «digna de un Habsburgo», y que, si Maximiliano abandonaba México, daría la razón a los críticos —en concreto, habló de Favre— y admitiría que el imperio había sido «el mayor absurdo bajo el sol».

Carlota, que aconsejaba mantenerse firme a su marido, dejó la decisión en manos de Maximiliano. Allí donde Almonte había fracasado, ella decidió triunfar. Iría a Europa para discutir con Napoleón III en persona. «Pueden jugar con individuos particulares, pero no deben jugar con naciones, porque Dios se venga de tal cosa». «Es imposible», insistió, «que Napoleón III nos abandone, se abandone a sí mismo y falte a su palabra. [...] Iré, hablaré con él, expondré la verdad que se le ha ocultado. Tiene un corazón generoso y me escuchará».[29]

A pesar de las tragedias personales y políticas que le habían asestado un cruel golpe tras otro, Carlota no estaba destrozada. El imperio aún era posible: «Solo Dios sabe qué será de él, pero su fracaso no será culpa nuestra». Cuando le preguntaron si preferiría llevar una vida privada en Miramar a ser emperatriz, respondió: «No, cien veces no, y, por mi parte, prefiero una posición que ofrezca actividad y deberes, incluso dificultades, si se quiere, a contemplar el mar hasta los setenta años».[30]

La enormidad de la misión de Carlota era tal que incluso concedió a sus damas de compañía un abrazo antes de partir. Tras una lacrimosa despedida de Maximiliano, la madrugada del 9 de julio partió de Ciudad de México rumbo a Europa. Decidida a no renunciar al poder, asumió la mayor de las responsabilidades: la supervivencia del imperio.

Aquel verano de 1866, las placas tectónicas del poder europeo estaban desplazándose. Bajo la dirección de Otto von Bismarck, Prusia —la potencia germánica en ascenso— declaró la guerra a Austria, al igual que la recién creada Italia, el aliado de Prusia, que estaba decidida a expulsar definitivamente a los Habsburgo de la península itálica. Por ende, no solo Maximiliano necesitaba la ayuda francesa, sino también Francisco José. Sin embargo, Napoleón III se mantuvo neutral. En una reunión secreta con Bismarck en Biarritz en octubre de 1865, el emperador francés había recibido la promesa de ganancias territoriales si dejaba a Austria aislada. Puesto que esperaba obtener beneficio mientras las dos grandes potencias de Europa central se aplastaban la una a la otra, Napoleón III se mantuvo al margen.

Así, dos días antes de que Carlota llegase a Francia, Maximiliano le escribió que «encontrarás Europa muy cambiada», pero «al sabio Napoleón en mejor posición que nunca». Era, razonó Maximiliano, un momento propicio para que Carlota negociara la permanencia de las tropas francesas en México, más apoyo financiero y la sustitución de Bazaine como comandante en jefe. Para contrarrestar las acusaciones de que su Gobierno no favorecía los intereses galos, había despedido a gran parte de su gabinete y nombrado a dos oficiales franceses como ministros de Guerra y Finanzas. Una vez hecho esto, creyó que Napoleón III no podía negarse a las peticiones de Carlota. «Hemos hecho todo lo posible», escribió Maximiliano. «Ahora el que tiene que actuar es él». Presionando a su esposa, añadió: «Sería deplorable para el país y para ti misma que te dejaras convencer en París con promesas, sin llegar a resultados».[31]

Cuando Carlota llegó al puerto de Saint-Nazaire a principios de agosto, Napoleón III no parecía ni sabio ni en buena posición. Tras una fulgurante campaña prusiana, el ejército de Francisco José había sufrido una aplastante derrota. La única nota positiva era su Armada —que Maximiliano había desarrollado y adiestrado como comandante en jefe—, pues había derrotado a una flota italiana. No obstante, la guerra solo duró siete semanas, y Prusia emergió del conflicto como la potencia continental europea. Napoleón III, cuya salud se deterioraba entre dolores, había cometido un error de cálculo de proporciones catastróficas en materia de política exterior. En agosto, Napoleón III intentó reclamar los territorios que Bismarck le había prometido, pero el canciller prusiano respondió con el equivalente diplomático a una risotada en la cara del emperador francés y señaló que el Ejército prusiano ya estaba movilizado. Ahora, Napoleón III no solo debía preocuparse por la guerra en la otra orilla del Atlántico, sino también del otro lado del Rin, donde Bismarck dio aliento marcial a las fuerzas del nacionalismo alemán en un régimen militarista.

Francia se encontraba en un estado de crisis febril, y los ataques a la política de Napoleón III hacia Prusia eran moneda corriente, e incluso Eugenia, la esposa de Napoleón III, le reprochaba haber sido objeto de burla de Bismarck. Lo último que deseaba el emperador francés era un desagradable recordatorio de otro impopular desastre en política exterior. Intentó retrasar el encuentro con Carlota. Alegando enfermedad, la instó a visitar primero a su hermano en Bruselas, pero esta ya había telegrafiado a las cortes de Bruselas y Viena para informar de que no iría a visitarlas debido a su negativa a enviar más voluntarios. Tras ignorar las excusas del emperador francés, se dirigió a París.

A su llegada, el ayudante de campo y los oficiales de Napoleón III se habían equivocado de estación. Por suerte, Almonte, con el irreductible Gutiérrez de Estrada, estaba en la correcta, la Gare Montparnasse. Desde allí, llevaron a Carlota el Grand Hotel, lujoso símbolo del nuevo París de Georges-Eugène Haussmann, donde se había alojado Schofield. Al llegar al hotel, los ayudantes de Napoleón III, sin aliento, se disculparon, preguntaron a Carlota a qué hora quería recibir a Eugenia y le preguntaron cuánto tiempo pensaba la emperatriz de México quedarse en París. Carlota respondió que el que fuera necesario.

El día siguiente, a las dos, Eugenia viajó desde el palacio de Saint-Cloud, en las afueras de París, hasta el hotel de Carlota. Al entrar en el vestíbulo, Eugenia la vio en lo alto de la escalera principal. Bajando lentamente, Carlota abrazó y besó a su homóloga francesa. Las dos emperatrices se retiraron a las habitaciones de Carlota, donde hablaron durante una hora. Ella insistió en sus peticiones y solicitó más hombres, tiempo y dinero. Eugenia, comprensiva pero evasiva, solo hablaba en términos generales. Exasperada, Carlota preguntó cuándo podría devolver la visita.

—Pasado mañana —dijo Eugenia.

—Y al emperador —preguntó Carlota—, ¿no podré verlo igualmente?

—Oh, el emperador aún no se encuentra bien —respondió Eugenia.

Carlota no aceptaría un «no» por respuesta: tenía que verlo, insistió, o irrumpiría en sus aposentos.[32]

Tal como escribió a Maximiliano, este primer encuentro no fue prometedor. «Lo que me sorprendió fue que yo sé más de China que esta gente de aquí sobre México». Dicha revelación podría haber sido más útil dos años antes. No fue muy cortés con Eugenia: «Me he dado cuenta de que la emperatriz ha perdido gran parte de su juventud».[33]

Al menos, le habían concedido una audiencia y, el 11 de agosto, los carruajes que conducirían a Carlota ante el emperador llegaron al hotel. Estaba nerviosa, pero tenía un aspecto imperioso, vestida con un largo vestido de seda negra y un deslumbrante sombrero blanco. En el exterior, se había congregado una multitud, que la aclamó cuando salió del hotel y subió a su carruaje. Temblando de ansiedad, Carlota se agarró con fuerza al brazo de la esposa de Almonte, que iba con ella.

Cuando llegó a Saint-Cloud, ya había recuperado la compostura. Recibida entre redobles de tambor y con los soldados de la Guardia Imperial alineados en el camino de entrada al palacio, Carlota se inclinó cortésmente al pasar junto a la bandera francesa antes de que el carruaje se detuviera frente a unos escalones que conducían a los aposentos privados del emperador. Los miembros de la familia imperial la recibieron al pie de la escalinata y, cuando el hijo de diez años de Napoleón III corrió a abrir el carruaje, Carlota se fijó en la Orden del Águila mexicana que colgaba de su cuello. A continuación, Eugenia la acompañó a un estudio para hablar con el emperador francés.

Había venido a salvar una causa que era la suya, anunció Carlota, antes de entregar a Napoleón III una carta de Maximiliano. A continuación, presentó, junto con otros muchos documentos, un largo memorándum escrito por su esposo en el que justificaba su conducta en México. Apelando al honor, la vanidad y el orgullo de Napoleón III, le recordó las promesas que había hecho a Maximiliano, describió su desesperada situación e imploró al emperador francés que no abandonase a su fiel amigo.

Mientras hablaba, Carlota pensó que el emperador parecía mucho más débil, física y mentalmente, que dos años antes. Napoleón III, que escuchaba en silencio su exhortación, se volvió hacia su esposa con una mirada desesperada y se echó a llorar. Dijo que, cualesquiera que fueran sus sentimientos personales, no había nada que pudiera hacer. Ya no estaba en su mano ayudar a Maximiliano. No obstante, Carlota insistió en que seguramente un país tan rico y poderoso como Francia podría ayudar con facilidad a México. Antes de que Napoleón III estuviera en situación de responder, un sirviente interrumpió la entrevista al acceder a la habitación con una licorera rebosante de naranjada. La inesperada intrusión sorprendió a todos, Eugenia se sintió avergonzada y Carlota rechazó irritada el refrigerio antes de que, al fin, la convencieran de que tomara un vaso.

Sacudida por esta interrupción, la fuerza de su argumento pareció disminuir. Carlota afirmó que sus propios ministros habían obligado a Napoleón III a abandonar a Maximiliano en contra de su voluntad. Decidió hablar con ellos, hacerlos cambiar de opinión y reunirse de nuevo. Napoleón III, aliviado ante la perspectiva de sacarla de la habitación, accedió a ello y prometió tomar una decisión definitiva solo después de consultar a sus ministros. Exhausta por la ferviente discusión, Carlota abandonó el estudio con los ojos cansados y ansiosos. Se dirigió a su carruaje, declinó la mano de un ayudante de campo al subir y volvió a hundirse en los cojines. Esta vez no saludó al pasar junto a la bandera.

Siguieron una serie de conversaciones con el ministro de Asuntos Exteriores, el de Hacienda y el de Guerra. Todos se mostraron corteses y comprensivos, pero no prometieron nada. Sin inmutarse, Carlota decidió volver a visitar a Napoleón y Eugenia.

El 13 de agosto, se reunió por segunda vez con Napoleón III. Quería que el emperador autorizara pagos mensuales de 500 000 francos al Imperio mexicano. Sin ello, Maximiliano no podría pagar a los empleados del Gobierno, y mucho menos a su ejército. Para avergonzar a Napoleón III, puso sobre la mesa dos cartas que este había escrito a Maximiliano. La primera decía: «Le ruego que cuente siempre con mi amistad. […] Puede estar seguro de que mi apoyo no le faltará en el cumplimiento de su tarea». La otra era todavía más embarazosa: «¿Qué pensaría de mí?», había escrito Napoleón III cuando estaba desesperado por que Maximiliano fuera a México, «si, una vez que su majestad imperial hubiera llegado a México, dijera que ya no puedo cumplir las condiciones a las que he puesto mi firma». Napoleón III se mostraba visiblemente conmocionado, pero mantuvo que no podía hacer ningún comentario hasta que su consejo ministerial se hubiera reunido y emitido su dictamen. El dolor que le causó este encuentro fue evidente para Eugenia. Sacó a Carlota de la sala y la condujo a otra con los ministros de Guerra y Finanzas.

Cuando el Consejo de Ministros se reunió al día siguiente, se limitó a confirmar lo que ya se había decidido, a saber, que no se gastaría más dinero ni soldados franceses en México. La misión de Carlota no había cambiado nada. Sin embargo, seguía convencida de que aún podía salvar la situación. El 15 de agosto, escribió a su esposo: «Estoy convencida», afirmó contra toda evidencia, «de que podremos obtener algo». Le dijo a Maximiliano que Napoleón III y Eugenia eran «pueriles» y lloraban a menudo. Admitió que no había conseguido el subsidio mensual de 500 000 francos, pero «no he jugado todas mis cartas con el emperador Napoleón».[34] Este último esperaba que Carlota abandonase París una vez informada de su decisión, pero ella se negó. Su última carta consistió en exigir, con la esperanza de que esto lo avergonzara y lo obligara a arrepentirse en el último momento, que el emperador le explicara en persona que el apoyo francés había terminado. El 19 de agosto, Napoleón III se presentó en el Grand Hotel. Carlota le suplicó una vez más que cambiara de opinión. Si el Corps législatif no votaba los fondos necesarios, debía disolver la asamblea y someter el asunto directamente al pueblo francés. Por último, apeló a la visión de un imperio en América Latina leal y rentable para Francia, que, para empezar, había atraído a Napoleón III a México.

El emperador comenzó a hablar, pero Carlota no soportó oír su negativa y lo interrumpió. Cuando la mujer terminó, el emperador hizo una pausa antes de afirmar con frialdad que Carlota no podía seguir haciéndose ilusiones. «Su majestad», replicó Carlota, «está inmediatamente implicado en este asunto y tampoco debería permitirse ninguna».[35] Sin dignarse a responder, el emperador se levantó, hizo una rígida reverencia y abandonó la sala.

Este desenlace perturbó de manera profunda a Carlota. Había hecho mucho para animar a Maximiliano a aceptar la corona mexicana, sostenerlo en ella y persuadirlo de que debía quedarse, aunque quisiera abdicar. Agotada y sometida a un enorme estrés —pensaba que el futuro del imperio de Maximiliano dependía de que lograra convencer a Napoleón III—, su estado mental empezó a deteriorarse. Sufría insoportables dolores de cabeza que, agravados por la ansiedad, le hacían dormir poco. Cuando lo conseguía, la aquejaban pesadillas febriles en las que el Libro del Apocalipsis se combinaba con escenas macabras de los grabados de Alberto Durero, que había visto en su infancia belga.

Desde París, escribió una carta a Maximiliano el 22 de agosto en la que quedaba patente que su mente se estaba desmoronando.

«Tengo la satisfacción de haber derrotado todos sus argumentos, de haber echado por tierra todos sus falsos pretextos y de haberte otorgado, así, un triunfo moral, pero Él [refiriéndose a Napoleón III] se niega cortantemente y ningún poder puede ayudarnos, pues él tiene el infierno de su parte y yo no». La verdadera razón de la traición de Napoleón III no era, tal como este afirmaba, la falta de voluntad del Corps législatif o las amenazas de Washington. Más bien, escribió Carlota, se trataba de que «pretende cometer un acto perverso y largamente premeditado [...] porque él es el principio de la maldad sobre la tierra y quiere deshacerse de lo bueno, pero la humanidad no ve que sus acciones son malvadas y lo adora». Para la emperatriz, Napoleón III era «el diablo en persona» y, cuando lo vio por última vez, tenía una expresión que ponía los pelos de punta. «Era horrible, y esta era la expresión de su alma. [...] Y, por eso, nunca te ha amado de principio a fin, porque ni ama ni es capaz de amar; te fascinó como la serpiente, sus lágrimas eran tan falsas como sus palabras, todos sus actos son traición». Afirmó que su encuentro con Napoleón III le recordaba al Apocalipsis, y París, a Babilonia, y añadió que «ver a este diablo tan cerca basta para hacer creer en Dios a cualquiera que no crea en Él».

Carlota veía ahora la traición de Napoleón III en términos bíblicos, pero, con todo y con eso, instó a Maximiliano a no abdicar. «Creo que deberías mantenerte el mayor tiempo posible, pues, si se derroca al infierno [es decir, al régimen de Napoleón III], sería de interés para Francia y toda Europa construir un gran imperio en México, y nosotros podemos hacerlo. Las cosas en el Viejo Mundo son enfermizas y deprimentes. "Él" está muy cerca, y uno lo huele en todo el derramamiento de sangre». Argumentó que no debería venir a Europa: «No puedes existir en el mismo hemisferio que Él, te reduciría a cenizas, apenas se atreve a mencionar tu nombre».[36]

A pesar de su estado mental —y de su creciente paranoia, que la llevó a alegar que la naranjada de la primera reunión en Saint-Cloud estaba envenenada—, Carlota decidió continuar su misión en Roma. Si se lograba convencer al papa de que firmase un concordato con Maximiliano, se sanaría la división religiosa que desgarraba a México, se debilitaría a Juárez y el México católico se uniría al emperador.

Antes de partir hacia allí, descansó en Miramar. De camino, recorrió la campiña italiana, que le recordó los tiempos más felices cuando Maximiliano era gobernador de Lombardía-Venecia. El viaje la tranquilizó y su inquietud disminuyó. Además, era bien recibida allá donde iba y encontró multitudes de simpatizantes que ondeaban la tricolor italiana junto a la bandera mexicana. Al llegar a Miramar en septiembre, lloró al ver su hogar de nuevo. Y lo hizo todavía más cuando recibió una carta de Maximiliano en la que este adjuntó una fotografía suya.

Respondió a su carta con una visión muy optimista, o ilusa, de la situación. Ahora sostenía que la pérdida del apoyo francés resultaba positiva. Sin Napoleón III, Estados Unidos reconocería el imperio de Maximiliano y pondría fin a su apoyo a Juárez. Los republicanos renunciarían, entonces, a su lucha. Una vez acabada la rebelión, solo serían necesarias unas pocas tropas y el crédito afluiría hacia México, lo que resolvería la situación financiera. Maximiliano tendría «el mejor imperio del mundo, pues México debe heredar, y así lo hará, el poder de Francia». La misiva terminaba con una incoherente fantasía sobre Napoleón III, quien, según Carlota, «dejaría de existir», lo que colocaría a Maximiliano como «heredero de su grandeza en ambos hemisferios».[37]

Blasio, a quien Maximiliano había enviado a Europa con documentos importantes, llegó a Trieste el 14 de septiembre. Enseguida se dio cuenta de que Carlota no se encontraba del todo bien. A la emperatriz le molestaba que hubiera tardado tanto en llegar; no obstante, lo que más le preocupaba era que alguien pudiera haber manipulado las cartas de su marido en el viaje de Blasio. «Yo todo lo temo de Napoleón III, que es nuestro mortal enemigo», le confesó.[38] Las cartas estaban bien selladas con cera, pero esto no disipó las sospechas de la emperatriz. Tras hablar con el tesorero de la casa imperial, que había viajado con ella desde México, Blasio descubrió que la emperatriz hacía ahora todas las comidas en su habitación. Normalmente comía sola, aunque, de vez en cuando, lo hacía con Manuela Gutiérrez de Estrada de Berrio, su dama de compañía e hija de Gutiérrez de Estrada.

Para quienes no habían estado con ella las semanas anteriores, Carlota seguía pareciendo una emperatriz imponente. El 16 de septiembre —aniversario de la independencia de México—, dio una fiesta en Miramar para celebrar el acontecimiento. Aquella noche, Blasio observó a la anfitriona de la cena, vestida de manera elegante y sonriente, con unos ojos inusitadamente resplandecientes bajo una reluciente corona de diamantes.

Dos días más tarde, la emperatriz partió hacia Roma. Viajó despacio y no llegó hasta una semana después. Vestida de negro, bajó del tren a altas horas de la madrugada bajo una lluvia torrencial. El papa había enviado a unos cuantos cardenales para que la recibieran en la estación junto a otros dignatarios y, después, a la luz de las antorchas, la condujeron al Grand Hotel, donde había reservado todo el primer piso.

Al día siguiente, llegó el cardenal Giacomo Antonelli, el consejero de mayor confianza del papa. Arribó en un lujoso carruaje, acompañado de sirvientes con sus uniformes papales —compuestos de calzones cortos, sombrero de tres picos y peluca empolvada— y entró en el hotel vestido con la característica sotana púrpura. Se había congregado una multitud que se arrodilló en silencio reverencial a su paso. Blasio pensó que tenía un aspecto majestuoso; Carlota lo describió como enfermizo y decrépito. Durante una hora, la emperatriz habló de México y del concordato con el cardenal. Carlota mantuvo la calma, la compostura y la determinación durante toda la entrevista, tal como hizo con muchos otros visitantes aquel día.

Su audiencia con el sumo pontífice se había previsto para el 27 de septiembre. Estaba segura de sí misma. Todas las personas con las que se había reunido en Roma le habían dicho que se daría el visto bueno al concordato. No obstante, Napoleón III seguía atormentándola, incluso en sus momentos más lúcidos. «Pagará pronto por su maldad», le advirtió, afirmando de nuevo que su régimen se derrumbaría. En el fondo, sus sueños y delirios contenían una verdad: Napoleón III había engañado a Maximiliano. «De no ser por ello», le escribió, «nunca habríamos ido» a México.[39]

A las once del 27 de septiembre, el papa recibió a Carlota en el Vaticano. Atravesó el palacio mientras la Guardia Suiza, con sus uniformes azul marino y naranja brillante, bordeaba la escalera que conducía a la sala del trono papal. Al fondo, decorado con frescos que representaban la vida de los pontífices, estaba el trono en sí. Sentado en él, se encontraba Pío IX vestido de blanco.

Cuando Carlota se acercó, inclinándose a fin de besar su pie, Pío se levantó para detenerla. A sus setenta y cuatro años, alto, de buena constitución y ojos vivaces, el papa le tendió la mano derecha para que besara el anillo papal. Después de que la invitase a tomar asiento a su derecha, el resto del séquito de Carlota se acercó uno a uno, se arrodilló y besó su sandalia. Finalmente, bendijo a todos los presentes antes de despedirlos con miras a poder hablar a solas con la emperatriz.

A pesar de que le hizo entrega del concordato de Maximiliano, Carlota no habló de asuntos eclesiásticos en la hora y media que duró su conversación. En cambio, le confesó que todos los que conformaban su séquito intentaban envenenarla por orden de Napoleón III. Después, la emperatriz regresó a su hotel y se encerró en sus aposentos, negándose a hablar tanto con sirvientes como con amigos. Dos días después, el papa le devolvió la visita. Carlota habló con él largo y tendido a solas en su habitación. Después de que él se marchara, la emperatriz celebró una cena, pero se negó a comer nada, excepto naranjas y nueces, y ello solo tras asegurarse de que ninguna había sido manipulada antes de llevársela a la boca.

A la mañana siguiente, temprano, la emperatriz convocó a Manuela y salió a dar una vuelta. Antes de que pusiese un pie fuera del hotel, Blasio vio a Carlota: seguía vistiendo de riguroso luto y lucía un pequeño bonete con cintas de seda negra atadas bajo la barbilla. Tenía el rostro demacrado; los ojos, hundidos, y las mejillas, radiantes. Cuando su carruaje llegó a la Fontana di Trevi, Carlota se apeó y llenó una jarra de agua. Se negó a beber nada en el hotel.

Mas tarde, de improviso, pidió que la llevaran al Vaticano. A la entrada del palacio, despidió al chófer, subió las escaleras e insistió en mantener una audiencia con el papa. Como aún era temprano y la visita no estaba anunciada, hubo cierto debate sobre lo que se debía hacer, pero, al final, la condujeron a los aposentos del sumo pontífice. Inmediatamente, se arrojó a los pies de Pío. Con lágrimas en los ojos y sollozando de manera incontrolable, suplicó ayuda. Su vida corría peligro, gritó. Todos los que habían viajado con ella desde Miramar pretendían asesinarla. Pidió refugio en el Vaticano, el único lugar donde su vida estaba a salvo. Asombrado, intentó calmarla sin éxito. Ahora entre alaridos, la emperatriz señaló que nadie podía obligarla a marcharse; solo estaría a salvo si pasaba la noche allí, y, si no tenía dónde dormir, lo haría en el pasillo.

Agotada, Carlota se tranquilizó al fin. Pío la invitó a desayunar, pero ella rechazó una taza de chocolate caliente tras afirmar que prefería morir de hambre a caer en una trampa tendida por sus perseguidores.

Le trajeron una segunda taza, pero entonces, como si nada hubiera pasado, bebió de la primera y empezó a hablar de asuntos mexicanos con bastante cordura. Con la esperanza de que se marchase, el pontífice le indicó que tenía asuntos urgentes que atender. Carlota, empero, se negó a salir del palacio y, de nuevo, alegó que unos asesinos la esperaban fuera. Al final, el papa la convenció para que se trasladara a la biblioteca y, mientras hablaba con un coronel de la Policía vaticana, se escabulló. Carlota pidió a este que la llevara a los jardines, donde bebió de una fuente. A continuación, escribió los nombres de tres de sus compañeros de viaje y le pidió que los detuviera.

Carlota seguía negándose a irse, aunque accedió a almorzar con la condición de que comiera del mismo plato que Manuela, a quien permitió quedarse con ella. El día se acercaba a su fin y Carlota seguía sin regresar a su hotel. Esto planteó un problema a los funcionarios vaticanos: en teoría, las mujeres no podían pernoctar en palacio. No obstante, Pío IX ordenó que se instalaran dos camas en una biblioteca. Allí, Manuela veló a Carlota, quien se durmió casi de inmediato.

Al día siguiente, convencida de que iba a morir, Carlota hizo su testamento y legó todos sus bienes a Maximiliano. Después, le escribió: «Tesoro entrañablemente amado: Me despido de ti, Dios me llama. Te doy gracias por la felicidad que siempre me has dado. Que Dios te bendiga y te haga ganar la gloria eterna. Tu fiel Carlota».[40]

Al negarse de nuevo a volver a su hotel, la convencieron para que visitara un convento cercano. Al principio, la visita transcurrió sin incidentes y esperaban que su salud mejorase. Cuando fue a la cocina, las monjas le ofrecieron comida tras lo cual gritó: «¡El cuchillo y el tenedor están envenenados!».[41] Entonces, se arrodilló ante las atónitas hermanas y dio gracias a Dios por haberla salvado de la muerte. Se levantó, desesperada y hambrienta, y metió la mano en una olla hirviendo. Con graves quemaduras, se desmayó de dolor mientras le vendaban la mano. La llevaron inconsciente hasta su carruaje, que la condujo al hotel. Entonces, se encerró en su habitación. Allí insistió en que su criado consiguiera un pequeño hornillo, una cesta de huevos y dos pollos vivos que debían ser sacrificados, preparados y cocinados delante de ella. Cuando incluso estas medidas le parecieron insuficientes, de algún modo, logró encontrar un gato, al que obligó a ejercer de catador antes de que ella comiera nada.

Al cabo de unos días, Carlota convocó a Blasio. En la habitación de la emperatriz, entre gallinas atadas a las patas de una mesa, le pidió que redactase unos decretos que acusaban a su entorno más cercano de intentar asesinarla. Para no electrizar a la emperatriz, Blasio aceptó, aunque se preguntó cómo podrían hacerse cumplir tales decretos, ya que ella quería que los firmara el jefe de la casa imperial, quien también iba a ser destituido por traición. Al final, Blasio se despidió y, con lágrimas en los ojos, le besó la mano y observó su rostro, «demacrado, [con] los pómulos muy salientes y enrojecidos, y [en el que] las pupilas brillaban con extraño fulgor, cuando no se detenían sus miradas a fijarse en un punto determinado, vagaban extraviadas e inciertas como si buscasen figuras ausentes o parajes lejanos».[42]

El 8 de octubre de 1866, Felipe, conde de Flandes y hermano menor de Carlota, llegó de Bélgica y la escoltó desde Roma hasta Miramar, donde debía convalecer. Se hizo llegar un mensaje a uno de los confidentes de Maximiliano en México, en el que se informaba de la enfermedad de la emperatriz. Quienes habían presenciado el colapso de Carlota estaban convencidos de que, en cuanto su marido supiera la noticia, abdicaría y regresaría a Europa.

8

Crisis de abdicación

Abandonado por Napoleón III y aislado internacionalmente, el frágil reino de Maximiliano tardó muy poco en sufrir nuevos reveses en 1866.

Mientras las tropas francesas se retiraban hacia Ciudad de México, la bandera imperial seguía ondeando precariamente sobre las lejanas avanzadillas del imperio. En Matamoros, Mejía se aferraba a su posición a pesar de que las guerrillas controlaban gran parte de los campos que rodeaban la ciudad. En la otra margen del río Bravo, en Brownsville, los juaristas se reunían para planear la caída de Maximiliano.

Aquí, dos ciudadanos estadounidenses que se habían incorporado al ejército liberal abrieron una oficina de reclutamiento y ofrecieron 50 dólares más gastos a cualquiera que se alistara para invadir México. Según un informe, tal oferta atrajo a los forajidos, aventureros y gentuza habituales. En enero, esta fuerza desorganizada atacó Bagdad, un puerto situado río abajo de Matamoros, que era el único punto de reabastecimiento por mar de Mejía. Tomados por sorpresa, los pocos imperialistas que custodiaban los muelles pronto se vieron desbordados. Una cañonera francesa anclada en las cercanías abrió fuego, pero los invasores dirigieron contra ella los proyectiles de una pieza de artillería capturada, cosa que la obligó a retirarse. A continuación, los aventureros saquearon los muelles y almacenes, y transportaron su botín al lado estadounidense de la frontera. Durante días, unos carros repletos de mercancías se dirigieron, a través de la orilla norte del río Bravo, hacia Brownsville; mientras, los imperialistas observaban impotentes desde la otra parte. La incursión no estuvo coordinada con otros juaristas y, sin refuerzos, los mercenarios que ocupaban Bagdad se desbandaron, lo que permitió a las fuerzas de Mejía retomar el puerto unas semanas más tarde. No obstante, la inesperada victoria anterior demostró al general liberal Mariano Escobedo lo débil que era el control imperial en la región y le convenció de dar un nuevo impulso a la lucha por Matamoros.

Escobedo parecía más un intelectual que un general. Sus gafas de montura de acero, una barba desparramada —con la que el rostro sobre el que se asentaba no acababa de hacerse— y una expresión afable ocultaban a un soldado decidido. Había luchado contra los americanos, los conservadores y, ahora, lo hacía contra el imperio. A finales de 1865, Juárez lo había enviado a la frontera para comandar el Ejército del Norte, donde su primera tarea había sido unir a las dispares fuerzas republicanas tras el Gobierno constitucional y contra el imperio.

Mientras hombres y dinero atravesaban la frontera con la misión de ayudar a Escobedo, Mejía continuó resistiendo con su cada vez más reducida guarnición. Pitner, oficial de la Legión Austriaca encargado de defender Matamoros, no estaba muy contento con su destino. La ciudad era un «agujero», escribió a su madre. Asediado por los mosquitos, mientras los gatos aullaban fuera de donde se alojaba, Pitner describió las calles sin pavimentar que formaban canales cuando llovía, los caballos que se hundían hasta el pecho en el barro y cómo algunas mulas incluso se ahogaban. Por la noche, el calor era sofocante. Pitner recordaba haber abandonado una terrible función porque ya no podía soportar la temperatura en el atestado teatro; además, lo que era aún peor, la representación recreaba una fría escena alpina y el escenario estaba repleto de bolas gigantes de algodón que hacían de nieve.

Pitner no tendría que soportar la ciudad mucho más tiempo. Con el imperio en peligro, se necesitaba más cerca de la capital a los trescientos austriacos que complementaban la guarnición de Mejía. Se decidió que debían unirse a una escolta de mil cuatrocientos hombres que protegían un convoy con el que recorrerían parte del camino hasta Ciudad de México antes de que los austriacos hicieran el resto del trayecto por su cuenta. Era necesario viajar en estos vehículos, ya que las guerrillas hacían inseguro emprender el trayecto en solitario.

El convoy que tanto Pitner como sus hombres debían vigilar era enorme: estaba compuesto por 200 vagones tirados por más de 2000 mulas y se encontraba repleto de mercancías por valor de unos 11 millones de francos. La caravana, que se extendía a lo largo de cerca de 10 kilómetros, debía avanzar hacia el oeste hasta Monterrey, la capital del estado de Nuevo León, a unos 300 kilómetros de distancia. El plan consistía en encontrarse con 2000 imperialistas que venían en dirección opuesta y que vigilarían el convoy. La ruta no solo atravesaba los accidentados, toscos y áridos territorios apenas poblados por matorrales del noreste de México: además, aquel paraje estaba infestado de juaristas. «En una palabra», escribió Pitner, «fue una de las marchas más horribles».

El 7 de junio de 1866, el convoy inició su viaje, arrastrándose bajo un sol abrasador. Cinco austriacos murieron de insolación el primer día, y tres más lo hicieron al día siguiente. Con el calor, el polvo y la suciedad, y sin agua suficiente, los soldados recurrieron a comer los frutos de las chumberas que jalonaban la ruta, pero muchos sufrieron terribles diarreas. Asaltaron uno de los carromatos en busca de vino, lo que elevó por un tiempo el ánimo, aunque no calmó su sed. El estado de los caminos obligaba a las carretas a detenerse con frecuencia mientras los ingenieros reparaban la ruta.

El 13 comenzó el tiroteo. Los soldados imperiales no podían ver a los juaristas, pero, desde la distancia, entre los arbustos, se inició un tiroteo intermitente que hizo trizas a carros, mulas y hombres por igual. De vez en cuando, la artillería austriaca disparaba, con escasa incidencia, metralla contra el chaparral. Desesperado por la necesidad de agua, el convoy avanzó hacia un río cercano. Los guerrilleros habían interceptado las comunicaciones entre Matamoros y Monterrey, y Escobedo sabía el preciso lugar al que se dirigía el convoy. Tras enviar una pequeña fuerza para hostigar y retrasar a las tropas imperialistas que intentaban reunirse con la comitiva, ahora, Escobedo disponía del tiempo y los hombres —unos tres mil— necesarios para tender la trampa. Dos días después, hacia las cinco, la avanzadilla del convoy se vio sometida a un fuego más intenso. Incapaz de avanzar, este acampó durante la noche. Con una hambre canina y, lo que es peor, desesperadamente sediento, Pitner dejó constancia de que esa noche se acostó con «pensamientos bastante lúgubres».[1]

Como no había más remedio que seguir buscando agua, el convoy se puso en marcha al día siguiente. Con los carros agrupados en cuatro en el centro y los soldados rodeándolos, los imperialistas avanzaron cautelosos. Pronto, las balas se estrellaron contra el convoy, pero no se veía al enemigo por ninguna parte; solo de vez en cuando se divisaban algunos jinetes en las colinas cercanas. La compañía de Pitner se arrastró hacia ellos. Cuando llegaron a la cima, Escobedo inició su emboscada. La infantería enemiga, oculta en una espesura, se lanzó al ataque mientras la caballería cargaba contra sus contrincantes imperialistas con la misma ferocidad. Los austriacos de Pitner, en inferioridad numérica, fueron acribillados por el fuego aplastante de la infantería que tenían enfrente. Cuando intentaron cargar con la bayoneta, otra concentración de tropas republicanas los flanqueó. Durante el fuego cruzado, la mitad de la compañía cayó, muerta o herida, al suelo.

La única esperanza para la expuesta legión era correr hacia los carros y formar un perímetro defensivo. Sin embargo, antes de poder alcanzarlos, Pitner se vio rodeado por la caballería. Con el sable en una mano y el revólver en la otra, disparó al oficial que atacaba a caballo. Cuando otro rival dirigió un golpe a su cabeza, el austriaco lo detuvo con su brazo izquierdo antes de disparar a su atacante en el estómago con el derecho. Mientras corría hacia los carros, sintió un dolor agudo en el cuello, cayó al suelo y rodó bajo las mulas, chorreando sangre en todas las direcciones: le habían disparado en la garganta. De alguna manera, logró subir a la seguridad temporal que le ofrecía un carro.

Fuera, retumbaba el fragor del combate. Los hombres de Escobedo no daban cuartel y superaban ampliamente en número a los austriacos, cuyos cadáveres pronto quedaron tendidos por el suelo. Los lamentos de los moribundos se mezclaban con los gritos de los heridos, que pedían agua con desesperación. Al final, la matanza terminó y Escobedo hizo prisioneros a los imperialistas supervivientes.

En realidad, pocos hombres habían luchado. A diferencia de los austriacos, la mayoría de los mexicanos —no pocos de los cuales llevaban varios meses sin cobrar— consideraba que el imperio de Maximiliano no era una causa por la que mereciera la pena morir y se habían rendido antes de luchar. Escobedo se hizo con el valiosísimo convoy y con el resto de la legión, incluido Pitner. Este apreció igualmente los mosquetes, la artillería y el equipo militar, entre el que se incluían las cornetas, los clarinetes y los tambores de la banda imperial. De los trescientos austriacos que habían partido con la comitiva poco más de una semana antes, unos ciento veinte perecieron en esta batalla.

Fue una victoria sensacional para Escobedo y Juárez. No solo el valor de los bienes incautados supuso una inyección de dinero muy necesaria para sus arcas de guerra, sino que la victoria también demostró que el imperio ya no podía garantizar ni la seguridad ni el comercio de sus súbditos en el norte. Además, demostró algo igual de importante desde el punto de vista propagandístico: que podía vencerse a los soldados extranjeros. Así lo proclamó Escobedo a su ejército: «Habéis puesto a vuestros pies a los mercenarios austriacos del usurpador, que ahora os imploran clemencia». El contraste con la situación de hacía un año resultaba notorio: «Luchábamos casi sin esperanza, sin nada más que nuestro patriotismo para sostenernos. [...] Ahora que el ejército del norte es victorioso en todas partes, ¿quién se atreverá a oponerse a nosotros?». Escobedo instó a sus tropas a dirigirse a Matamoros.[2]

No tuvo ni qué molestarse. Una semana después, Mejía se rindió; no podía mantener la posición con solo unos cientos de soldados. Antonio Carvajal, general juarista, llegó desde Brownsville para negociar los términos y Mejía propuso abandonar Matamoros siempre que se permitiera a sus tropas salir con sus armas. Así se acordó el 22 de junio, y al día siguiente, mientras ondeaban banderas y tocaban tambores, las fuerzas de Mejía marcharon hacia el puerto de Bagdad, donde embarcaron en un buque francés. Había caído la última ciudad del río Bravo leal al emperador.

Esta pérdida afectó enormemente a Maximiliano. Ello privó a su imperio de unos ingresos aduaneros muy necesarios e implicó que las fuerzas de Juárez pudieran reabastecerse con facilidad por mar o tierra desde Estados Unidos. Con los franceses en retirada por todas partes, Monterrey fue evacuada el 26 de julio. A continuación, sin disparar un solo tiro, Juárez volvió a ocupar Chihuahua. En pocas semanas, tras un breve asedio, cayó el último puerto en manos imperiales del estado nororiental de Tamaulipas. En la costa del Pacífico, las tropas francesas también abandonaron los puertos que tanto esfuerzo había costado ganar. La pérdida de ingresos que suponía el abandono de estas ciudades ya era una noticia lo bastante mala de por sí, pero el mensaje que enviaba era incluso peor: el imperio estaba en retirada por todos lados. Díaz, que había escapado por segunda vez del cautiverio, reunió a los juaristas en el sur. Las fuerzas de Juárez empezaron a trazar un círculo cada vez más estrecho alrededor del imperio de Maximiliano. Los franceses solo mantenían un precario corredor hasta Veracruz, su vía de escape.

Aunque los liberales estaban en ascenso, sus propios asuntos distaban mucho de ser sencillos. En noviembre de 1865, el mandato de Juárez había expirado y, técnicamente, según la constitución de 1857 que había jurado defender, la presidencia tendría que haber pasado a Ortega, el presidente de la corte suprema, quien había entregado Puebla a los franceses en 1863. Para conservar el poder, Juárez decretó que, ante la imposibilidad de celebrar elecciones, continuaría ostentando el cargo. Por desgracia para él, Ortega lo consideró inconstitucional y se autoproclamó presidente. Ahora, México tenía un presunto emperador y dos pretendidos presidentes.

Para colmo, solo unas semanas después de derrocar a Mejía, Matamoros se había sumido en el caos. Escobedo —furioso con Carvajal, puesto que había hecho el trato que permitió a Mejía escapar— se quejó a Juárez, quien declaró ilegal la rendición. Carvajal sería juzgado en consejo de guerra. Para acelerar el proceso, Servando Canales, otro oficial, dio un golpe de Estado en la ciudad y se autoproclamó gobernador. Advertido de antemano, Carvajal disparó al oficial enviado con el objetivo de arrestarlo y se aprestó a huir a Brownsville. Al conocer la noticia, Juárez declaró ilegales las acciones de Canales y le citó en Chihuahua para que respondiera por sus crímenes. Este hizo caso omiso de la invitación y, el 23 de septiembre, se declaró a favor de Ortega. Para cuando se calmaron las aguas, los juaristas habían perdido el control nominal que, durante un breve periodo, pudieran haber tenido sobre Matamoros. Justo cuando la marea parecía estar cambiando, la coalición antiimperial parecía desmoronarse.

Las luchas internas entre sus enemigos proporcionaron un leve consuelo a Maximiliano, pero, a medida que le llegaban noticias de la reducción de su imperio, fue aislándose en Chapultepec. Para colmo, padecía frecuentes fiebres enervantes, que su médico diagnosticó como malaria. Sin Carlota, había desaparecido toda apariencia de vida cortesana; el emperador rehuía los acontecimientos sociales todavía más de lo habitual y solo aparecía en raras ocasiones cuando se le requería.

Muchos de sus confidentes más cercanos se habían marchado con Carlota, por lo que disponía de pocos consejeros de confianza junto a él. Stefan Herzfeld, amigo y antiguo camarada de la Marina austriaca, había llegado hacía poco de Europa. Leal cortesano, sabía poco de la situación en México. El doctor Samuel von Basch, recién nombrado médico de Maximiliano, también estaba constantemente a su lado. Nacido en Praga, estudió medicina en Viena. Reflexivo, inteligente y preocupado por el bienestar de Maximiliano, con frecuencia se pedía a Basch consejo, pero acababa de cumplir veintinueve años y solo llevaba en México desde febrero de 1866, por lo que sus opiniones tenían poco peso. Por su parte, Bilimek seguía formando parte del séquito de Maximiliano. Si bien no tenía rival en conocimientos de botánica, sus nociones sobre política mexicana y de español eran limitadas.

De hecho, el consejero de mayor confianza de Maximiliano en este periodo fue Augustin Fischer, un sacerdote jesuita de cuarenta y un años. Nacido en Alemania, había emigrado a Texas en la década de 1840, donde se había ganado la vida a duras penas como agricultor antes de mendigar durante la fiebre del oro de California. En último término, le resultó más rentable convertirse del protestantismo al catolicismo, formarse como jesuita y abrirse camino hasta México, donde trabajó como secretario de un obispo. Su dedicación religiosa quedó en entredicho tras seducir y huir de su patrón con una sirvienta —que estaba casada—, pero, como sacerdote germanohablante, se las arregló para encandilar a Maximiliano, quien lo envió a Roma para negociar un concordato. Fracasó en el intento, aunque convenció a Maximiliano de que esto no era culpa suya. No procedía de la escuela ascética del catolicismo. De figura corpulenta y tez rubicunda, le gustaba comer, beber y hablar. Recién llegado de Roma, su gárrula positividad atrajo al emperador, que lo nombró bibliotecario de la corte y le dio aposento en Chapultepec. Fue, escribió Maximiliano, «una gran ayuda por su espíritu ameno».[3] Cenaban juntos la mayoría de las noches y luego jugaban al billar, con Fischer aportando espíritu figurativo y sentido común a la mesa.

Sin embargo, el asesoramiento que este último ofrecía no era imparcial; estaba totalmente aliado con el Partido Conservador. Sus detractores —y tenía muchos— afirmaban que su gran inteligencia solo era comparable con su inmoralidad. Stevenson lo describió como «un oscuro aventurero de bajo grado y de reputación más que turbia, cuya astucia y cuyo talento para la intriga habían calado en la debilitada mente del emperador».[4] Mientras Maximiliano se recluía en su círculo más íntimo —formado por un sacerdote borrachín, un médico, un cortesano y un botánico—, la flor y nata de la sociedad se reía de él en Ciudad de México. Alexandre-Philippe de Massa, aristócrata francés, ingenioso cortesano, dramaturgo y soldado ocasional, había llegado con una mano delante y otra detrás a México en busca de un rápido ascenso y una mejor paga como ayudante de campo de Bazaine. En París, estuvo en el corazón de la vida cortesana y escribió tanto obras como canciones para divertir a la alta sociedad francesa, incluyendo a Eugenia y Napoleón III. Su arte desenfadado y ligero ridiculizaba a la élite francesa, lo que divertía a la corte donde se representaban sus obras.

En 1866, arrivó a México y pronto produjo una farsa vodevilesca a propósito del imperio. Los blancos de la sátira eran legión y abarcaban desde las reformas financieras de Maximiliano hasta sus intentos de organizar un Ejército nacional mexicano. El estribillo final era la parte más cruel. Tras ridiculizar las esperanzas de poner orden en el imperio, sonaron las irónicas palabras finales: «¡Ánimo, a trabajar! Francia está aquí para ayudarnos». La farsa, escrita por un miembro del personal de Bazaine, contó con la interpretación de los oficiales franceses en los papeles principales; entre ellos, estuvo el sobrino de Bazaine, travestido como una *soubrette* pasable. En septiembre, la obra se representó en Ciudad de México ante un nutridísimo público, entre el que se encontraban el mariscal y su esposa. Maximiliano se cuidó de no asistir a la representación; sin embargo, se sintió herido por los informes de lo que le parecía una sátira insensible que, apoyada por Francia, se mofaba de su imperio.

No obstante, Maximiliano se aferraba a la convicción de que Carlota gozaría de éxito en su misión, lo que aportaría una significativa ayuda francesa a su debilitado régimen. Todavía no había recibido noticias definitivas de Europa y se negaba a creer, tal como escribió a un amigo, que la enfermedad y el ascenso de Prusia hubieran «aplastado tanto al pobre emperador Napoleón como para que se tambalee indefenso y perplejo hacia el abismo. Recuperará su acostumbrada fortaleza y el frío juicio de la emperatriz, que está frente a él como una conciencia viva, logrará revivir en su alma enferma el recuerdo del sagrado deber de cumplir su palabra empeñada».[5]

Incluso con el apoyo francés, Maximiliano reconoció que, a medida que Juárez recobraba su fortuna, el imperio ya no podía depender de la lealtad de sus ministros más liberales. En un giro de política, el emperador volvió al Partido Conservador. Este proceso había comenzado en abril de 1866, cuando destituyó a sus ministros liberales más destacados, incluido el glotón Ramírez, pero se completó en septiembre con el nombramiento del nuevo gabinete. A la cabeza, se encontraba Teodosio Lares, de sesenta años y conservador del mejor pedigrí. Su designación envió un mensaje claro: el imperio liberal había llegado a su fin.

La decisión de Maximiliano era totalmente contraria a sus principios políticos y a sus gustos personales, pero pensó que esto era su única esperanza. Escribió a Carlota que su nuevo gabinete no era el colmo de la alegría. «Son hombres muy dignos», añadió, «y, por amor al país, hago el sacrificio de gobernar con ellos, pero son aburridos y resecos a morir».[6] A cambio del poder, los conservadores —y, sobre todo, la Iglesia católica— respaldarían a Maximiliano en todo el país, con o sin el Ejército francés.

Con los conservadores a bordo, el clero siguiéndolo y su fe depositada en Carlota, Maximiliano se mostraba más optimista de lo que había sido en junio. Entonces contempló la abdicación, pero ahora estaba listo para celebrar de nuevo la independencia de México el 16 de septiembre. Hacía tiempo que no se presentaba ante sus súbditos, pero, esa mañana, resonaron los compases del himno nacional cuando asistió a un desfile militar en el Zócalo, y luego, a un tedeum en la catedral, que, según señaló Maximiliano, duró solo veinte minutos, «gracias a Dios».[7] Fueron solo los preliminares de las celebraciones oficiales que tendrían lugar ese mismo día en el Palacio Nacional, repleto de los más altos dignatarios del imperio.

Cuando el emperador salió al balcón, un silencio expectante se apoderó de la multitud. Lares pronunció un breve discurso, y Maximiliano respondió con voz fuerte y pausada: «¡Mexicanos! Sigo firme en el puesto al que me llamó la voluntad de la nación: sin importarme las dificultades, sin vacilar en mis deberes, porque un verdadero Habsburgo nunca abandona su puesto en el momento de peligro».[8] El público prorrumpió en gritos de «¡Viva el emperador! ¡Viva la emperatriz!»; tal como cabía esperar, según el emperador, el entusiasmo «fue enorme» y «tronaba a través de la bella y gigantesca sala». A estas alturas, los superlativos parecían haber perdido todo su significado: estas celebraciones fueron, afirmaba Maximiliano, «mejores y más brillantes que nunca». El día terminó con un banquete espectacular y brindis por el imperio y su soberano; todo, concluyó el aristócrata Habsburgo, salió a la perfección.[9] Maximiliano ponía así fin públicamente a los rumores sobre que seguiría a su esposa a Europa y abandonaría México. Había decidido quedarse y gobernar de cualquier forma que lo mantuviera en el poder. Entonces, llegó el correo.

La estancia de Carlota en París había disgustado a Napoleón III. No le gustaba que le recordaran su fracaso, y menos aún sus promesas, pero su presencia demostraba que su protegido mexicano no captaba el mensaje. El 29 de agosto, escribió una carta a Maximiliano en lenguaje llano: «A partir de ahora, me es imposible dar a México otro *écu* [una pequeña fracción de la moneda francesa] u otro hombre». Una vez establecido esto, continuó el emperador francés, solo quedaba la cuestión de si Maximiliano podría mantenerse con sus propias fuerzas o se vería obligado a abdicar. En el primer caso, tal como se había prometido, las tropas francesas se quedarían hasta el año siguiente. En el segundo, serían necesarias «otras medidas». En ese escenario, Napoleón III sugirió que Maximiliano publicara un manifiesto donde explicara que «obstáculos insuperables» habían frustrado sus intentos en México. Después, el Ejército francés organizaría un congreso nacional que elegiría un Gobierno provisional. «Su majestad comprenderá lo doloroso que me resulta entrar en tales detalles», concluyó el emperador antes de añadir sin ironía, que, en cualquier caso, «no podemos seguir adormeciéndonos con ilusiones».[10]

Sin embargo, semanas después de escribir esto, las últimas quejas del Gobierno estadounidense llegaron a París, que sugerían que Maximiliano seguía tan engañado como siempre. Cuando el secretario de Estado Seward se enteró de que el Ejército francés estaba oficialmente en el corazón del Gobierno civil de Maximiliano, y dos de sus oficiales ejercían de ministros, presentó una protesta diplomática. Al recibirla en septiembre, Napoleón III montó en cólera. De inmediato, ordenó a los oficiales que dimitieran de sus cargos, redactó una carta en la que reprochaba a Bazaine haber permitido los nombramientos y publicó una desautorización de todo el asunto en el periódico oficial del Gobierno francés.

Para asegurarse de que, por fin, se captara el mensaje en México de que no habría más apoyo por parte de Francia, Napoleón III decidió enviar al país al general François Castelnau, un ayudante de campo. Antes de partir, el emperador le explicó que debía convencer a Maximiliano de que abdicara. La mejor manera de evitar más situaciones embarazosas era —razonó Napoleón III— que Maximiliano renunciara él mismo a su reino. Si se marchaba por voluntad propia, bajo la protección del Ejército francés, el emperador de Francia difícilmente podría ser acusado de traicionar a su aliado. Napoleón III se mantendría en estrecha comunicación con su ayudante. Aquel verano, entró en funcionamiento un cable transatlántico, y ahora los mensajes podían llegar a México, a través de Estados Unidos, en días en lugar de semanas. Siempre optimista, Maximiliano celebró lo que llamó el «mayor triunfo científico de la época» con el envío de un telegrama a Napoleón III: no obtuvo respuesta.

Castelnau tenía otro cometido que cumplir en México. Los constantes informes de Maximiliano y Carlota contra Bazaine habían sembrado la duda en la mente de Napoleón III. Por tanto, tenía que observar al mariscal, evaluar su actuación e informar en privado. Napoleón III llegó incluso a romper con siglos de tradición militar, otorgando a Castelnau —un simple general de brigada— el derecho a destituir a Bazaine como comandante en jefe. El general debía mantener oculta esta facultad y darla a conocer a Bazaine solo si las acciones del mariscal eran contrarias al resultado preferido por Napoleón III: la abdicación de Maximiliano. Castelnau abandonó Francia el 17 de septiembre para presionar al emperador con el objetivo de que renunciase al trono, un día después de que Carlota celebrase la independencia de México en Miramar y Maximiliano hiciera lo propio en Ciudad de México.

El último correo procedente de Europa llegó a México a principios de octubre. Eran dos cartas, fechadas a finales de agosto, de Carlota y confirmaban que no había podido hacer nada por cambiar de opinión a Napoleón III. Maximiliano también tuvo noticias de su intención de ir a Roma antes de partir hacia México para llegar a Veracruz en la segunda semana de noviembre. Sin embargo, fue la misiva de Napoleón III del 29 de agosto la que dejó atónito a Maximiliano. Aplastando con rotundidad cualquier esperanza que aún albergase con respecto a su antiguo aliado, el emperador francés también hablaba abiertamente de la abdicación. Incrédulo, Maximiliano leyó la carta una y otra vez. Por fin comprendió la realidad de su situación y pidió consejo tanto a Herzfeld como a Fischer. El primero dijo claramente que Maximiliano debía abdicar: permanecer en México era demasiado peligroso. Por su parte, Fischer le instó a redoblar sus esfuerzos y a seguir adelante con su nuevo gabinete de ministros conservador. Argumentó que, libre de la interferencia francesa, pero con la Legión Extranjera, los voluntarios austriacos y belgas, así como la nación unida en torno a la Iglesia, Maximiliano estaba bien situado para capear cualquier temporal.

Maximiliano, como siempre, se mostró indeciso y escogió un camino intermedio. Declaró que convocaría un congreso nacional a fin de deliberar sobre la continuidad del imperio. Esperaría el resultado en Orizaba, cerca de Veracruz. Allí podría recibir con mayor rapidez las noticias de Europa, y a Carlota en el puerto, cuando llegara en noviembre. Explicando el plan en una carta a su esposa, escribió que, si la votación era favorable, «volveremos a la capital con poder legítimo y sin trabas». Si era contraria, «nos retiraremos con dignidad, con la conciencia pura, elevada tras haber cumplido con honra nuestro deber». Para concluir su carta, escribió: «Dentro de unas semanas, alegría de mi vida, ¡espero estrecharte contra mi sufrido corazón! Tu siempre fiel Max».[11]

Entonces, el 18 de octubre llegaron dos telegramas de Europa. Herzfeld empezó a descifrarlos, pero, cuando se dio cuenta de que anunciaban la enfermedad de Carlota, fingió que era incapaz de entenderlos. Se limitó a decir que alguien en Miramar estaba enfermo, pero no estaba claro quién. Maximiliano sabía que mentía. «Sé que debe de ser algo espantoso. Por favor, infórmeme: espero lo peor», le dijo a Herzfeld. Basch salió diplomáticamente de la habitación, pero, al cabo de unos minutos, Maximiliano volvió a llamarlo. Con lágrimas en los ojos, le preguntó al joven médico si conocía a un tal doctor Riedel de Viena, ya que estaba cuidando a Carlota en Miramar. «Es el director del manicomio», Basch se obligó a responder.

La noticia quebró a Maximiliano. Casi repudiado por su hermano mayor y abandonado por Napoleón III, a quien creía su amigo, él siempre había confiado en el amor y el apoyo que le proporcionaba su esposa. Ella lo convenció para que se quedara en México. Ahora, enfermo, deprimido y solo, sin familia ni amigos, su universo se hizo añicos. Ese mismo día, le preguntó a Basch si debía marcharse de México.

—No creo —dijo su médico— que su majestad pueda permanecer en el país.

—¿De verdad alguien creerá que me voy a Europa por la enfermedad de la emperatriz? —respondió Maximiliano.[12]

Basch le aseguró que la gente lo entendería, pero Maximiliano, inquieto, quiso saber cuáles pensaba Basch que serían las recomendaciones de Herzfeld y Fischer. Este dijo que Herzfeld respaldaría la abdicación, pero que Fischer antepondría los intereses del Partido Conservador a la seguridad de Maximiliano y advirtió al emperador que no escuchara sus consejos.

Desesperado por sacar a Maximiliano de Ciudad de México antes de que cambiara de opinión, Herzfeld hizo los preparativos. El comandante de una corbeta austriaca anclada en Veracruz recibió noticias de la inminente partida del emperador, sus posesiones se empaquetaron y enviaron al puerto, y Maximiliano resolvió sus asuntos más apremiantes. Una vez desvanecidos sus sueños de fundar una dinastía imperial, Maximiliano escribió a Alicia Iturbide para decirle que le devolvía a su hijo Agustín. Al menos, había estado bien cuidado, en el corazón de la corte mexicana y bajo la tutela de su tía, feliz de aceptar un acuerdo que le proporcionaba lujo y estatus.

El 20 de octubre, Maximiliano comunicó a Bazaine que partía para Orizaba. En cuanto sus ministros conservadores se enteraron, vieron esto tal como lo que era: el preludio de una abdicación. Lo presionaron con el objetivo de que se quedara. Basch tuvo que montar guardia frente a la habitación del emperador, insistiendo, a menudo en acaloradas discusiones en el pasillo, en que Maximiliano estaba demasiado enfermo como para ver a nadie. A pesar de ello, Lares se presentó en Chapultepec el mismo día en el que Maximiliano había escrito a Bazaine e hizo hincapié en celebrar una audiencia. Basch le explicó que era imposible, y, entonces, el político le entregó una carta en la que anunciaba que todo el gabinete de ministros dimitía en protesta por la marcha de Maximiliano.

Aquella tarde, se intercambiaron frenéticos mensajes entre Maximiliano en Chapultepec y Bazaine en Ciudad de México.

Herzfeld informó al mariscal: «Lares acaba de presentar la dimisión de todos los ministros y ha declarado que, tan pronto como el emperador abandone la capital, ya no habrá Gobierno. Como su majestad se encuentra en un estado de extrema debilidad e insiste en marcharse, es necesario que se tomen algunas medidas. Ruego a su excelencia que tenga a bien consultar de nuevo con el emperador esta noche».[13]

De un lado a otro de la habitación, Maximiliano esperaba impaciente la respuesta. A las siete, se la entregaron. Bazaine, que había recibido la misiva de Napoleón III en la que indicaba que la abdicación era ahora la opción preferida, no tuvo inconveniente en intervenir. Presionaría a los ministros para que no dimitieran, pero, si lo hacían, el Ejército francés se haría cargo del Gobierno. Aliviado, el emperador fue libre de partir.

Antes del amanecer del 21 de octubre, escoltado por trescientos cuatro húsares austriacos, tres carruajes transportaron al emperador hacia Orizaba. Siempre atento a las ocasiones que le permitían hacer gala de sus conocimientos, la primera parada fue en una pequeña aldea próxima, a una montaña donde los aztecas habían realizado sacrificios humanos, o eso decía el emperador. Según él, cada cincuenta años, los aztecas se preparaban para el fin del mundo y los sacerdotes rezaban en la colina, ofreciendo víctimas a fin de apaciguar a los dioses. Cuando el momento había pasado sin que el mundo se acabara, erigían enormes hogueras: eran la señal para que se encendieran otros fuegos en las montañas que rodeaban el valle de México y celebrar, así, otros cincuenta años de existencia.

En la siguiente parada, Maximiliano se enfrentó a sucesos más apremiantes. Viajando en dirección contraria a Veracruz, el general Castelnau había llegado a la ciudad de Ayutla, a pocos kilómetros de la capital.

Castelnau arribó a Veracruz el 12 de octubre y, al día siguiente, inició el viaje hacia Ciudad de México. Subidos a los techos de los vagones, los soldados egipcios custodiaban ahora el tren con pedreros. Cuando el general alcanzó el final de la vía férrea, hizo el resto del viaje a caballo y en compañía de una poderosa escolta para ver mejor el país. Cuando se enteró de que Maximiliano estaba en Ayutla de camino a Orizaba, Castelnau solicitó una audiencia. El emperador, todavía enfadado con Napoleón III, no deseaba reunirse con su ayudante de campo. Basch le informó de que Maximiliano estaba postrado en cama y no recibía visitas.

Al día siguiente, Castelnau llegó a Ciudad de México, donde parecía que su misión ya estaba cumplida. Bazaine recibió una carta de Maximiliano fechada el 21 de octubre en la que pedía que se arreglaran tres puntos antes de abdicar: no más consejos de guerra; revocar el Decreto negro, que permitía la ejecución sumaria de juaristas, y el fin de la guerra en general. Una vez se conviniera en esto, escribió Maximiliano, enviaría los documentos que confirmarían su abdicación. En consecuencia, Castelnau — un hombre alto y atractivo de gran carisma— se quedó tranquilizado y se instaló en lo que parecía un trabajo fácil. Pasó el tiempo con estilo, asegurándose su propio palco en la ópera y celebrando *soirées* nocturnas. Cuando no disfrutaba de su tiempo libre, escribía informes para Napoleón III sobre la situación en México.

Estos eran irrefutables. Escribió a Napoleón III que el Ejército francés estaba agotado, desmoralizado y era demasiado consciente de que, a pesar de las grandes pérdidas, no había cumplido su tarea. «La mayoría de los oficiales», explicó Castelnau, «están aún más desanimados que la tropa». Informó de que la Legión Extranjera era peor que el Ejército regular: los hombres se habían alistado para obtener el pasaje gratuito a México, y luego habían desertado a la primera oportunidad. No obstante, Castelnau sentenció que, al menos, el Ejército francés era una fuerza de combate eficaz. Se mostró menos optimista sobre los recursos de Maximiliano. En su opinión, los voluntarios belgas y extranjeros que quedaban «carecen de cohesión y disciplina, estaban mal gestionados, pobremente dirigidos y tienen todos los vicios de los mercenarios extranjeros». Pese a ello, estos soldados extranjeros conformaban una fuerza de élite comparada con el «llamado» Ejército mexicano, que estaba en «tal estado de desorden y disolución […] que es imposible tener ninguna confianza en él». Abundaban las deserciones, el reclutamiento era forzoso, y la rendición, el método preferido de enfrentar al enemigo. Esto en lo tocante a la tropa, porque sus oficiales eran peores. Castelnau, que prefería un estilo de escritura cargado de asíndeton, afirmó que estos comandantes, «sin formación, sin experiencia, sin moral, sin honor, son, en todos los sentidos, dignos de sus soldados».

Desde el punto de vista político, según Castelnau, todo el mundo estaba de acuerdo: la causa de Maximiliano estaba perdida y la responsabilidad recaía directamente sobre los hombros del joven emperador. Francia estaba libre de culpa. Sin conocer a Maximiliano, Castelnau condenaba «su indecisión, sus errores, sus contradicciones, sus gastos inútiles, sobre todo, su apatía». En caso de que a Napoleón III no le hubieran quedado claras las opiniones de Castelnau sobre Maximiliano, el ayudante de campo añadió su «inteligencia limitada» y «dilación» a sus críticas. Concluyó que la abdicación de Maximiliano era la necesidad más apremiante, «no menos para los intereses de Francia que para los de México». No solo eso, sino que, añadió Castelnau, lejos de apoyar la monarquía en América, Francia debía ahora entablar negociaciones con los liberales y Estados Unidos a fin de establecer un Gobierno republicano provisional que sustituyera a Maximiliano.[14]

Tras dos semanas en México, Castelnau declaró que el imperio se encontraba en las últimas. Su informe estaba diseñado para complacer y exonerar a Napoleón III. Si bien es verdad que el imperio estaba sumido en una grave crisis, Castelnau exageró todos los fallos e inventó otros. Aun así, fueran cuales fueran sus fallos, al menos Maximiliano había prometido enviar la confirmación de su abdicación al día siguiente de la llegada del general a Ciudad de México.

Esta carta nunca se mandó. Castelnau, Bazaine y Dano esperaron ansiosos noticias de Orizaba en la capital. Finalmente, el 31 de octubre, llegó una nota de Maximiliano, pero se limitaba a reiterar que el destino de los voluntarios austriacos y belgas debía arreglarse antes de que abandonara el país. Siguieron dos semanas más de silencio hasta que llegó a la capital una misiva dirigida a Bazaine, fechada el 12 de noviembre, en la que se solicitaba una respuesta colectiva. «Antes de decidir lo que debo hacer», comenzaba la carta, «debo asegurarme de que se resuelven ciertos puntos».[15] Maximiliano esbozó entonces cinco cuestiones que habrían de resolverse antes de abdicar, incluyendo la repatriación de los voluntarios extranjeros, los pagos a la familia Iturbide y el de las deudas pendientes de Maximiliano. Encantados, los tres franceses firmaron una carta donde aceptaban las peticiones del aristócrata Habsburgo. Habían conseguido lo que Napoleón III les había pedido: la abdicación del emperador de México. Solo les faltaba la confirmación de Maximiliano.

Dos semanas antes, cuando el sol del 27 de octubre empezaba a ponerse, Maximiliano se acercó al pueblo de Orizaba. Una multitud se alineó en el camino, algunos a caballo, otros a pie. Pronto se congregaron miles de personas, que arrojaron flores delante del carruaje imperial y llenaron el aire con sus vítores. Animado, el emperador ordenó a su escolta que se quedase atrás para poder entrar en la ciudad con un séquito reducido. El Ejército imperial lo saludó a su paso por las calles mientras una cacofonía de salvas de artillería, campanas de iglesia y fuegos artificiales ahogaba las ovaciones. Maximiliano se sintió profundamente conmovido. Parecía que, después de todo, sus súbditos no lo habían abandonado.

Sin embargo, había decidido abdicar. Se redactaron cartas de despedida a ministros y diplomáticos extranjeros, se cargaron las pertenencias en el barco austriaco y Maximiliano preparó su viaje, esperando estar en Europa en diciembre. Inseguro del recibimiento que tendría en tierras de los Habsburgo, había resuelto navegar hasta Corfú, donde Carlota se reuniría con él si le era posible. Redactó un comunicado de prensa en el que explicaba sus acciones para influir en la opinión pública, culpaba a los franceses y hacía hincapié en la enfermedad de su esposa. Además, envió a Herzfeld a arreglar las cosas en Europa.

No obstante, esta no fue la única razón por la que Herzfeld se marchó. Mientras el amigo austriaco de Maximiliano lo instaba a marcharse de inmediato, Fischer intentó disuadirlo de emprender una huida precipitada. El sacerdote convenció a Maximiliano de que la insistencia de Herzfeld en una salida rápida no era útil, pues necesitaban deliberar sobre la mejor manera de dejar algo de orden en México. Fischer se aseguró, entonces, de que Herzfeld no recibiera personalmente del emperador las órdenes de partir, lo que le impidió ver a Maximiliano antes de partir hacia Veracruz. Desde La Habana, un desesperado Herzfeld escribió a Fischer para poner por escrito lo que no se le permitía decir en persona a Maximiliano: «Cada hora de retraso implica el más grave peligro. [...] Inste al emperador a que se marche a toda costa. [...] La providencia ha puesto en manos de usted dar fin a esta tarea. [...] Sea firme: no se deje influenciar por [Ciudad de] México. [...] Salve al emperador».[16]

Sin duda, Fischer leyó esta carta con una sonrisa irónica antes de guardarla. Al aceptar sin mayores problemas el plan de abdicación, este había ganado tiempo. En Ciudad de México, Lares había retirado la dimisión de su gabinete de ministros no por la presión de Bazaine, sino por consejo de Fischer. Defendió ante sus amigos conservadores que, en aquel momento crucial, era fundamental que permanecieran en el poder para influir en los acontecimientos. Incluso antes de que Maximiliano llegase a Orizaba, hicieron exactamente eso, orquestando la bienvenida a la ciudad que tanto conmovió al emperador. Los principales miembros del partido hicieron todo tipo de promesas: que el imperio seguía siendo popular, que la Iglesia podría recaudar dinero de forma milagrosa. Febril y decidido a marcharse, Maximiliano se negó a cambiar de opinión, pero los conservadores todavía no habían hecho todos sus movimientos.

El 7 de noviembre, Miramón y Concepción, su esposa, llegaron a Veracruz. No tenían autoridad para ello, ya que Miramón no había sido cesado de su misión en Berlín. En realidad, no había estado allí desde hacía casi un año. Puesto que detestaba el frío y, lo que era peor, la comida alemana, se había fugado a París, y luego, a Austria. Tras conocer las desesperadas noticias de México, había resuelto, en contra de los deseos de Concepción, regresar a su patria para servir a Maximiliano o, más exactamente, a la causa conservadora. Como no tenía papeles para entrar en el país, en Veracruz, mandó un telegrama a Maximiliano, que le contestó que estaba encantado de que hubiera vuelto y le pidió que fuera a Orizaba de inmediato.

Antes de esa reunión, Fischer dio instrucciones a Miramón y lo instó a hacer todo lo que estuviera en su mano a fin de que el emperador permaneciera en México. Miramón encontró a Maximiliano visiblemente ansioso y alterado, temiendo un derramamiento de sangre aún mayor si se quedaba, y lamentando su falta de hombres y dinero. Miramón lo calmó. Insistió en que la causa no estaba perdida para después explicar que, cuando fue presidente, había contado con menos recursos que él, pero casi pacificó el país durante la guerra civil con Juárez. Miramón no fue el único que prometió servir a su causa. Márquez, de vuelta del Imperio otomano, también juró lealtad al emperador y e hizo la promesa de que podría reunir a miles de soldados. Los recién llegados reiteraron que la experiencia militar de ambos, sumada a la de Mejía, no hallaría rival en unas fuerzas republicanas que se dividían entre Ortega y Juárez.

Solo otra persona, el diplomático británico Scarlett, pudo ver al emperador. Tras la larga carrera de Scarlett, los tumultuosos acontecimientos de México habían sido más que suficientes para el inglés, así que decidió jubilarse. De regreso a casa, con su familia a cuestas, llegó a Orizaba el 1 de noviembre. Maximiliano, desesperado por recibir consejo, acogió a Scarlett como a un amigo y este acabó quedándose durante semanas. En largos paseos juntos, Maximiliano le confió sus pensamientos más íntimos. «Si la emperatriz muere», admitió, «no tendré ni el valor ni el deseo de permanecer en México. He venido aquí más por ella que por mí, y no albergó ninguna ambición de seguir solo después de su muerte, y, sobre todo, […] porque no tengo hijos ni sucesor».[17]

Fischer vio ahora una oportunidad y se esforzó por entablar amistad con Scarlett. El diplomático no atisbó en él un disoluto cura borrachín, sino «una persona de buena reputación y facultades». Tras ganarse su confianza, Fischer le explicó que los «malvados consejeros» se habían aprovechado del débil estado de ánimo del emperador tras conocer la noticia de la enfermedad de la emperatriz. Estos malos consejeros —Herzfeld, Basch y Bilimek— habían instado a Maximiliano a abdicar. Además, si Fischer no hubiera conseguido persuadirlo de lo contrario, el emperador habría firmado un documento en el que renunciaba al trono al día siguiente de abandonar Ciudad de México.

El sacerdote aprovechó entonces el sentimiento antifrancés latente en cualquier diplomático inglés del siglo XIX que se preciara. El plan para forzar la abdicación de Maximiliano había sido ideado en París para repartirse México con Estados Unidos. A cambio de que los galos entregaran los estados del norte a Washington, el Gobierno estadounidense se haría cargo de la deuda contraída con Francia. Había suficiente verdad en la acusación —en efecto, Francia esperaba alcanzar un acuerdo con Estados Unidos sobre el futuro de México— y el inglés albergaba suficientes prejuicios como para creerla. Fischer «rogó» a Scarlett que «utilizara toda la influencia que pudiese con tal de inducir al emperador a regresar a la capital».[18] Con el propósito de defender los intereses de Gran Bretaña, tal como él los veía, el diplomático accedió.

Scarlett puso su consejo por escrito: «Su majestad fue tan servicial en Chapultepec como para mostrarme una carta autógrafa escrita por el emperador Napoleón», refiriéndose a la correspondencia del 29 de agosto en la que le había dicho que, si Maximiliano abdicaba, debería entonces convocarse una convención para decidir el próximo gobierno de México. Sin embargo, Scarlett dio un giro a esta carta —que concordaba con la visión de Maximiliano— y sugirió que, en primer lugar, se convocara un congreso con miras a deliberar sobre si Maximiliano debía o no abdicar. «Está claro», escribió Scarlett, que «el emperador francés nunca contempló la repentina retirada de su majestad previa a la realización de este llamamiento». Según esta interpretación errónea, intencionada o no, el deseo de Napoleón III era que Maximiliano volviese a la capital. Por si fuera poco, Scarlett calificó la abdicación de «huida ignominiosa». Regresar a Ciudad de México, arguyó, era el «único curso honorable y práctico».[19]

Maximiliano no se inmutó. Le dijo a Scarlett que la idea de gobernar México con conservadores reaccionarios era anatema para sus creencias políticas. Sería «repugnante» gobernar el país «de otra manera que no fuese con principios liberales».[20] Además, estaba tan cansado de tratar con los franceses que Maximiliano temía volver a Ciudad de México para enfrentarse a Bazaine, Dano y Castelnau.

En una carta privada a Fischer, Scarlett agudizó su tono. «Estoy realmente muy asombrado», opinó el diplomático, «de que el emperador haya resuelto una abdicación prematura. La historia demostrará que su majestad ha sido víctima de una intriga y que le ha faltado resolución para escapar de ella o aplastarla». En una afirmación bastante extraordinaria, dijo que incluso los juaristas encontrarían «precipitada» la marcha de Maximiliano. Además, había muchas posibilidades, según Scarlett, de que una votación nacional le resultara favorable si ello implicaba el fin de la intervención francesa, «a la que todo el mundo se opone en el país. Es bastante seguro que, tras la marcha de los franceses, un poderoso partido preferiría reunirse en torno a la bandera imperial».[21]

Por supuesto, Fischer mostró de inmediato la misiva a Maximiliano. El emperador ya no confiaba en los franceses y sabía que los conservadores buscaban proteger a su partido. Pero ¿qué interés podía tener Scarlett? Maximiliano se autoconvenció de que el diplomático nunca habría hecho una declaración tan contundente si no hubiera recibido instrucciones del Gobierno británico en Londres. Siempre anglófilo, este empezó a vacilar en lo referente a sus planes de partida inmediata.

Maximiliano dudó todavía más porque, si regresaba al Viejo Continente, debía hacerlo como un ciudadano de a pie. Le habían llegado a Orizaba las especulaciones de la prensa europea, las cuales sugerían que, a menos que volviese a confirmar su renuncia al trono austriaco, no se le permitiría entrar en territorio de los Habsburgo, ni siquiera en Miramar. Con su honor puesto en duda, los conservadores presionándolo a diario y los británicos aparentemente en contra de la abdicación, la vida en México empezó a parecer mejor que la de un emperador exiliado, fracasado y humillado que llevaba una existencia diletante en Europa. La determinación de Maximiliano de abandonar el país se desvaneció.

Irónicamente, lo que convenció a Maximiliano a quedarse fue la respuesta francesa a las condiciones que se debían satisfacer antes de abdicar. Cuando recibió esta carta el 16 de noviembre, Maximiliano se horrorizó al ver, al pie del documento, que, en caso de que sus deudas no pudieran pagarse, quedarían saldadas por el nuevo Gobierno de México. Para Maximiliano, esto confirmaba que los franceses estaban negociando con Washington y los liberales para constituir un Gobierno que sustituyera a su imperio. La misiva sacó a relucir todo su odio hacia los franceses y Napoleón III. Su respuesta fue el veto en su séquito a todos los galos. En la medida de lo posible, se negó a hablar francés e insistió en emplear el español. Maximiliano decidió que, si tenía que renunciar al trono, no lo haría ante los franceses, sino bajo sus propios términos.

El 18 de noviembre, expuso por escrito a Bazaine esta decisión o el hecho de no haber tomado una: «Debo darle las gracias, así como al general Castelnau y a monsieur Dano, por haber dado solución a los puntos que me preocupan tan de cerca. No obstante, aún queda una cuestión importante por arreglar: el establecimiento de un Gobierno firme que proteja los intereses comprometidos».[22] Maximiliano explicó entonces que su fiebre le impedía regresar a Ciudad de México y pidió a Bazaine que acudiese a Orizaba con la misión de discutir la situación en persona. No era el único al que el emperador había invitado; también notificó al mariscal que había convocado a sus ministros y consejeros. En una reunión del gabinete, votarían sobre el futuro del imperio.

Cuando Lares, presidente del consejo de ministros de Maximiliano, llegó a Orizaba el 24 de noviembre, se encontraba mucho más animado que cuando presentó su dimisión unas semanas antes. Esta vez, el hombre —que a la sazón contaba con sesenta años— se abalanzó sobre el emperador, sin darle tiempo de evitar el abrazo. En las conversaciones privadas con Maximiliano, los conservadores espoleaban ahora el sentido del honor del monarca. Le decían que todo el país esperaba que recordase su discurso del 16 de septiembre: «Un verdadero Habsburgo nunca abandona su puesto en el momento de peligro». Incluso Gutiérrez de Estrada intervino con una oportuna misiva en la que señalaba que Maximiliano había hecho promesas vinculantes de que se quedaría. A pesar de la enfermedad de Carlota, «¿qué general», escribió Gutiérrez de Estrada desde la comodidad de Europa, «dejaría su puesto de mando en la hora de la batalla por cualquier razón privada?».[23] Al día siguiente de la llegada de Lares, veintitrés ministros y consejeros se sentaron a deliberar sobre si Maximiliano debía abdicar. Bazaine brilló por su ausencia. Castelnau y Dano temían que su presencia diera un respaldo oficial francés a lo que se decidiera y convencieron al mariscal para que no acudiese. Al comienzo de la reunión, Lares leyó una declaración manuscrita del emperador: aceptaría cualquier solución que pusiera fin a la guerra civil, incluido el rumoreado acuerdo francoestadounidense, y solicitaba a los presentes resolver el asunto.

En lugar de escuchar sus deliberaciones, Maximiliano se fue a cazar mariposas. El exuberante paraje que rodeaba Orizaba resultó ser una tentación demasiado grande para Bilimek, que no iba a permitir que una crisis política se interpusiera entre él y una provechosa labor científica. Maximiliano, armado con enormes mosqueros y redes para mariposas, se mostró dispuesto a colaborar. La población local miraba incrédula cómo su emperador revolvía los tocones putrefactos en busca de larvas excepcionales.

De vuelta en Orizaba, los dos miembros más liberales que quedaban en el Gobierno de Maximiliano votaron a favor de la abdicación inmediata. Lares y sus conservadores, diez en total, lo hicieron en contra. Esto otorgó el voto decisivo a once moderados: se pronunciaron a favor de la abdicación, pero instaron al emperador a posponerla hasta que pudiera establecerse un gobierno provisional. La mayoría de los propios ministros y consejeros de Maximiliano habían votado, pues, a favor de poner fin al imperio. Sin embargo, si se consideraba desde otra perspectiva, la votación implicaba que veintiuna de veintitrés personas habían votado a favor de que Maximiliano continuara siendo emperador por ahora.

Esta última fue la interpretación de Maximiliano. En su respuesta a Lares, anunció que estaba «profundamente conmovido con las demostraciones de adhesión» que había mostrado el consejo. Creía que «abdicar el poder en manos de extranjeros sería traición» y «ningún Habsburgo lo haría».[24] A continuación, esbozó todavía más condiciones que debían cumplirse antes de abdicar. La primera y más importante consistía en la organización de un congreso nacional para decidir el futuro Gobierno de México. En realidad, tal como bien sabían los conservadores, esto suponía una victoria para quienes deseaban que el imperio continuara de forma indefinida. Los imperialistas no controlaban México lo suficiente como para celebrar elecciones y, aunque lo hubieran hecho, los juaristas estaban decididos a resolver la cuestión en el campo de batalla y no en las urnas.

A pesar de todo, el 1 de diciembre, Maximiliano emitió una proclama. Convocaría un congreso nacional en el que candidatos de todos los partidos se presentarían a las elecciones antes de votar sobre la continuidad del imperio. Era un proyecto que había estado contemplando durante algún tiempo e incluso se lo había propuesto al presidente estadounidense Johnson en una misiva donde le solicitaba que reconociera el imperio. A cambio, Maximiliano abandonaría México si perdía el plebiscito. En la proclama, Maximiliano aseguró al pueblo que sus ministros estaban haciendo los preparativos necesarios.

No obstante, quien solo leyese la prensa conservadora no tendría noticia de esto. «El emperador no abdica; el emperador no se va», anunciaba un periódico. «Nosotros tenemos fe en el porvenir de la monarquía». Otro editorial declaraba «disipadas las dudas e incertidumbres de los últimos cuarenta días», y que el emperador, «al resolver continuar con nosotros y al frente del Gobierno, hace un sacrificio mayor que cuando aceptó la corona». Sin embargo, el periódico advertía que, como el emperador lo había sacrificado todo por México, ahora la nación tenía que hacer lo propio. En lugar de un congreso, el primer deber del Gobierno era reclutar un ejército, marchar sobre el interior del país y «dispersar a esas gavillas de ladrones políticos» que conformaban los enemigos del imperio. El mensaje estaba claro: aquella sería una guerra a muerte.[25]

Maximiliano hizo caso omiso de la retórica belicosa de sus partidarios. En una carta dirigida a la prensa europea, expuso sus razones para quedarse. Los franceses estaban aliados con Estados Unidos, y tal cosa amenazaba la independencia de México. «El pueblo está angustiado por el miedo al coloso estadounidense» y por ello se declara a favor del imperio, se leía en el comunicado. «En medio de esta inquieta agitación, Maximiliano vive modestamente en Orizaba como un hombre en su vida privada. Solo se relaciona con algunos miembros de confianza de su séquito, carece de casa imperial». El mensaje afirmaba que Márquez y Miramón «han ofrecido sus espadas», mientras que otros imperialistas permanecían leales.[26] Esto —razonaba Maximiliano— era apoyo suficiente como para mantener su trono hasta el momento en el que pudiera someterse a votación nacional.

A las tres de la tarde del 1 de diciembre, se lanzaron fuegos artificiales y las campanas de las iglesias repicaron a lo largo y ancho de Ciudad de México a la par que se distribuía, por toda la capital, un boletín en el que se anunciaba la decisión de Maximiliano. Escenas parecidas se repitieron en las pocas ciudades leales al imperio que quedaban, en particular, Querétaro, Puebla y Orizaba. Sin embargo, Castelnau, Dano y Bazaine no celebraron tal ocasión, sobre todo, tras leer la declaración de Maximiliano. Indignados por su tono antifrancés, publicaron un desmentido a fin de refutar que estuvieran negociando un Gobierno provisional con Estados Unidos y señalaron que el consejo de Orizaba solo pudo reunirse gracias a la protección que le brindaron las bayonetas francesas.

El 3 de diciembre, Lares informó a Castelnau, Dano y Bazaine de que Maximiliano continuaría su gobierno sin el apoyo de los franceses. El triunvirato galo respondió con una declaración firmada el 8 de diciembre en la que señalaban que, bajo su opinión, era imposible que el imperio sobreviviera por sus propios medios: el emperador debía abdicar. Entonces, Castelnau telegrafió a Napoleón III para hacerle saber la decisión de Maximiliano de permanecer en México. Cuando el emperador francés se enteró de la noticia, se puso furioso. Envió un telegrama de respuesta: «La evacuación debe completarse antes de marzo [de 1867]. Repatriad a la Legión Extranjera y a todos los franceses, soldados o no, que deseen regresar, así como a las Legiones austriaca y belga si así lo solicitan».[27]

Napoleón III acababa de romper otra promesa. En octubre, ya había incumplido el acuerdo de mantener el Ejército francés en México hasta finales de 1867 e insistido en marzo como fecha límite. Ahora, la Legión Extranjera —cuerpo que Napoleón III había dicho a Maximiliano que permanecería en el país— también se marcharía. No solo eso, sino que, tal como sabía el emperador francés, era, además, poco probable que los voluntarios austriacos y belgas permanecieran en México si se les daba vía libre para volver a Europa. Por último, se ordenó a todos los funcionarios franceses —desde los asesores financieros hasta los administradores— que dimitieran de sus cargos si estaban en el Ejército francés, o se los animó encarecidamente a ello, en caso de que no encuadrasen las filas de esta institución. En resumen, a partir de diciembre de 1866, cesó toda cooperación significativa con los franceses. Sin embargo, los galos insistieron en que se cumplieran las condiciones financieras acordadas con Maximiliano y se quedaron con la mitad de los cada vez más escasos ingresos aduaneros de Veracruz. La decisión de Napoleón III fue grosera a la par que táctica: privando todavía más a Maximiliano de hombres y dinero, el emperador francés esperaba que reconsiderase su situación y abdicara.

Maximiliano abandonó Orizaba el 12 de diciembre para regresar, lentamente, a Ciudad de México. La noche anterior hubo una fiesta. El champán había corrido a raudales para regocijo del bebedor Fischer, quien sacrificó su salud con tal de celebrar el imperio. A la mañana siguiente y a pesar de la resaca, el sacerdote tenía que madrugar. Tras quejarse a Basch de que sufría unos fuertes dolores de cabeza, Fischer solo llegó hasta la primera parada antes de anunciar que no podía viajar más lejos. Tras consultar con Basch, quien le aseguró que este tipo de dolencias solían pasarse, Maximiliano siguió adelante sin Fischer.

El 14 de diciembre, Maximiliano llegó a Puebla y se alojó en las afueras de la ciudad. Por desgracia para Bilimek, aquí, las expediciones para cazar mariposas resultaron menos fructíferas y cesaron después de unas cuantas salidas decepcionantes. Maximiliano también había empezado a practicar tiro después de cenar y, más acostumbrado al vaivén de la red que al chasquido de una pistola, el botánico a menudo se retiraba aquejado de los nervios. En cuanto al Gobierno, el emperador se reunió con sus ministros y con un ya recuperado Fischer, quien le prometió que el déficit desaparecería y se organizaría el ejército.

No era esta la opinión de Castelnau, a quien, al cabo de dos meses, Maximiliano le había concedido por fin una audiencia.

Llegó a Puebla el 20 de diciembre y se entrevistó con el emperador al día siguiente. Maximiliano lo recibió con frialdad, situándose en la sombra, de modo que, cuando Castelnau entró en la sala, el resplandeciente sol lo cegó. Saboreando esta pequeña victoria, Maximiliano le explicó entonces que seguía queriendo renunciar a la corona, pero que, honrado por el pueblo mexicano, partiría cuando este lo deseara. Así pues, había decidido celebrar un congreso nacional. Castelnau replicó que, un año antes, este habría sido un plan generoso, grandioso y factible; ahora, era imposible. La única manera de salvar tanto a México como su vida era a través de su inmediata abdicación. Sin inmutarse, Maximiliano dio por terminada la discusión al cabo de una hora.

Castelnau, esta vez junto a Dano, volvió a intentarlo al día siguiente. Mientras los franceses se llevaban la mitad de los pocos ingresos que le quedaban al imperio, un furioso Maximiliano se quejó acaloradamente de las promesas francesas incumplidas. «¿Es justo», preguntó, «que yo deba cumplir mis compromisos cuando vosotros incumplís los vuestros?». Dano eludió esta incómoda acusación y, entonces, Castelnau volvió a implorar a Maximiliano que abdicara. El emperador se había echado en brazos de los «débiles e impotentes» conservadores, la fuerza del Partido Liberal aumentaba día a día, los soldados franceses se retiraban y el Ejército estadounidense maniobraba para ayudar a Juárez. Tras la partida de los franceses, la guerra civil se intensificaría en toda su furia, lo que conduciría, en medio de una terrible carnicería, al colapso del imperio. Maximiliano tenía el poder de detener todo esto. Debía abdicar, concluyó Castelnau, en nombre de la humanidad y en interés de México.

Maximiliano respondió que nadie deseaba menos el poder tanto como él. Estaba dispuesto a renunciar a todo si ello se podía hacer de forma honrosa, pero se consideraba un soldado ejerciendo de centinela, por lo que solo podían relevarlo de su deber las personas que lo habían puesto allí. Volviendo sobre su idea del congreso y afirmando que esta era, en realidad, la opinión del propio Napoleón III, Maximiliano dijo que sabía muy bien que ello daría como resultado la elección de Juárez. El emperador sería el primero en felicitar al recién elegido presidente, desearle un destino más feliz que el que había disfrutado su persona y, luego, tomaría el camino de Veracruz como un simple ciudadano de la República mexicana antes de partir hacia Europa.

Dano y Castelnau insistieron en que el congreso era un imposible y, después, le hicieron entrega de una nota que habían firmado con Bazaine donde se recomendaba la abdicación. Maximiliano la leyó sin emoción. Luego, cogió otra de su escritorio y se la entregó a Castelnau. Era un mensaje de Bazaine que afirmaba que nada era posible en México al margen del imperio, al que el mariscal haría todo lo posible por apoyar. Después de que el asombro de Castelnau desapareciera, Maximiliano explicó que conocía bien a Bazaine y que, a menudo, había sido víctima de su disimulo, pero que, en última instancia, podía contar con su apoyo. Al ver que era inútil continuar con la conversación, Castelnau y Dano se despidieron.[28]

Castelnau creía que la propia fortuna de Bazaine estaba ligada a la supervivencia del imperio y, desde hacía tiempo, sospechaba que el mariscal animaba en secreto a Maximiliano a seguir siendo emperador. «Sé, sin lugar a duda, que el mariscal Bazaine ha traicionado los intereses de su majestad para favorecer los suyos propios», dijo Castelnau a Napoleón III, acusando a Bazaine de traición.[29] Para añadir un barniz de sainete a estas confabulaciones, Bazaine se encontró con un borrador de la carta de Castelnau que lo acusaba de traicionar a Francia: un soldado, que había estado en el cuartel general del mariscal, se topó con una copia arrugada en el suelo mientras barría el apartamento de Castelnau o, si se ha de creer al ayudante de campo de Bazaine, cuando estaba en el baño y tenía una acuciante necesidad de encontrar papel.

El azaroso descubrimiento sugiere que Bazaine tenía vigilado a Castelnau, pero, sea como fuere, le dio al mariscal la oportunidad de refutar las acusaciones y hacer algunas de su parte.

Bazaine escribió al ministro de Guerra a fin de defenderse, insistiendo en que no había influido de forma encubierta en la decisión de Maximiliano. Lo que había dicho era que, si el emperador mostraba energía, confiaba en los conservadores y decidía permanecer en el poder, entonces, la Legión Extranjera y los franceses que estaban ayudando a organizar el Ejército mexicano permanecerían en México. Tal como señaló Bazaine, esto era lo acordado con Napoleón III y la política del Gobierno solo cambió con su telegrama de diciembre. Sostuvo que tanto Castelnau como Dano le habían impedido acudir a Orizaba y estar presente en el que, según el mariscal, era el momento fundamental para convencer a Maximiliano. Luego, se habían ido a Puebla sin él. Aquí, afirmaba Bazaine, podrían haber conseguido la abdicación de Maximiliano si no se hubieran mostrado tan arrogantes y hostiles.

Las acusaciones de Castelnau eran infundadas. Las únicas maniobras secretas en las que se involucró fueron sus intentos de sobornar a los consejeros de Maximiliano a fin de que le recomendasen la abdicación. Incluso Napoleón III se dio cuenta de que su ayudante se había excedido y le envió un telegrama de advertencia: «No forcéis al emperador a abdicar».[30] Todo lo que Napoleón III quería ahora era la rápida evacuación de las tropas francesas y extraer el mayor dinero posible del imperio de Maximiliano.

A principios de enero de 1867, Maximiliano regresó, por fin, a su capital.

—¿Perjudicará la estancia en Ciudad de México a mi salud? —preguntó el emperador a su médico.

—No a su salud —respondió Basch—, pero temo que pueda poner en peligro la vida de su majestad.[31]

9

Bajo asedio

La salud de Maximiliano estaba en tela de juicio. No se encontraba bien. Aquejado de fiebres y angustiado por Carlota, las tensiones de los últimos meses estaban grabadas en su cuerpo cuando, el 5 de enero, llegó sin hacer ruido a una destartalada granja lechera en las afueras de Ciudad de México. Aquí se quedaría. Habían enviado los muebles de Chapultepec a Veracruz y el emperador se negaba a dormir en el castillo vacío.

Maximiliano se consolaba con las cartas que recibía desde su hogar. Al menos su madre apoyaba su decisión de permanecer en México. Le escribió que, en una reunión navideña en Viena, rodeada de la familia imperial, se había acordado de Maximiliano y se le saltaron las lágrimas. Tras adivinar la causa, Francisco José le había dado la espalda con brusquedad. Aunque echaba tremendamente de menos a su hijo, Sofía añadió: «Estoy obligada a querer que permanezcas en México mientras esto sea posible y pueda hacerse con honor. Adiós, querido Max, todos te abrazamos de corazón y te enviamos nuestros mejores deseos de felicidad para el nuevo año». Carlos Luis, el hermano menor de Maximiliano, le había escrito ese mismo día: «Has hecho muy bien en dejar que te convenzan para permanecer en el país [...]; mientras puedas quedarte, mantén tu actual posición».[1]

Bazaine no compartía la misma opinión. Maximiliano, que se negaba a ver a ningún funcionario francés, hizo una excepción con el mariscal. Aunque durante más de un año había malmetido en su contra, el emperador se dio cuenta ahora de que, comparado con el desprecio de Castelnau, Bazaine era el más afable de los franceses de alto rango. Los dos charlaron durante horas, paseando cogidos del brazo. Sin embargo, el mensaje de Bazaine era sencillo: sin la Legión Extranjera, los voluntarios belgas y austriacos, y los franceses que se habían unido al Ejército mexicano, las fuerzas de Maximiliano caerían derrotadas. El emperador debía abdicar y marcharse ya.

Maximiliano rechazó nuevamente este consejo y repitió lo que había dicho tanto a Castelnau como a Dano. El emperador insistió en que se trataba, sobre todo, de una cuestión de honor: había hecho promesas que no podía romper. No obstante, reconoció la debilidad de su posición en México y pidió a Bazaine que repitiera su pronóstico a sus partidarios conservadores en otra reunión de gabinete concertada para el 14 de enero. Una vez más, el destino del imperio pendía de un hilo.

Ese día, Bazaine leyó en voz alta una declaración preparada con anterioridad. Dijo que la mayor parte del país estaba ahora bajo el control de Juárez. «¿Qué sentido tendría emprender una campaña militar y gastar enormes sumas para reconquistar el territorio perdido?». Él mismo respondió a esta pregunta: «Ninguno». El imperio estaba, argüía Bazaine, en bancarrota financiera, militar y política. «Me parece imposible», concluyó el mariscal, que Maximiliano pudiera «seguir gobernando el país». Si el emperador continuaba en el poder, sería solo como jefe de una facción que luchaba en una guerra civil que probablemente perdería.[2]

No obstante, los conservadores estaban decididos a luchar en esta guerra civil, pasara lo que pasase. En respuesta a Bazaine, Márquez prometió que las ciudades que en ese momento se encontraban en manos de los juaristas se declararían a favor del imperio en cuanto se lanzara una campaña militar. Sobre los recursos, los ministros prometieron 27 000 soldados y 11 millones de dólares anuales para financiarlos. El arzobispo Labastida declaró el apoyo de la Iglesia católica a su causa. Según sostenían los conservadores —y Fischer, que también estuvo presente en la reunión—, la monarquía contaba con el respaldo del pueblo. Los estados que se habían pasado a Juárez lo habían hecho porque odiaban a los invasores franceses, no el gobierno de Maximiliano.

El consejo volvió a pronunciarse a favor de la continuidad del imperio, con 28 votos contra 5.

Si Maximiliano esperaba que el pesimismo de Bazaine pudiera atemperar la belicosidad de los ministros conservadores o conseguir que se tomaran en serio la idea de un congreso, debió de sentirse decepcionado. En lugar de ello, se aprestaron para la lucha que se avecinaba, apelando a la nación mexicana, o a las pocas partes de ella que aún gobernaban. Todos —ricos o pobres— habían de inmolarse en nombre del imperio. En la práctica, esto significaba dinero, mientras que aquellos que no lo tuvieran deberían dar sus vidas. No serían sacrificios voluntarios: el dinero se recaudó mediante préstamos forzosos y se hicieron levas forzosas a fin de engrosar el ejército. Aquello estaba en consonancia con la práctica de numerosos gobiernos mexicanos anteriores, pero muy lejos de la determinación previa de Maximiliano de reinar por encima de los partidos, aunque no de la ley. En su lugar, sus ministros declararon que el emperador era un líder militar que sostenía la bandera nacional en sus manos y estaba dispuesto a «morir con vosotros, si es necesario, por la independencia y la libertad de la nación».[3]

Para muchos de sus antiguos partidarios liberales, Maximiliano era, ahora, justo lo que Bazaine había dicho: nada más que el jefe del Partido Conservador. Los liberales que no lo habían abandonado lo hicieron en ese momento. El glotón Ramírez, que lo había servido fielmente como ministro durante dos años, lloró cuando fue a despedirse por última vez; Maximiliano también tenía lágrimas en los ojos. Por miedo a las represalias de los juaristas, Ramírez se exilió en lugar de quedarse a observar los desarrollos de la guerra civil. Lo siguieron muchos otros imperialistas liberales: Ciudad de México ya no parecía segura.

Tras una marcha de épicas dimensiones desde el estado de Sinaloa, en la costa del Pacífico, los últimos restos de las fuerzas francesas, al mando del general Castagny, llegaron a la capital el 15 de enero. Las fiebres, la insolación y los combates habían quitado la vida a muchos de estos soldados, y los que sobrevivieron parecían cadáveres andantes cuando llegaron a su destino. Estas fueron las últimas tropas francesas estacionadas al norte de Ciudad de México que emprendieron la retirada. Con ellas, arribaron cientos de refugiados imperialistas, muchos de los cuales habían caminado durante semanas por montañas y desiertos.

Se fijó el 1 de febrero como fecha límite en la que el Ejército francés podía garantizar el paso seguro a Veracruz. Quienes disponían de medios hicieron preparativos con la misión de abandonar la capital, desesperados por salir de ella. Entre la alta sociedad, solo se hablaba de huida en las alegres fiestas organizadas como despedida de familiares y amigos. Para Stevenson, cuya familia fue una de las primeras en marcharse, estas parecían, más bien, velatorios. «Era como si nos lanzáramos a la noche y, como niños en la oscuridad, cantábamos en voz alta para mantener el coraje».[4]

A pesar del acercamiento personal con Bazaine, los franceses parecían estar haciendo todo lo posible para obstaculizar el esfuerzo bélico conservador. Efectivamente, Castelnau había decidido debilitar al emperador. Ya fuera por despecho o porque pensaba que, si debilitaba al imperio, aún podría persuadir a Maximiliano para que abdicase, Castelnau se aseguró de que estuvieran a disposición de los imperialistas la menor cantidad posible de los ingresos aduaneros de Veracruz —a estas alturas, la única fuente de ingresos significativa del imperio—, así como el equipo militar que los franceses no podían transportar a Francia. Allí donde los franceses se retiraban, destruían las piezas de artillería, echaban la pólvora a perder y derribaban las fortificaciones. A finales de enero, Lares se quejó a Bazaine, cuestionando el honor de un ejército que se comportaba de esa manera. Esto enfureció incluso a Bazaine —por lo general, se mostraba paciente— y, el 28 de enero, informó al ministro de que dejaría de comunicarse con su Gobierno.

Bazaine escribió personalmente a Maximiliano para explicarle sus acciones. Le aseguró que, en la medida de lo posible, estaba ayudando a los imperialistas en todo lo que le permitían sus instrucciones. Sin embargo, de nuevo, lo advirtió de que sus ministros conservadores tenían poco apoyo y que el hecho de permanecer junto a ellos implicaría una época de «represalias sanguinarias, de graves catástrofes, de ruina total y anarquía».[5] Esto, a su vez, fue demasiado para Maximiliano. Furioso, dejó que el siempre presente Fischer escribiera al mariscal: el emperador no podía aceptar un lenguaje tan insultante hacia su Gobierno. Maximiliano se negó ahora a tener trato alguno con Bazaine.

Al amanecer del 5 de febrero de 1867, la bandera francesa fue arriada de su cuartel general en Ciudad de México, donde había ondeado durante casi cuatro años. Las multitudes se alineaban en las calles, mirando en silencio cómo las tropas galas se concentraban en un parque público cercano antes de que Bazaine y sus oficiales las condujeran fuera de la capital mientras una banda militar tocaba desafiantemente. Detrás de estas, venían los refugiados, decididos a seguir la estela del Ejército francés. Las puertas y ventanas del Palacio Nacional permanecían cerradas. En el tejado, el emperador, envuelto en una capa gris para protegerse del frío matinal, se asomó desde detrás de un antepecho. Una vez perdido de vista el último soldado francés, se dio la vuelta y dijo: «¡Henos libres al fin!».[6]

En Ciudad de México, había quien estaba más preocupado. Márquez fue puesto al mando de la capital y, esa noche, se colocó un anuncio en las plazas. El texto parecía más una amenaza que el amanecer de una próspera nueva era: «Como me conocéis», declaró el general, «creo innecesario deciros nada». Sin embargo, lo cierto es que sí lo hizo: «Moriré antes que permitir el menor desorden». Si alguien tenía la «loca pretensión de turbar la paz», emplearía contra él toda la fuerza de sus poderes. Inmediatamente, le siguió otro comunicado. «Aunque, en la actualidad, no hay ningún motivo de alarma», comenzaba el decreto, algo falso teniendo en cuenta lo que ocurrió a continuación, la ciudad debía estar preparada para cualquier eventualidad. A continuación, indicaba lo que la población debía hacer si atacaban la ciudad.[7]

A pesar de las afirmaciones en sentido contrario de Márquez, los ejércitos juaristas se acercaban raudos a la capital. Díaz, comandante del Ejército de Oriente, llegaba desde el sur. En octubre de 1866, avanzó sobre Oaxaca. Antes del asalto final, Díaz había recibido noticias de que mil quinientos soldados imperiales, muchos pertenecientes a la Legión Austriaca, marchaban hacia la ciudad para aliviar el asedio. En lugar de ir a su encuentro fuera de la urbe, el comandante les tendió una emboscada en las colinas circundantes. Tras sorprender a la columna de socorro, los juaristas salieron triunfantes de los feroces combates. Díaz informó de importantes pérdidas, y trescientos noventa y seis polacos, húngaros y austriacos fueron hechos prisioneros. Los oficiales mexicanos fueron fusilados conforme estipulaba la ley de Juárez de enero de 1862. Los cañones y la artillería capturados se volvieron contra Oaxaca, que capituló dos semanas después. Sin embargo, en el norte, las cosas no iban bien para Juárez. En esta región, los liberales estaban en guerra entre sí. En nombre de Juárez, Escobedo asediaba Matamoros, bajo el control del liberal Canales, que servía a Ortega, el candidato rival a la presidencia. Para complicar aún más las cosas, el 23 de noviembre de 1866, el Ejército estadounidense cruzó el río Bravo —en apariencia, con la misión de mantener la ley y el orden—, ocupó la plaza mayor de Matamoros e izó las barras y estrellas. El coronel estadounidense al mando esperaba que Escobedo y Canales llegaran a un acuerdo; sin embargo, solo consiguió mediar en una reunión donde los dos mexicanos se insultaron durante horas y se negaron a transigir.

Tras fracasar con los insultos, Escobedo intentó hacerse con la ciudad mediante las balas, atacándola al día siguiente, pero los encarnizados combates solo dieron lugar a un tenso alto el fuego. Cayeron varios centenares de los soldados que, meses antes, habían aplastado a la Legión Austriaca de Pitner. Aunque Canales seguía ocupando la ciudad, se dio cuenta de que no podía resistir indefinidamente y llegó a un incómodo entendimiento con Escobedo. A cambio de someterse a la autoridad de Juárez, Canales dejó que Escobedo ocupara Matamoros de manera breve y simbólica antes de que este se dirigiera al sur para luchar contra los imperialistas.

En última instancia, fue Estados Unidos el ente que contribuyó a poner fin a estas divisiones en las filas liberales. Ortega —que se encontraba en Nueva Orleans— publicó un manifiesto en el que anunciaba su inminente marcha a México para asumir la presidencia. Antes de que pudiera hacerlo, las autoridades estadounidenses intervinieron con el objetivo de proteger a Juárez y lo detuvieron. Permaneció retenido durante más de un mes, tiempo durante el cual se debilitó el apoyo a su causa. Cuando finalmente llegó a México, los juaristas volvieron a encarcelarlo en enero de 1867.

Con Matamoros pacificado, Escobedo avanzó rápido hacia el sur. Mientras Díaz se acercaba a Ciudad de México desde la otra dirección, los juaristas rodeaban el imperio de Maximiliano como un lazo que se tensaba alrededor de la capital. El territorio del imperio se había reducido a poco más que Ciudad de México, unas pocas urbes al noroeste inmediato —Querétaro y Morelia estaban especialmente bien guarnecidas— y una franja de fortalezas que se extendía hacia el este hasta Veracruz. A finales de enero de 1867, los juaristas tomaron Cuernavaca. La pérdida del retiro de Maximiliano fue un golpe personal y dejó a las fuerzas liberales a solo un día de marcha de la capital.

Quedó en manos del Ejército imperial y de los voluntarios extranjeros defender los remanentes del imperio. Sin embargo, los últimos estaban faltos de moral, rara vez cobraban y los motines eran cada vez más frecuentes. Para evitar un colapso total, Maximiliano los liberó de sus juramentos con la esperanza de que volvieran a alistarse en el Ejército mexicano. De los 8000 voluntarios que habían ido a luchar a México, solo 173 oficiales y 650 hombres decidieron quedarse. Más allá de estas fuerzas, Maximiliano dependía de las habilidades militares de Márquez, Mejía y Miramón.

Decidido a demostrar su destreza, Miramón había salido de Ciudad de México el 28 de diciembre de 1866 con solo cuatrocientos hombres, planeando unir varias fuerzas imperialistas bajo su mando y, luego, llevar la lucha al enemigo. Con una rapidez tal que habría impresionado a los prusianos a los que estuvo unido en Berlín, se dirigió desde la capital hacia Querétaro, al noroeste. Desde aquí, recorrió las ciudades cercanas, reclutando hombres a su paso. Finalmente, el 20 de enero, con una fuerza de unos mil quinientos hombres, caballería y artillería, Miramón se dirigió más al norte.

Desde la otra dirección, venía Juárez, que había seguido de cerca al ejército de Escobedo en su marcha hacia el sur. El 22 de enero, el presidente entró en Zacatecas, donde los republicanos demostraron ser tan hábiles como los monárquicos a la hora de organizar bailes y fuegos artificiales para celebrar la ocasión. Sin embargo, estas festividades se interrumpieron en el momento en el que se supo que Miramón se acercaba. El presidente, tomado completamente por sorpresa, decidió quedarse y organizar las defensas. Juárez no podía permitirse huir ante el enemigo, y menos ante Miramón, a quien había derrotado en 1861.

La noche del 26 de enero, las fuerzas de Miramón ocuparon puntos clave alrededor de la ciudad y, a la mañana siguiente, atacaron. Los generales de Juárez advirtieron que no podían mantener la ciudad; el presidente debía escapar antes de que cayera. Cuando Juárez salió del ayuntamiento, las tropas de Miramón aparecieron en las calles y dispararon contra la escolta del presidente, pero logró alcanzar su carruaje. La caballería imperialista, al mando de Joaquín, hermano de Miramón, persiguió a Juárez durante kilómetros, pero no pudieron darle caza.

Desde una colina cercana, Miramón observó cómo Juárez huía, luego, entró en la ciudad antes de telegrafiar a la capital para informar de que había tomado Zacatecas. «Artillería, armas, carruajes y prisioneros han quedado en mi poder. Juárez se ha salvado por la velocidad de su carruaje».[8] En Ciudad de México, Maximiliano estaba eufórico. La audacia de Miramón demostraba que podía confiar en sus generales mexicanos, ahora liberados del mando francés. El emperador incluso visitó la casa de Concepción, que estaba en los últimos meses de embarazo, para felicitarla por el éxito de su marido. Habría sido un brillante golpe de efecto si hubiera capturado al presidente, pero, con muy pocas tropas para mantener la ciudad, Miramón debió abandonar Zacatecas a los pocos días y retirarse a fin de que su pequeño ejército no quedara aislado en territorio hostil.

Se fue demasiado tarde. Mediante marchas rápidas y agotadoras, Escobedo alcanzó a Miramón a unos sesenta kilómetros al sudeste de Zacatecas y lo obligó a combatir en una remota hacienda. Muchos de los republicanos —que superaban en número a los imperialistas— estaban armados con los últimos fusiles de repetición de fabricación estadounidense, y su victoria fue casi total. Miramón consiguió escapar con parte de su caballería, pero Escobedo se apoderó tanto de armas como de dinero y dejó a unos doscientos imperialistas fallecidos en el campo de batalla.

Junto con otras quinientas personas, Joaquín, el hermano de Miramón, fue capturado, y a los pocos días, ejecutado. Apenas le dieron tiempo para escribir a su mujer antes de, malherido en una pierna, renquear hacia el pelotón de fusilamiento. Le dolía demasiado estar de pie y tuvo que pedir permiso para apoyarse en la pared antes de que lo fusilaran. Miramón se enteró de que, más adelante, habían empleado su cadáver para hacer prácticas de tiro. Entre los demás prisioneros, se encontraban un centenar de franceses que se habían ofrecido voluntarios con la misión de quedarse y luchar por Maximiliano. Tras varios días de cautiverio y mientras lavaban sus ropas, se les informó de que ellos también serían ajusticiados. Para evitar cualquier intento de fuga, fueron conducidos en pequeños grupos al lugar de la ejecución; abrazaron a sus compañeros antes de partir. Según se dijo, un francés, ileso tras la primera descarga, fue añadido a otro grupo. Esta vez, solo resultó levemente herido antes de, al final, ser atado y despachado a quemarropa junto con un tercer pelotón recién llegado. Se tardó más de una hora en matarlos a todos.

Cuando Bazaine tuvo noticias de la catastrófica derrota de Miramón, envió un mensaje a la capital en el que decía que todavía podía ayudar a Maximiliano a salir de México, pero que «en pocos días, será demasiado tarde».[9] Sin embargo, Maximiliano nunca lo recibió y el Ejército francés partió sin él. Habían pasado más de cinco años desde que las primeras tropas galas desembarcaron en México. Ahora, Bazaine era uno de los últimos en marcharse y zarpó de Veracruz el 12 de marzo de 1867.

Maximiliano no se encontraba en Ciudad de México cuando llegó el mensaje de Bazaine porque Márquez lo había persuadido para que tomara personalmente el mando de los remanentes del Ejército imperial y marchase a Querétaro. El plan consistía en rescatar a las asediadas fuerzas de Miramón, que aguardaban el inminente ataque de Escobedo. Márquez razono que, si el emperador obtenía una gloriosa victoria sobre el mejor general de Juárez, se restablecería la confianza en el imperio.

Así, la mañana del 13 de febrero, Maximiliano partió de Ciudad de México al frente de 1500 quinientos hombres y con solo 50 000 pesos, ya que las promesas anteriores de su Consejo de Ministros de obtener más hombres y dinero habían resultado exageradas. Maximiliano nunca había luchado en un ejército, y mucho menos comandado uno. Ahora bien, vestido con uniforme de general, pantalones negros con botones plateados a los lados y unas botas que le llegaban a la rodilla, por lo menos, parecía un soldado, y además, mexicano, ya que lucía su amplio sombrero para completar su uniforme de combate. Iba armado con un sable y dos revólveres atados a su silla de montar, y siempre llevaba consigo un viejo telescopio naval, que utilizaba como catalejo. Para desesperación de los pocos oficiales austriacos que habían decidido luchar con él tras la disolución de su legión, Márquez había convencido al emperador de que la fuerza de socorro solo debía estar dirigida por oficiales mexicanos. Los voluntarios extranjeros se quedaron en la capital a fin de guarnecerla.

Así pues, si bien Maximiliano daba el pego, su ejército distaba mucho de los ejercicios de desfile europeos que le habían aburrido en su infancia vienesa. Sus soldados no marchaban al paso, la artillería iba muy rezagada y, tal como era costumbre, las mujeres y los niños los seguían a mayor distancia. Puesto que las levas se habían realizado menos de seis semanas antes, muchas de las tropas aún llevaban las harapientas ropas con las que les obligaron a ingresar en el ejército. Los uniformes desafiaban el significado de la palabra y mostraban una enorme variación según la disponibilidad y la elección personal. Este convoy, que avanzaba lentamente por el terreno accidentado y montañoso que separa Ciudad de México de Querétaro, era un tentador objetivo para los guerrilleros que controlaban el campo.

Privado de sus oficiales austriacos, serían Márquez y el coronel Miguel López quienes estarían junto a Maximiliano durante el viaje de doscientos kilómetros hacia el noroeste. López, que había encabezado la escolta que llevó a Maximiliano y Carlota a Ciudad de México en 1864, gozaba del especial favor del emperador, que había apadrinado a su hijo. De pelo rubio y ojos azules, López era un excelente jinete que, con su chaqueta roja de dragón, lucía una elegante figura. Tenía unos modales impecables, cualidad que siempre atrajo a Maximiliano. Además, se había distinguido tanto en el terreno militar que fue uno de los pocos mexicanos condecorados con la Legión de Honor francesa. Dirigía el Regimiento de la Emperatriz, un cuerpo de caballería de élite.

Mientras su capital se alejaba en la distancia, Maximiliano recordó la huida de Ciudad de México por parte de Cortés unos cuatrocientos cincuenta años antes, después de que las fuerzas aztecas rodearan a los pocos centenares de conquistadores. Maximiliano reflexionó: «El hombre de hierro lloró con lágrimas amargas». Intentando consolarse con ello, continuó diciendo que esto «nos enseña […] que los hombres de la naturaleza más fuerte y dominante […] conocen raros momentos en los que se creen abandonados». También Cortés se había visto obligado a huir, pero, luego, «se levantó de su aflicción más fuerte que antes y retomó Ciudad de México».[10] Él se consoló con el paralelismo, aunque, seguramente, Cortés pasó menos tiempo haciendo anotaciones sobre los árboles y la fauna local en su viaje que el emperador.

A solo treinta kilómetros de la capital, se oyeron disparos mientras almorzaba con un sacerdote de la zona. Tras una breve escaramuza, se repelió a los guerrilleros, pero el siguiente ataque fue más serio y varios cientos de jinetes tendieron una emboscada. Maximiliano galopó al frente de sus tropas. Cuando los dio caza, a menos de tres metros de distancia, una bala alcanzó a un sargento, que cayó a tierra. Basch, uno de los pocos extranjeros que acompañaban al emperador, realizó su primera operación sobre el terreno mientras el ejército de Maximiliano lograba rechazar a los atacantes.

En la siguiente parada, el pueblo de Cuautitlán, Vidaurri —uno de los tenientes de mayor confianza de Maximiliano y de los pocos partidarios que, a pesar de su cariz más liberal, se habían mantenido fieles— se unió a los imperialistas. Tras partir con retraso de Ciudad de México, les había alcanzado después de una dura cabalgada. De manera increíble, lo acompañaba Félix de Salm-Salm, un príncipe y aristócrata prusiano convertido en soldado de fortuna que había luchado con gran distinción por la Unión. Tras el fin de la guerra civil estadounidense, Salm-Salm ofreció sus servicios al imperio y se alistó en el Ejército imperial. De treinta y ocho años, y con un bigote que recordaba al de Napoleón III, Salm-Salm era valiente hasta lo temerario y había convencido a Vidaurri para que lo incorporase a su Estado Mayor. Así se aseguraba de que podría unirse a Maximiliano a pesar de la insistencia de Márquez en que los oficiales extranjeros permanecieran en la capital.

Salm-Salm había venido a México acompañado de Inés, su esposa de origen estadounidense. Era una princesa inverosímil y había crecido en el circo antes de convertirse en actriz, pero, una vez casados, el matrimonio era inseparable. Acompañaba a Salm-Salm en campaña, a veces incluso luchaba ella misma; sin embargo, su esposo le había prohibido que lo acompañase a Querétaro. Tras una acalorada discusión que duró casi un día entero, se había resignado a permanecer en Ciudad de México, en compañía de Jimmy, su perro.

Una vez que el ejército se puso de nuevo en marcha, Maximiliano se encontró con un soldado imperial, con el cuerpo mutilado y el cráneo aplastado, colgado boca abajo de un árbol en el patio de una iglesia. Los juaristas habían dejado su cadáver en señal de advertencia tras haberlo capturado y ejecutado. La columna se abrió paso hasta Querétaro, a menudo, bajo el fuego enemigo. Cuando los ayudantes del emperador lo instaron a ponerse a cubierto, respondió: «¿Cómo quieren ustedes que me cuide de la primera ocasión?».[11] Demostró una enorme calma. Tal como declaró más tarde a Bilimek, mientras las balas silbaban a su alrededor, «vi revolotear las más bellas mariposas». Y añadió: «Caer espada en mano es el destino, no una desgracia».

Además de sangre fría, Maximiliano demostró el espíritu combativo de un líder militar. El 17 de febrero, cuatro días después de abandonar Ciudad de México, detuvo la marcha y dirigió una admonición a sus soldados. Llevaba mucho tiempo queriendo ser su comandante supremo, les dijo. Por fin, libre de interferencias extranjeras, podía dirigirlos. Confiando en que Dios protegería a

México, «luchemos con espíritu indomable bajo este grito sagrado: ¡Viva la independencia!».[12]

La ciudad de Querétaro, acérrimamente conservadora, religiosa y proimperial, había esperado, ansiosa, el relevo. Por ello, la entrada de Maximiliano fue recibida con escenas de júbilo. Las tropas imperiales se alinearon en las calles desde la puerta sur hasta la casa donde se alojaba el emperador, mientras que los balcones y tejados se llenaron de gente que lo aclamaba. Las salvas de artillería, los fuegos artificiales y las campanas se sumaron al ruido, que, tal como cabía esperar, Maximiliano consideró más entusiasta que nunca. Cuando el cortejo alcanzó el centro, bajó del caballo y saludó calurosamente tanto a Miramón como a Mejía, que habían llegado a la ciudad con antelación. Tras aquello, siguieron el tedeum y el banquete de rigor. Los ánimos se caldearon todavía más al día siguiente con la llegada del general Ramón Méndez, el comandante imperialista cuyos cerca de tres mil aguerridos veteranos habían estado luchando en el estado de Michoacán. Invictos, habían abandonado la capital del estado cuando les llegó la noticia del viaje del emperador y se dirigieron a Querétaro. Maximiliano quedó muy impresionado con estos soldados, bien equipados, bien entrenados y bien disciplinados, que lo saludaron con gritos de «¡Viva el emperador!» cuando pasó revista.

En los días siguientes, los imperialistas más devotos se las ingeniaron para congregarse en Querétaro. El austriaco Pitner, a quien Escobedo había puesto en libertad condicional tras ocho meses de prisión, incluso faltó a su palabra y se unió a Maximiliano en lugar de partir hacia Europa. Ahora, el emperador tenía a su lado a los nombres más famosos del Partido Conservador: Mejía, Márquez y Miramón, así como al liberal Vidaurri, quien seguía siendo popular en el norte de México. Aunque las tropas eran de diversa calidad —algunas reclutadas semanas antes, otras con décadas de experiencia, y aún muchos voluntarios extranjeros en las filas— Maximiliano contaba con unos nueve mil hombres a sus órdenes.

La cuestión era cómo emplearlos, ya que tres ejércitos republicanos convergían hacia Querétaro. El general Ramón Corona se acercaba, desde el oeste, con ocho mil hombres; Escobedo, por el norte, con doce mil. El general Vicente Riva Palacio estaba algo por detrás de los otros dos: traía siete mil soldados. Una vez sumadas tales fuerzas, los juaristas superarían en número a los imperialistas tres a uno. Aunque nominalmente estaba al mando, Maximiliano se mostró indeciso y delegó en sus generales. Miramón instó a atacar de inmediato a las tropas de Escobedo para dispersarlas antes de que Corona llegara con refuerzos. No obstante, Miramón había caído en desgracia ante el emperador debido a su reciente derrota, y ahora este se prefería el consejo de Márquez. Su plan era enviar refuerzos y dinero desde Ciudad de México, y esperar su llegada antes de emprender cualquier acción contra el enemigo.

Mientras aguardaba más apoyo de la capital, Maximiliano se mezclaba libremente entre la gente de Querétaro. Cuando no vestía de uniforme militar, llevaba una sencilla guerrera azul y lo acompañaba un bastón, más que un sable. Aficionado a los puros, a menudo pedía fuego en la calle a gente desprevenida y hablaba de manera informal con ellos mientras fumaba. Su alojamiento distaba mucho del lujo de Chapultepec. Tenía dos sencillas habitaciones: una ejercía de dormitorio, y la otra, de estudio. Incluso en campaña, se adhería a una severa rutina: tras cenar con unos pocos amigos, jugaba al billar y, luego, se iba a la cama a las nueve para despertarse a las cinco.

Hasta que llegasen más recursos de la capital, Vidaurri debió organizar como pudo, en Querétaro, la financiación. Pronto se agotaron los 50 000 dólares. Tras extraer préstamos forzosos de los 40 000 habitantes, consiguió ingeniárselas para aprovisionar un ejército de 9000 hombres, pero estas medidas de emergencia solo eran una solución a corto plazo. A pesar de estas dificultades, la vida en la ciudad continuó igual que antes: el teatro permaneció abierto, un café francés se convirtió en el lugar de reunión preferido de los oficiales e incluso se celebró una corrida de toros para su disfrute. Los queretanos se encariñaron con Maximiliano, que, entonces, gozaba de buen ánimo.

El 4 de marzo, los imperialistas recibieron la noticia de que el enemigo se acercaba. La febril actividad militar sustituyó a las conversaciones de café al día siguiente, cuando el enemigo apareció concentrado en la llanura al oeste de la ciudad. Se acabó cualquier esperanza de derrotar a los ejércitos republicanos por separado: había comenzado el asedio.

Querétaro, que se construyó bajo el típico estilo colonial español, se encuentra en un valle rodeado de colinas por tres lados y de una llanura abierta al oeste. Un río atravesaba el norte de la ciudad, mientras que un magnífico acueducto de piedra del siglo XVIII la abastecía de agua dulce desde el este. Sin embargo, tal como señaló Salm-Salm, era el peor lugar del mundo para ejercer una defensa, ya que, si los sitiados no mantenían el terreno elevado, el enemigo tendría todos los edificios a tiro de cañón y Maximiliano no dispondría de tropas suficientes con las que ocupar las colinas.

En su lugar, los imperialistas decidieron defender los puntos fuertes de la urbe. El río proporcionaba una salvaguardia natural al norte; al sur, se fortificaron un caserío de piedra conocido como la Casa Blanca, y la Alameda, un parque público. Al este, el convento de Santa Cruz, de gruesos muros, se convirtió en ciudadela. Por último, en el oeste, se guarneció el Cerro de las Campanas, una pequeña colina rocosa, aislada y cubierta de cactus, que se eleva suavemente desde la ciudad antes de caer de manera más abrupta sobre la llanura. Nueve mil soldados, y quizá treinta mil personas, se hacinaban en un espacio que, de oeste a este, podía recorrerse a paso ligero en media hora, y de norte a sur, en veinte minutos. Los imperialistas ni siquiera controlaban toda la ciudad, puesto que, en la otra margen del río, los hombres de Escobedo ocuparon aprisa el suburbio de San Sebastián.

Desde el Cerro de las Campanas, que domina la ciudad y la llanura, Maximiliano estableció su cuartel general en previsión de un ataque inmediato. Aquí, durmió a la intemperie. Durante el día, para su deleite, encontró un hueco en las rocas, una pequeña cueva, a la sombra del sol y rodeada de altos cactus. Era un lugar en el que tomarse un respiro de la revista a las tropas y los preparativos militares. Cuando Basch llegó a la colina, el emperador le mostró entusiasmado el lugar. «No hables a nadie de este tesoro. Me gustaría estar solo aquí», le dijo a su médico.[13] Sin duda, parte de su atractivo se debía a que la cueva era un lugar perfecto en el que observar a los colibríes que revoloteaban por la colina. Con la banda sonora de los intermitentes disparos, Maximiliano desayunaba aquí todos los días a las diez. La ciudad estaba bien aprovisionada, y el emperador disfrutó de pavo asado, embutidos, huevos, queso, pan y vino.

Los generales de Maximiliano predijeron que los liberales atacarían de inmediato, pero, cuando la esperada ofensiva no se materializó, se decidió trasladar el cuartel general al convento de gruesas paredes —conocido por los defensores como La Cruz—, que proporcionaba una mayor comodidad y seguridad. Así pues, el 13 de marzo, Maximiliano se instaló en una antigua celda de monjas dividida en dos habitaciones. En una, tenía una mesa y dos sillas a modo de despacho, y la otra le servía de dormitorio. Una cama de campaña de hierro, un lavabo, un perchero y algunas sillas eran todo el mobiliario de la cámara. El Estado Mayor de Maximiliano ocupaba las habitaciones cercanas. Mientras que los miembros no militares del círculo íntimo de Maximiliano, como Fischer y Bilimek, habían optado por permanecer en la relativa seguridad de Ciudad de México, Blasio —el secretario privado del emperador y recién llegado de Europa— había insistido en acompañar a Maximiliano a Querétaro. Allí ocupó una celda con un pasillo que se comunicaba con la del monarca y se las arregló para conseguir provisiones, entre las que destacaba el vino.

Escobedo no tenía prisa por atacar. Pasó el tiempo reconociendo las posiciones de Maximiliano, ocupando el terreno elevado circundante y disponiendo su artillería. Una vez completado el cerco, las tropas republicanas cortaron el acueducto que suministraba agua dulce a la ciudad. Escobedo, que estaba bien surtido tanto de armas como de voluntarios de la Legión de Honor estadounidense, había reunido unos treinta mil soldados listos para atacar Querétaro. En San Luis Potosí, unos doscientos kilómetros al norte, Juárez se mostraba impaciente porque Escobedo comenzara su ataque e insistió en que su general solo aceptase la rendición incondicional de Maximiliano y sus partidarios.

En la mañana del 14 de marzo, Maximiliano pasó revista a sus tropas en el patio del convento. Mientras pronunciaba un discurso, la artillería de los cañones republicanos en las proximidades se estrelló contra los muros: había comenzado el ataque juarista. Con los explosivos cayendo a su alrededor, el emperador y sus ayudantes corrieron a través de los jardines hasta una plaza menos expuesta al otro lado del convento. Sin embargo, todavía estaban a tiro, ya que un explosivo cayó a pocos pasos de Maximiliano y su Estado Mayor. Mientras que todos se echaron a tierra, el emperador permaneció serenamente en pie y la bomba detonó sin herir a nadie.

En el campanario del convento, un oficial con un anteojo gritaba los movimientos del enemigo a Maximiliano y a los comandantes que se encontraban abajo, coordinando desesperadamente la defensa. Los constitucionales atacaban la ciudad por tres flancos. La caballería avanzaba desde el sur, la infantería se abalanzaba sobre el convento desde el este y los liberales habían traído una pieza de artillería para asegurar un puente y cruzar el río desde el norte.

Al sur, Mejía lanzó su caballería en un inmediato contraataque. Dirigiendo él mismo la carga con lanza y sable, fue tal su

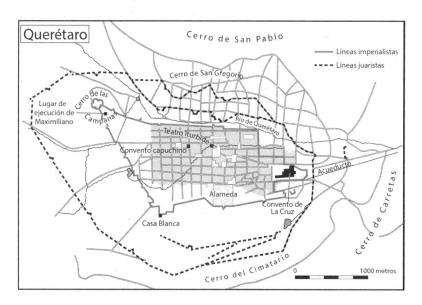

El asedio de Querétaro

furiosa impetuosidad que la caballería imperial hizo retroceder a los juaristas hasta su propio campamento, matando a muchos y haciendo más prisioneros. Los liberales se reagruparon para un segundo ataque, pero este resultó incluso más desastroso que el primero.

Mientras tanto, la lucha en el puente del norte se volvió más encarnizada. También allí se había rechazado una ofensiva, pero los juaristas habían ocupado las casas de la otra margen del río y sus francotiradores mantenían inmovilizadas a las tropas imperiales. Bajo esta cobertura, los republicanos subieron una pieza de artillería, que comenzó a disparar contra la batería imperial que defendía la construcción. Salm-Salm recibió la orden de atacar el cañón, y expulsar a los liberales de las calles y casas de la orilla norte del río. Tras dirigirse a sus hombres en un español macarrónico, sus tropas gritaron «¡Viva el emperador!» mientras corrían por el puente hacia el cañón. Los liberales que lo defendían se mantuvieron firmes, pero cayeron bajo un intenso fuego, y los pocos supervivientes fueron asesinados a bayonetazos o garrotazos. Los soldados de infantería liberales que estaban en la calle se atrincheraron en las casas cercanas. Los hombres de Salm-Salm derribaron las puertas y masacraron a cuantos se encontraban dentro. El prusiano recordaba el momento en el que un hombre —que ya había asesinado a cuatro personas en una misma habitación— se encontró con otro de rodillas que pedía clemencia. «Toda la piedad que te concederé», dijo el imperialista antes de dispararle, es que «te daré el honor de una bala».[14]

Mientras las zonas al norte y al sur permanecían seguras, los hombres de Escobedo atacaron el convento. Al otro lado de los jardines, al este, había una capilla que Márquez, al no esperar una ofensiva desde esta dirección, había dejado mal defendida. Las tropas liberales no tardaron en ocuparla, así como algunas casas de los alrededores, a solo unos cientos de metros del propio convento. A fin de retomar el edificio, los soldados imperiales abrieron un boquete en el muro oriental, pero, con las prisas, lo hicieron demasiado estrecho y, al pasar a través de él, las balas los acribillaron. Algunos consiguieron entrar en los jardines, aunque sus oficiales y muchos más soldados perecieron. Cuando se dio la orden de retirada, los soldados intentaron retroceder por la abertura, pasando por encima de los cadáveres de sus compañeros. En el momento en el que los republicanos se acercaron, el propio Márquez dirigió el contraataque. Tras levantarse de una barricada cuando sus tropas flaquearon, el general coordinó su avance mientras los proyectiles y las balas pasaban silbando. Los imperialistas concentraron su artillería y, finalmente, recuperaron la capilla y las casas aledañas.

Miramón llegó entonces al recinto del convento después de haber guiado la defensa en el resto de líneas. Tras anunciar que se había repelido a los liberales, Maximiliano lo abrazó. A primera hora de la tarde, el emperador fue a inspeccionar sus tropas. Al pasar a caballo junto a los soldados que mantenían la línea, estos lo saludaron con vivas a la vez que los disparos de los tiradores de primera levantaban la tierra cerca de su caballo. A las seis, las campanas de Querétaro repicaron, las trompetas anunciaron la victoria y las tropas entonaron el himno nacional: Maximiliano era un héroe. Un oficial de artillería escribió que «todo el mundo estaba emocionado. El imperio se había salvado. […] Estos momentos fueron sublimes. Nunca los olvidaré. Fue el lado hermoso de la guerra».[15]

Aquel día, se hicieron cientos de prisioneros, algunos de ellos estadounidenses, uno de los cuales desfiló ante Maximiliano; el cautivo se negó a quitarse el sombrero en presencia del emperador. A Maximiliano le dolió una falta tan atroz a la etiqueta, y se produjo un silencio incómodo antes de que Méndez le retirase con tacto el sombrero al estadounidense.

—¿Por qué luchas contra nosotros? —preguntó Maximiliano.

—Porque soy republicano.

—Si de verdad eres republicano —replicó Maximiliano—, deberías haber luchado con el presidente constitucional Ortega.[16]

A pesar de la euforia de la victoria, la ciudad seguía sitiada y estos prisioneros añadieron más bocas que alimentar. La necesidad de refuerzos y dinero provenientes de Ciudad de México se hizo todavía más urgente cuando el tercer ejército juarista, al mando de Riva Palacio, llegó a Querétaro. Ahora, Escobedo contaba con unos cuarenta mil hombres. El techo de plomo del teatro se convirtió en balas de mosquete, mientras que las campanas de las iglesias se fundieron para fabricar proyectiles de artillería. Tan desesperados estaban los artilleros de Maximiliano por encontrar munición que se ofrecieron recompensas por los proyectiles que no habían explotado, y mujeres y niños los recuperaron de la ciudad.

Una semana después de rechazar a los juaristas, un consejo de guerra decidió que Márquez y Vidaurri escapasen con una pequeña fuerza y se dirigieran a Ciudad de México. Maximiliano, que se percató de que sus ministros conservadores de la capital lo habían defraudado —le habían proporcionado solo una fracción de lo prometido—, concedió amplios poderes a Márquez. El emperador lo nombró lugarteniente general del imperio, es decir, regente. Esto le confería autoridad suficiente como para recaudar dinero, reunir refuerzos y regresar a Querétaro en dos semanas. Maximiliano le pidió algunos buenos libros, copias de sus discursos y legislación, así como un mapa del país circundante, entre otros efectos personales.

El 22 de marzo, Miramón dirigió un ataque de distracción en la llanura occidental. El general tomó por sorpresa a los liberales y capturó carros cargados de víveres, sesenta bueyes y casi doscientas ovejas y cabras. Con los republicanos desorganizados, Márquez y Vidaurri se escabulleron esa noche sin ser vistos, junto con mil cien hombres de caballería. La derrota de los republicanos, las provisiones incautadas por Miramón y la facilidad con la que Márquez atravesó las líneas aumentaron la confianza de los imperialistas con miras a soportar otros quince días de guerra de asedio.

Mientras esperaba, Maximiliano, animal de costumbres, salía a dar un paseo diario entre las seis y las siete y media. Pronto los liberales se dieron cuenta de la rutina y concentraron su artillería en el convento para que coincidiese con su caminata. El monarca a menudo insistía en que Blasio lo acompañase a fin de poder dictarle notas; mientras los proyectiles y las balas volaban a su alrededor, Maximiliano esbozaba los detalles de etiqueta de la corte de emergencia que debían observarse en condiciones de asedio a su secretario. Finalmente, Miramón lo convenció de que no se expusiera con semejante descuido, arguyendo que morir en el campo de batalla era glorioso, pero morir sin necesidad, una necedad.

Márquez había prometido regresar en dos semanas, sin embargo, el 10 de abril, tercer aniversario de la fecha en la que Maximiliano aceptó el trono, no había rastro de él. Sin inmutarse, las más altas autoridades civiles que pudieron reunirse en Querétaro se presentaron ante el emperador para felicitarle por su reinado. El ministro de Justicia leyó un discurso que comenzaba, presumiblemente sin ironía, «En este día, su majestad se dignó aceptar la corona de México, abriendo con este memorable hecho para siempre las puertas de la esperanza para esta desdichada tierra». A pesar de que algunas evidencias estaban en contra de ello, el ministro insistió en que el imperio era la «voluntad de la nación», y la república, solo la «voluntad de unos pocos».

De manera extraordinaria, dadas las circunstancias, Maximiliano todavía sostuvo que deseaba la celebración de un congreso nacional en su discurso de respuesta. Hasta que eso fuera posible, defendería su imperio. Recordó a su audiencia sus anteriores discursos del 16 de septiembre. En 1865, había declarado que hasta la última gota de su sangre era mexicana y que lucharía por la independencia de la nación. El año siguiente, había dicho que ningún Habsburgo abandonaría su puesto. «Los que me rodean en los difíciles días de Querétaro ven que he cumplido mi palabra».[17]

Con el imperio reducido a unas pocas calles en Querétaro, estas declaraciones tenían algo de trágico. Sin embargo, más allá de la hipérbole, no había nada deshonesto en la celebración de valentía del emperador. El mismo día, Miramón, Mejía y Méndez, entre otros generales agolpados en la ciudad, entregaron a Maximiliano un elogio escrito que acompañaba a la medalla al valor que le habían concedido con anterioridad. Siguieron más discursos en los que se alababa el valor de Maximiliano, que vivía entre sus súbditos en medio del peligro. Para los leales imperialistas que defendían la ciudad, estos discursos no carecían de significado, pero la moral empezó a decaer al no tener todavía noticias de Márquez. Sin dinero con el que pagar a las tropas, los generales de Maximiliano se vieron obligados a extraer fondos como pudieron. Se gravaron las ventanas, los balcones y todo lo que quedaba. Debido a la escasez de alimentos, se sacrificaron caballos y mulas.

Desesperados por saber de los movimientos de Márquez, se enviaron espías desde la ciudad sitiada con miras a descubrir su paradero. Se asesinaba a los capturados, y luego los colgaban en postes con letreros que los declaraban «correo del emperador».[18] Con la situación deteriorándose cada día, se decidió que una fuerza militar debía salir y descubrir qué había sido de Márquez.

Tras una conferencia celebrada el 15 de abril, se acordó que Mejía abriría una brecha en las líneas liberales, encontraría a Márquez o avanzaría hacia Ciudad de México. Sin embargo, este estaba enfermo y se nombró a Salm-Salm en su lugar. Maximiliano dio al prusiano instrucciones secretas, desglosadas en veinte puntos que debía ejecutar una vez llegase a Ciudad de México. Tan apremiante le pareció la situación al emperador que le dio órdenes para que abandonara la capital en caso de que no hubiesen suficientes soldados con los que guarnecerla y aliviar el asedio. No obstante, indeciso como siempre, Maximiliano quería mantener abiertas sus opciones y Salm-Salm recibió autorización para entablar negociaciones con los juaristas. También debía averiguar si la corbeta austriaca en la que habría viajado Maximiliano a Europa meses antes si el emperador hubiera abdicado seguía en aguas mexicanas. Maximiliano volvió a pedir algunos buenos libros, a poder ser de historia, a fin de aliviar el tedio de la guerra de asedio.

A las dos, bajo una luna brillante, el pequeño contingente de imperialistas se puso en marcha. El plan consistía en cruzar el río y cabalgar hacia el este, en dirección a Sierra Gorda, donde se podría dar esquinazo a cualquier perseguidor. Un oficial mexicano que conocía el terreno condujo la marcha. El río era profundo, y sus orillas, empinadas, por lo que había que vadearlo lentamente. Salm-Salm iba en la retaguardia mientras los soldados cruzaban. Nada más llegar al otro lado, el enemigo abrió fuego por todas partes mientras los cohetes se elevaban al cielo con el objetivo de alertar a los liberales e iluminar los movimientos de los imperialistas.

Impertérrito, Salm-Salm presionó a lo largo de la orilla del río durante diez minutos antes de que los disparos alcanzaran de frente a las tropas, así como desde los flancos; entonces, una bala rozó al príncipe y otra alcanzó a su caballo. La marcha se detuvo. Salm-Salm corrió a buscar a uno de los oficiales al mando, que estaba agazapado detrás de una zanja. Unas densas columnas de infantería habían bloqueado su ruta; era imposible atravesarlas. No había más remedio que retroceder. «Nunca en mi vida me sentí tan furioso y humillado como en esta retirada», escribió Salm-Salm, que culpaba a la pusilanimidad de su compañero. Razonó que, si hubiera actuado con más rapidez, habrían abierto una brecha. Una vez que la noticia del fracaso se extendió por Querétaro, la moral —ya de por sí baja— empezó a derrumbarse. Quince oficiales firmaron una carta en la que instaban a Maximiliano a rendirse; tres de ellos fueron encarcelados por temor a que minasen más si cabe la confianza de los defensores. Pocos días después, otro espía imperialista apareció colgado de un árbol al otro lado del río con un cartel al cuello. No obstante, Maximiliano aún tenía fe. «Márquez todavía vendrá», le dijo a Salm-Salm.[19]

Finalmente, los imperialistas consiguieron introducir un espía en el bando liberal y, lo que es más importante, volver a cruzar sus líneas. Márquez no iba a venir: tras desobedecer las órdenes recibidas, lo habían derrotado de forma catastrófica al intentar socorrer Puebla, sitiada, a su vez, por las tropas de Díaz. El general republicano tomó la ciudad y, luego, había salido al paso de las fuerzas de Márquez. El lugarteniente general del imperio había conseguido retirarse a Ciudad de México, pero ahora se encontraba cercado en la capital con los pocos miles de hombres que le quedaban al imperio fuera de Querétaro. Así las cosas, no llegaría ayuda alguna.

El Ejército imperial no sabía nada de esto. «Sin duda, el general Márquez se presentará ante esta ciudad dentro de pocos días y [...] Querétaro verá pronto el día en el que terminen sus sufrimientos», se leía en un boletín del periódico oficial. Ahora que la única opción era romper el cerco, Maximiliano contó la noticia de la derrota de Márquez solo a unos pocos generales y decidieron que, el 27 de abril, todo el ejército lucharía para salir de la ciudad. La noche anterior, el emperador incluso mintió a Basch: «Márquez atacará mañana y nosotros haremos lo mismo al mismo tiempo».[20]

Esta vez, Miramón orquestó un ataque a vida o muerte al sur de la ciudad. Antes del amanecer, las tropas imperiales, superadas en número en proporción de tres a uno, observaban las brumosas colinas donde se atrincheraban los liberales. Al sonar la diana en el campamento enemigo, se dio la señal para el asalto y, en ambos bandos, comenzó a resonar el fragor de la artillería. Dos columnas imperiales —una de caballería y otra de infantería, dirigida por Pitner— emergieron de entre las nubes de humo y se abalanzaron sobre las líneas enemigas.

Flanqueados y cogidos por sorpresa, los republicanos rompieron la línea y huyeron. El general Corona, segundo al mando de las fuerzas liberales, vio cómo los imperialistas invadían su campamento y sus soldados se dispersaban por completo. Las fuerzas imperiales se apoderaron de veinte cañones, cientos de prisioneros y, lo más importante, de municiones, así como de provisiones. Los hambrientos habitantes de Querétaro se precipitaron hacia las desiertas líneas enemigas y saquearon los víveres que aún quedaban.

Maximiliano, que había estado esperando noticias en el convento, no tardó en llegar al lugar. Tras felicitar a Miramón, que cabalgó a su lado, inspeccionó lo que habían sido las líneas enemigas. El victorioso Miramón se dirigió a sus tropas y gritó: «¡Soldados! Viva su majestad el emperador». Las filas imperialistas prorrumpieron en vítores. Miramón había derrotado a las tropas republicanas, las colinas del sur de la ciudad estaban despejadas y, como Escobedo tardaría horas en volver a desplegar a los soldados, estaba abierto el camino hacia la capital.

Sin embargo, Miramón quería asegurar los flancos antes de escapar. Mientras reorganizaba sus tropas, Escobedo envió a la desesperada soldados con la misión de sellar el agujero en las líneas republicanas. En efecto, desde los alrededores de la ciudad, acudieron miles de ellos, incluida una división de choque conocida como los Supremos Poderes, la guardia personal de Juárez. Miramón tardó horas en estar preparado para ocupar las prominencias que se destacaban tras las trincheras liberales. Cuando por fin lo estuvo, Maximiliano decidió encabezar él mismo la marcha, con Miramón a su derecha y Salm-Salm a su izquierda, avanzando lentamente por el empinado talud.

Tras haber ascendido dos tercios de la colina, aparecieron miles de hombres de Escobedo en la cresta y formaron una posición defensiva. Los imperialistas, a quienes flanqueaba la caballería del enemigo, resultaron alcanzados por una tremenda descarga de fuego, hecho que detuvo su marcha. Maximiliano se situó al frente de sus tropas y les instó a avanzar mientras las balas silbaban sobre sus cabezas. Salm-Salm le agarró del brazo izquierdo e insistió en que lo mejor era retirarse, y Maximiliano siguió su consejo a regañadientes. Tal como señaló Salm-Salm: «El espectáculo que ofrecía la colina me heló el corazón. No había lugar en el que nuestras tropas no corrieran en desbandada». Peor aún, debido a la caballería enemiga, la retirada ahondó la contundente derrota de las fuerzas imperiales y Salm-Salm estimó que se perdieron unos doscientos cincuenta hombres durante el pánico. Los imperialistas volvieron a sus posiciones anteriores y los republicanos se contentaron con volver a ocupar sus propias líneas y cortar, pues, la huida por el sur. Salm-Salm consideraba que una pequeña fuerza todavía podía escapar hacia el este, donde las líneas liberales eran más débiles después de que Escobedo hubiera desplazado sus tropas. Maximiliano se negó preguntándose: «¿Qué será de esta desdichada ciudad, que nos ha sido tan fiel, y de nuestros pobres heridos, que no podemos llevar con nosotros?».[21]

Las condiciones en Querétaro empeoraron. Incluso a pesar de los suministros capturados, las tortillas de maíz y los frijoles —la base de la dieta de los soldados— se agotaron y estos empezaron a pasar hambre. La deserción se convirtió en un grave problema, y diez o veinte soldados cruzaban a diario las líneas hacia el campamento liberal, bien alimentado. Los boletines oficiales mantenían que Márquez estaba en camino con ayuda, pero, en la ciudad, ya nadie los creía. Los constantes enfrentamientos, las enfermedades y la deserción habían reducido las filas imperialistas tanto que ya no era posible guarnecer las trincheras. La caballería, con sus monturas ya muertas por hambre, quedó situada en las primeras líneas a fin de que estas contaran con más hombres.

La cena de Maximiliano, antaño refinada, consistía, ahora, en mulo asado marinado en vinagre. Según Blasio, en una ocasión, trajeron un suculento pastel para la cena. Mientras sus invitados se lo estaban comiendo, apareció Miramón, que les preguntó si les estaba gustando. Le respondieron que estaba delicioso, a lo que el general replicó: «Pues siempre que ustedes quieran un manjar semejante, [...] aún tengo en mi casa una buena provisión de gatos».[22] Maximiliano, prevenido de antemano, solo se había comido la masa y disfrutó de la broma. Probablemente, aquello resultó más gracioso porque todavía quedaba vino, pues habían arramblado en una tienda de la ciudad y, además, encontraron algo de champán.

En marcado contraste con los hambrientos hombres de Querétaro, el 5 de mayo, se oyeron unas desaforadas celebraciones desde el campamento liberal, donde los soldados bebían a todo trapo para celebrar el aniversario de la derrota francesa a las afueras de Puebla en 1862. Aquella noche, no hubo fuegos artificiales: en su lugar, la artillería republicana coordinó e intensificó sus bombardeos. Los destellos de más de cien cañones iluminaron las oscuras colinas que rodeaban la ciudad mientras, en el cielo nocturno, los proyectiles trazaban breves aros ardientes antes de explotar en las calles.

Aunque aquella noche fue especialmente intensa, por entonces, la ciudad estaba sometida a un fuego de artillería casi constante. No pocas mujeres y niños fallecieron o quedaron lisiados, cosa que agravó la agonía de los sitiados. Además, los ciudadanos que todavía disponían de dinero se vieron obligados a contribuir a las arcas imperiales, entregando lo que tenían en el cuartel general a las seis de la tarde. Las provisiones estaban casi agotadas, y los caballos y las mulas no recibían ración alguna, aunque López se las había ingeniado para encontrar forraje con el que alimentar a los caballos del emperador. La situación era clara: el ejército imperial se debilitaba día a día y pronto se desintegraría, a menos que las tropas pudieran romper el cerco.

Esto fue, precisamente, lo que se decidió en otro consejo de guerra. El ejército repetiría el éxito cosechado por Miramón el 27 de abril, pero hacia el este, y esta vez, sin demora, abandonando las posiciones una vez rotas las líneas enemigas.

Con el objetivo de disimular la concentración de fuerzas, se hizo un llamamiento a la población de Querétaro para que se uniera a una legión de voluntarios. Esta unidad guarnecería las líneas mientras el ejército principal se adentraba en las colinas de la agreste Sierra Gorda, el territorio montañoso adonde, con anterioridad, Mejía había atraído a varios ejércitos liberales para, después, destruirlos. Aquí, Maximiliano podría recibir noticias de la situación sobre el resto del país, reclutar más soldados y reunir a sus fuerzas. Si todo resultaba inútil, podría dirigirse a la costa con la esperanza de encontrar el barco austriaco y escapar a Europa.

El ataque se fijó para el 13 de mayo. Sin embargo, después de que Mejía tuviera problemas para reclutar a la fuerza civil, se acordó retrasar la misión hasta la medianoche del día siguiente. Mientras se hacían todos los preparativos, por si era capturado, el emperador repartió su dinero y posesiones entre su entorno más cercano: Salm-Salm, Blasio, Basch y López. Este último custodiaría personalmente a Maximiliano con el Regimiento de la Emperatriz. A las diez, se convocó otro consejo de guerra a fin de acordar la estrategia de ataque, pero Mejía seguía pensando que sus voluntarios no estaban listos y solicitó otro aplazamiento de veinticuatro horas. Aunque los generales estuvieron de acuerdo, Maximiliano insistió en que no podía prorrogarse más. Salm-Salm protestó, pues consideraba que Mejía tenía suficientes hombres como para cubrir su huida. «Bueno», dijo Maximiliano, «un día más o menos no cambiará mucho las cosas».[23] Antes de acostarse, pidió ver a López. Mientras le hacía entrega de una medalla al valor, el emperador le ordenó que, si caía herido y no podía escapar, López le quitase la vida de un balazo.

Maximiliano, aquejado de disentería, no se acostó hasta la una de la madrugada, pero no pudo dormir a causa de los retortijones de estómago. Llamó a Basch a su cabecera a las dos y media, y el médico permaneció con él casi una hora antes de retirarse. Mientras tanto, un todavía molesto Salm-Salm por el retraso se bebió una botella de champán antes de irse a dormir.

A las cinco de la mañana, López irrumpió en la habitación de Salm-Salm. «¡Rápido!», gritó. «Salvad la vida del emperador, el enemigo ya está en el [convento]». Como dormía uniformado, cogió su espada y su revólver cuando el sirviente de Maximiliano entró en su cuarto y le pidió que fuera a ver al emperador.

En ese momento, Basch entró a la carrera y preguntó al prusiano qué ocurría. «Nos han cogido por sorpresa», respondió Salm-Salm. «Di a los húsares que monten y estén preparados» fuera.

Después de llevar la orden, Basch se dirigió a Maximiliano, que le dijo con calma: «No pasará nada. El enemigo ha irrumpido en los huertos. Coge tu pistola y sígueme a la plaza». Basch se apresuró a salir de la habitación para buscar su arma.

«Salm», dijo Maximiliano, todavía sereno, al prusiano cuando llegó, «iremos al [Cerro de las Campanas] y veremos cómo podemos arreglar el asunto. Te seguiré de inmediato».

Salm-Salm salió a la carrera a preparar los caballos y se sorprendió al ver que la plaza del convento estaba desierta. Finalmente, se encontró con el oficial al mando de los húsares y les ordenó reunirse en la plaza. Cuando se dio la vuelta para volver dentro, Salm-Salm distinguió, bajo la tenue luz de la mañana, los uniformes grises de los Supremos Poderes, los soldados de élite de Juárez, que se acercaban al convento. Salm-Salm retornó junto al emperador, que bajaba las escaleras con un gabán sobre el uniforme militar, una espada al costado y un revólver en cada mano. Cogiendo del brazo a Maximiliano, Salm-Salm señaló la puerta al pie de la escalera y gritó al emperador: «¡El enemigo está ahí!».

Era demasiado tarde. Cuando salían del convento hacia la plaza mayor, los soldados liberales, que habían ocupado la plaza, les dieron el alto. Salm-Salm alzó uno de sus revólveres, pero Maximiliano le hizo un gesto con la mano para que lo bajara. Entonces, un oficial juarista se adelantó e inspeccionó tanto al emperador como a sus acompañantes. «Dejadlos pasar», dijo a sus hombres. «Son civiles».[24]

Mientras las tropas liberales atacaban las líneas imperialistas y llovían proyectiles, Querétaro se había sumido en el caos. En la confusión, Maximiliano, tras haber abandonado el complejo conventual, estaba decidido a marchar a través de la ciudad hasta el Cerro de las Campanas, donde esperaba reunir a sus tropas. Envió mensajeros a Mejía y Miramón para que se encontraran allí con él.

Cuando llegaron a la plaza mayor de la ciudad, López apareció a caballo.

—¿Qué es lo que pasa, coronel López? —preguntó Maximiliano.

—Señor, todo está perdido; vea su majestad la tropa enemiga que viene muy cerca —respondió López, que instó a Maximiliano a esconderse en una casa cercana a fin de salvar su vida.[25]

—¡Jamás! Sigamos hasta el Cerro de las Campanas.[26]

A medida que llegaban al pie del cerro, se les unían cada vez más imperialistas. El Cerro de las Campanas estaba en poder de unos pocos oficiales y un centenar de infantes con cuatro cañones de artillería. Maximiliano trepó por la colina; al hacer lo propio, un oficial mexicano se desplomó extenuado. Salm-Salm le cogió de un brazo y Maximiliano del otro, arrastrándolo por la empinada cuesta mientras los proyectiles estallaban por todas partes a su alrededor.

En la cima, Mejía, Pitner, Salm-Salm y algunos otros oficiales se encontraban con el emperador. Uno de ellos le informó de que Miramón había recibido un disparo en la cara al intentar abrirse paso por las calles y yacía herido en una casa más abajo. Era una mañana maravillosamente clara y luminosa, y Maximiliano podía divisar toda la ciudad. Al mirar hacia abajo, vio a miles de liberales que se arremolinaban en dirección a la colina con la caballería a su espalda; tres baterías de artillería diferentes abrieron fuego.

Mientras los proyectiles impactaban a su alrededor, el emperador se volvió hacia Salm-Salm y le dijo: «Ahora, una bala afortunada».[27]

Luego, dirigiéndose a Mejía, Maximiliano espetó: «Montemos a caballo y tratemos de abrirnos paso» antes de añadir que «si no conseguimos salir, al menos allí encontraremos la muerte». Mejía hizo un gesto de que aquello era inútil. Mientras hablaban, un proyectil cayó a pocos pasos y arrojó tierra sobre Maximiliano. Cuando este volvió a preguntar si podían escapar, el general respondió: «Me importa muy poco que me maten, pero no asumiré la responsabilidad de llevar a su majestad a una muerte segura».[28]

Maximiliano pudo ver que la ciudad de Querétaro había caído y su ejército se había rendido. Tras quemar algunos papeles, ordenó a un oficial izar la bandera blanca. El emperador, después de desabrocharse el gabán para mostrar su uniforme militar y de apoyarse en su espada, esperó a los republicanos.

Instantes después, llegó una delegación a fin de conducirlo ante Escobedo. Lo escoltaron colina abajo y fuera de la ciudad hasta la llanura occidental para, finalmente, llegar a su cuartel general. «Soy vuestro prisionero», dijo Maximiliano. Entonces, el archiduque Fernando Maximiliano, nacido en el Palacio de Schönbrunn de los Habsburgo, ofreció su espada a Escobedo, un antiguo labrador de las ásperas serranías de Nuevo León. Maximiliano afirmó que, si había que derramar sangre, entonces, que fuera solo la suya, a lo que siguió una súplica para que se perdonara la vida a sus oficiales y amigos más cercanos. El Gobierno de Juárez, replicó Escobedo, decidiría el destino de todos.

De nuevo, condujeron a Maximiliano al convento, donde su antigua habitación se convirtió en su celda. Salm-Salm, Blasio y otros dos oficiales le hicieron compañía. Basch, que había sido capturado antes de poder escapar de allí, se reunió con Maximiliano. Al ver a su médico, lo abrazó con lágrimas en los ojos. Cuando recuperó la compostura, apretó la mano de Basch y se apartó con un profundo suspiro.

Con miras a romper el prolongado silencio, Maximiliano dijo: «Me alegro de que todo haya sucedido sin más derramamiento de sangre. He hecho lo que pretendía. Me he preocupado por todos vosotros». Comentó al pequeño grupo lo impresionado que estaba con la conducta de Escobedo, así como que su propia clemencia parecía haber tenido un efecto positivo en los liberales.

Maximiliano se dobló de dolor, aquejado todavía de disentería. Basch lo llevó a la cama y se sorprendió al ver que el emperador portaba consigo una caja de pastillas de opio que, esa misma mañana, había cogido de la mesilla de noche. «Ya ves», señaló, «nunca debes perder la cabeza. Esta mañana, cuando ya sabía que nos habían traicionado, no me olvidé de llevarlas conmigo».[29]

Maximiliano tenía razón: lo habían traicionado. La noche anterior, el coronel López, comandante del Regimiento de la Emperatriz, había cruzado las líneas hacia el bando republicano.

Afirmando ser un intermediario del emperador, López dijo que entregaría el convento si se le permitía salir en libertad. Escobedo le respondió que no podía aceptar nada que no fuera una rendición incondicional. La contraoferta fue que, además de garantizarse la vida del propio López, se le otorgaría una recompensa de 30 000 dólares si guiaba a las tropas liberales hasta el cuartel general del emperador. Así fue cómo, a las tres de la mañana del 15 de mayo, López se reunió con José Rincón Gallardo, el comandante de un destacamento de fuerzas liberales, y lo condujo al complejo conventual. Allí, el coronel imperialista había ordenado a los guardias del emperador que se retiraran. Cuando las tropas liberales ocuparon, en silencio, el recinto, López entró tranquilamente en el convento antes de correr hacia la habitación de Salm-Salm y gritar que el enemigo estaba sobre ellos. Por eso, en el momento en el que Basch corrió al patio a buscar su caballo, lo recibieron las bayonetas republicanas y lo arrestaron. Pero a Rincón y Gallardo le había parecido vergonzoso hacer prisionero a Maximiliano después de semejante engaño. Era Rincón y Gallardo con quien Maximiliano y Salm-Salm se habían encontrado aquella mañana: era el oficial que les había permitido escapar del convento, donde ahora esperaban ver si el Gobierno de Juárez sería tan indulgente.

10

El juicio

Cuando la salud de Maximiliano empeoró, se decidió trasladarlo a una prisión de mayor salubridad, otro convento cercano. Como se encontraba demasiado débil para caminar, el emperador fue en carruaje, mientras que sus generales lo hicieron a pie. En el momento en el que los otros prisioneros lo alcanzaron y se quitaron respetuosamente los sombreros, Maximiliano rio y dijo: «Ningún monarca puede presumir de tener una corte más numerosa».[1] Esta corte —formada por Blasio, Basch y Salm-Salm, junto con otros imperialistas de alto rango— se encontraba ahora hacinada en una habitación adyacente a la de Maximiliano.

Algunos mandos del emperador se negaron a entregarse y se escondieron en la ciudad. Escobedo decretó que aquellos que no se presentaran en veinticuatro horas serían fusilados, pero el general Méndez se negó a entregarse. No tardaron en descubrirlo: a la mañana siguiente, lo pasearon entre los prisioneros que lo observaban desde las ventanas del convento. Sonriendo y fumando un puro, saludó jovial a sus antiguos camaradas. Más tarde, ese mismo día, lo escoltaron hasta la calle, lo pusieron de rodillas contra la pared y sus guardias se prepararon para dispararle por la espalda por traidor. Cuando dieron la orden de abrir fuego, se dio la vuelta para dar la cara a los cañones y, sobre una rodilla, gritó «¡Viva México!» antes de desplomarse bajo las balas.

Esto tranquilizó poco a Maximiliano y a sus compañeros de prisión, pero, al menos, recibieron noticias del mundo exterior el 20 de mayo, momento en el que Salm-Salm se reunió con su esposa Inés, que había llegado a Querétaro desde Ciudad de México. Inés vio a su marido por primera vez en meses; recordaba que «no estaba afeitado, llevaba un cuello de varios días y, en conjunto, parecía que hubiera salido de un cubo de basura».[2] Lloró mientras se abrazaban y estuvo a punto de desmayarse. Salm-Salm le presentó al emperador, enfermo y pálido. Gracias a ella, Maximiliano se enteró de la traición de Márquez.

Maximiliano ya sabía que, en lugar de regresar con hombres y dinero a Querétaro, su lugarteniente general había desobedecido las órdenes y marchado hacia Puebla, donde sus fuerzas fueron derrotadas. Lo que Maximiliano no sabía era que Márquez aún mantenía Ciudad de México. A pesar de que el ejército de Díaz rodeaba la capital, Márquez no solo se había negado a rendirse sino que, en un cambio de tornas, mintió a la población al afirmar que Maximiliano pronto socorrería a Ciudad de México. Al oír esto, el emperador se ofreció a abdicar, entregar Ciudad de México a Juárez y marcharse a Europa, jurando no volver jamás. En algunas charlas informales, Escobedo se mostró dispuesto a escucharlo, aunque no se comprometió a nada. Sin embargo, pronto el general recibió la orden del Gobierno de Benito Juárez de que Maximiliano fuera procesado bajo la ley del 25 de enero de 1862.

En pocas palabras, esta ley condenaba a muerte a todo aquel que apoyara la intervención francesa. Como principal agente de esa intervención, Maximiliano era, por supuesto, culpable. Por si a Escobedo le quedaba alguna duda, la orden del Gobierno de Juárez afirmaba que los «hechos notorios de la conducta de Maximiliano incluyen el mayor número de responsabilidades especificadas en esta ley».[3] Además, según esta, el órgano que dictaba sentencia era un consejo de guerra, no un juicio civil. Así, quienes decidirían el caso serían varios oficiales militares del ejército republicano designados para tal fin. Maximiliano fue trasladado a una prisión más segura, otro antiguo convento, esta vez, de capuchinas. Como su habitación no estaba preparada, pasó la primera noche en la cripta. En las profundidades del lugar, pasó la noche entre las tumbas de las monjas fallecidas, cuyos nombres estaban grabados en las paredes. Según comentó un oficial republicano, aquello era para recordarle lo que estaba por venir.

Al día siguiente, lo trasladaron a una celda de dos por dos metros en el piso superior, con una ventana descubierta que daba a un gran patio donde crecían naranjos. Sin más que una cama, un lavabo y una mesa, Maximiliano se acomodó lo mejor que pudo y colgó un sarape sobre la ventana a fin de tener algo de intimidad. Había encontrado un baúl con algunas pertenencias personales, que colocó ordenadamente sobre la mesa junto a un candelabro de plata. Cada vez que un visitante desplazaba sus pertenencias, dispuestas sobre la mesa, Maximiliano se alteraba y se apresuraba a reordenarlas. Mejía y Miramón, que serían juzgados junto a él, recibieron celdas contiguas.

El 24 de mayo, el fiscal visitó al emperador y leyó en voz alta los cargos antes de pedirle, con cierto aire farsesco, que confirmara su identidad, lugar de nacimiento y padres. La humillación no inquietó a Maximiliano. Le dijo a Basch que la acusación era «risible, torpe y maliciosa». Decidido a defenderse, Maximiliano se dirigió a a su médico: «Yo también soy abogado. Tendrán una dura batalla conmigo. No me rindo con facilidad».[4]

Mientras los letrados de la ciudad preparaban la defensa de Maximiliano, se envió un telegrama a Ciudad de México para contratar a dos prominentes abogados y solicitar que los diplomáticos extranjeros se apresurasen a acudir a Querétaro con el fin de dar peso internacional a la apelación. Sin embargo, la urbe seguía sitiada y bajo el poder de Márquez. Aunque alguien pudiera salir, el consejo de guerra debía comenzar antes de que pudieran llegar. Por ello, Inés se dirigió a San Luis Potosí a fin de pedir más tiempo a Juárez.

Aunque era consciente de la capacidad de persuasión de su esposa, Salm-Salm estaba convencido de que el consejo de guerra no haría más que dictar una sentencia de muerte. Le explicó a Maximiliano que solo podrían salvar sus vidas mediante la fuga. Al principio, el emperador se horrorizó, aduciendo que huir era deshonroso, pero Salm-Salm lo convenció de que su honor había quedado satisfecho con la heroica defensa de Querétaro: el juicio era una farsa y debía salvarse.

El carácter afable de Salm-Salm lo convirtió en el favorito de los guardias. Organizó un encuentro con un oficial liberal, lo agasajó con vino y, luego, lo involucró en el plan. Al iniciar la conversación, Salm-Salm dijo que sabía que el oficial llevaba meses sin cobrar, pero que, si ayudaba a Maximiliano a escapar, le daría 3000 dólares. Entonces, le mostró el dinero antes de añadir que, una vez que llegasen a La Habana, recibiría otras 1000 onzas de oro. Comprado así el guardia, comenzó a poner en práctica el plan. Puesto que estaban bajo constante vigilancia, el criado de Maximiliano —que llevaba el desayuno a los prisioneros todas las mañanas— escondió notas codificadas en el pan. La tarea de Salm-Salm se complicó aún más porque Maximiliano insistió en que no huiría sin Mejía y Miramón. Sin inmutarse, Salm-Salm consiguió caballos y revólveres para todos ellos.

En la mañana del 30 de mayo, Salm-Salm descubrió una nota en su desayuno: Maximiliano pedía gafas con las que poder disfrazarse durante la huida. «En el caballo, se deben emplazar dos serapes, dos revólveres y un sable. Sin olvidar el pan o las galletas, el vino tinto y el chocolate».[5] El emperador se negó a afeitar su característica barba, pero aceptó atársela detrás del cuello y ponerse las gafas. El plan consistía en cabalgar hacia la Sierra Gorda y, luego, dirigirse a la costa y llegar a Veracruz, que todavía estaba bajo control imperial. Allí, un barco austriaco llevaría a Maximiliano a Europa. El oficial sobornado, empero, insistió en que la huida no era posible, a menos que también se ganara al oficial al mando de la guardia de caballería. Salm-Salm ofreció a este hombre 5000 dólares y Maximiliano firmó una letra de crédito por valor de tal suma. Con todo dispuesto y los guardias sobornados, a primera hora de la tarde del 2 de junio, Salm-Salm acordó con Maximiliano que se escabullirían esa misma noche. Una semana antes, en las afueras de Ciudad de México, el general republicano Díaz recibió un telegrama dirigido a los dos abogados que el emperador había nombrado, así como otro al barón Antón von Magnus, diplomático prusiano, en los que les solicitaba que acudiesen a Querétaro. Díaz retuvo esta comunicación durante cuatro días, inseguro de cómo entregarlo mientras la ciudad estaba sitiada. Finalmente, se encontró la forma de hacerlo, pero Márquez no permitió que los diplomáticos o los abogados se marcharan. Aunque, en privado, sabía que el emperador estaba encarcelado, Márquez lo negó públicamente. Fischer intercedió ante el general a fin de que permitiera a los abogados defender a Maximiliano, pero Márquez se negó. Después de que amenazaran con revelar al pueblo de Ciudad de México que Márquez mentía, permitió, a regañadientes, que tanto los diplomáticos —Maximiliano había solicitado también el concurso de los representantes belgas y austriacos— como los abogados atravesaran las líneas de Díaz. Dano se ofreció a ir, pero le dijeron que la presencia francesa solo perjudicaría su defensa. Por lo tanto, envió a Antoine Forest, un antiguo cónsul, como enviado extraoficial y le encargó que hiciera todo lo que estuviera en su mano para ayudar.

El 1 de junio, los representantes de las monarquías más poderosas de Europa y los de Bélgica se dirigieron a las afueras del perímetro de defensa con la misión de salvar a un Habsburgo. Cuando cientos de ciudadanos desesperados y hambrientos intentaron salir de la ciudad con ellos, la artillería republicana abrió fuego y confundió a la multitud con un asalto de infantería. Los proyectiles cayeron alrededor de los abogados y los diplomáticos, y, entonces, un secretario de la legación prusiana cogió un caballo, improvisó una bandera blanca y galopó hacia los soldados. Finalmente, el grupo pudo pasar.

Mientras tanto, en San Luis Potosí, Inés había conseguido una audiencia con Juárez. Pidió al presidente más tiempo, al menos hasta que los abogados llegaran a Querétaro desde la capital. Es poco probable que ejerciera gran influencia sobre él —no hablaba español, por lo que uno de los ministros de Juárez tuvo que hacer de traductor—, pero habían llegado otras peticiones a oídos del presidente. Cuando se enteró de que Maximiliano estaba sitiado en Querétaro, Francisco José, preocupado por la seguridad de su hermano, solicitó al secretario de Estado Seward que utilizara la capacidad de persuasión estadounidense a fin de instar a Juárez para que mostrase indulgencia. Tras hablar con el presidente Johnson ese mismo día, Seward advirtió a los liberales a través de canales diplomáticos de que el hecho de ejecutar a Maximiliano dañaría la reputación de México, así como la causa republicana, en todo el mundo. Juárez reconoció que el juicio del emperador no debía parecer precipitado, por lo que aprobó el aplazamiento: ahora, estaba previsto para el 13 de junio.

Decidida a dar la noticia a Maximiliano en persona, Inés viajó por la noche a Querétaro. Las condiciones meteorológicas hicieron que los caminos estuvieran en tan mal estado que, a menudo, tuvo que abandonar su transporte y caminar mientras las piedras le hacían cortes en los pies a través de sus finas botas. Al llegar a la ciudad el 31 de mayo, con el calzado destrozado, el pelo revuelto y, según sus propias palabras, con aspecto de «espantapájaros», en lugar de cambiarse, se apresuró a ir a ver a Maximiliano. Cuando le comunicó al emperador que se le había concedido el aplazamiento, este la cogió la mano, se la besó y le dijo: «¡Que Dios la bendiga, *madame!*».[6] Tras intercambiar algunas palabras más, Maximiliano se dio la vuelta bruscamente y se dirigió a la ventana. Mirando por ella, de espaldas a Inés, rompió a llorar.

En los días siguientes, Salm-Salm e Inés discreparon sobre qué hacer a continuación. El primero seguía convencido de que la huida era la única forma de salvar la vida de Maximiliano; sin embargo, Inés argumentó, de manera acalorada y delante del emperador, que no era el momento adecuado y que el plan tenía fallos. Maximiliano vaciló como siempre, pero dijo a Salm-Salm que no cancelara todavía los preparativos hechos para el 2 de junio.

A primera hora de la tarde del 2 de junio, Salm-Salm confirmó que el plan estaba listo. Podrían escabullirse tranquilamente esa misma noche. Sin embargo, ese mismo día, Maximiliano recibió un telegrama donde se anunciaba que los diplomáticos y sus abogados estaban de camino. Horas antes de la fuga, emplazó a Salm-Salm en su cuarto a las cinco en punto. «¡Qué dirían los ministros, a quienes he invitado aquí, si llegasen y no me encontraran!». Este le contestó que se alegrarían de que hubiese escapado, pero Maximiliano respondió: «Unos días más o menos no tendrán importancia».[7] No obstante, al día siguiente, se sustituyó a los guardias sobornados, se triplicó el número de soldados de servicio y se intensificó la vigilancia con inspecciones aleatorias de las celdas de la prisión. Ante la imposibilidad de escapar, la vida de Maximiliano dependía del consejo de guerra.

Después de que los abogados de Maximiliano discutieran el caso con él, concluyeron que el juicio del tribunal militar de Querétaro sería una farsa: las cosas se decidirían en el gabinete de Juárez y, por ello, viajaron a San Luis Potosí a fin de influir en el resultado. Maximiliano había elegido a sus representantes legales con cuidado. Mariano Riva Palacio —padre de Vicente, el general que había participado en el sitio de Querétaro— y Rafael Martínez de la Torre eran liberales bien conocidos y relacionados con las altas esferas del Partido. Aunque no tenían ninguna posibilidad de convencer a Juárez de que Maximiliano era inocente, confiaban en que su influencia, sumada al peso de la opinión internacional, evitaría la pena de muerte. Al fin y al cabo, en el siglo XIX, no se ejecutaba a los jefes de Estado. Napoleón I, que unió a todo el continente europeo contra él, fue exiliado en dos ocasiones, pero no asesinado. Más a propósito, Jefferson Finis Davis, presidente de la Confederación estaba encarcelado en Virginia por traición, pero, al final, quedaría libre y se le concedería la amnistía. Y esto era exactamente lo que recomendaba el hombre que tanto había hecho por encarcelar a Davis. Ulysses S. Grant, el más apasionado partidario de Juárez en Estados Unidos, razonaba que, si él fuera mexicano, juzgaría a Maximiliano y, luego, lo indultaría.

A la espera del juicio en prisión, febril y aquejado de calambres estomacales, Maximiliano permanecía a menudo en cama hasta el mediodía y luego volvía a acostarse hacia las cinco. En las horas intermedias, la luz del sol convertía las pequeñas celdas en hornos, por lo que los presos acudían a una galería fuera de sus habitaciones. Allí, Mejía, Miramón, Salm-Salm y Basch jugaban al dominó con él para pasar el rato. Cuando estaban disponibles, el vino y el coñac aliviaban, en mayor medida, sus penas. Aunque sufría mental y físicamente, Maximiliano aún tenía esperanzas en el futuro. Mientras paseaba entre los naranjos del patio del convento con Blasio, le dijo a su secretario que irían juntos a Londres. «Allí permaneceremos un año, haremos traer el archivo de Miramar y allí escribiremos la historia de mi reinado. Después, iremos a Nápoles, alquilaré una casita en una de las bellísimas poblaciones que rodean la ciudad». Bilimek y Basch se unirían a ellos y navegarían hacia Grecia en el yate de Maximiliano. A Salm-Salm le dijo que iría a Europa con Miramón y Mejía, y los instalaría en España antes de acudir a reunirse con su madre y Carlota.[8]

Sin embargo, a pesar de todo lo que se hablaba del futuro, el pasado de Maximiliano todavía lo atormentaba. Le dijo a Forest, el representante de Dano, que deseaba que se supiera en Europa que su «ejército improvisado» fue leal hasta el final y, de forma algo contradictorio, que solo lo habían derrotado a traición. «El miserable [López] nos vendió por 11 reales la cabeza. Sin embargo, su traición me resulta menos despreciable que la del general Márquez», dijo con pasión. «¡Si pudiera castigar a uno, elegiría a Márquez! Él es el responsable de todo, ¡incluso del crimen de López!». No solo Márquez disgustaba a Maximiliano. Refiriéndose a su último encuentro con Dano, en el que el francés había insistido en que abdicara, el emperador comentó: «Una vez, en Puebla, mantuvimos una acalorada discusión. Estaba enfadado, pero no con él, sino con sus instrucciones, que me dañaron profundamente». «En el fondo de mi corazón», insistió, «no hay bilis ni rencor».[9]

Esto resultaba menos evidente en las conversaciones con los demás diplomáticos. Ahora que era un soldado, Maximiliano le dijo al barón Magnus, el representante prusiano, que se alistaría en el Ejército de Prusia cuando regresara a Europa y lucharía contra Francia; tal era su odio por este país. Maximiliano sostenía que, en París, Napoleón III lo había engañado y luego abandonado, mientras que Bazaine lo había traicionado en México. Citó de memoria la carta que le había escrito el emperador francés: «¿Qué pensaría de mí si, una vez llegada su majestad imperial a México, le dijera que ya no puedo cumplir las condiciones a las que he puesto mi firma?». La perfidia de Francia sería una pieza clave de la defensa pública de Maximiliano.

No es que Maximiliano quisiera escuchar esta defensa en persona. El 12 de junio, víspera del juicio, exclamó: «No quiero comparecer ante el tribunal. Jamás, jamás me sentaré en el banquillo de los acusados». Cuando Forest, el representante de Dano, trató de calmarlo con los poco tranquilizadores ejemplos de Luis XVI y María Antonieta, Maximiliano, entrecortado, gritó: «¡No acudiré al tribunal!». Insistiendo en lo débil y enfermo que estaba, el emperador gritó: «¡Oh, me es imposible acudir al tribunal!».[10] Después de que Basch exagerara su enfermedad ante el médico designado por los liberales, Maximiliano obtuvo un certificado que lo eximía de comparecer.

A las ocho del 13 de junio, empezó el consejo de guerra. Celebrado en un teatro que llevaba el nombre de Agustín de Iturbide —el primer emperador de México, ejecutado en 1824—, el simbolismo era poco sutil. El tribunal estaba compuesto por seis capitanes, ninguno mayor de veinticuatro años, y lo presidía un teniente coronel de unos treinta. El juicio se celebró en el escenario, iluminado como para una representación, con los acusados en taburetes. Mejía, enfermo de gravedad, y Miramón, a pesar de la herida de bala que tenía en la cara, se vieron obligados a asistir. Comparecieron a las nueve ante un auditorio de unos centenares de personas, en su mayoría, militares.

La fiscalía acusó a Maximiliano de trece cargos bajo la ley del 25 de enero de 1862. Los más importantes sostenían que había tomado las armas como traidor contra la república y que había firmado el Decreto negro el 3 de octubre de 1865, hecho que provocó la muerte ilícita de miles de mexicanos. La defensa del emperador negó la competencia del tribunal antes de refutar los cargos que se le imputaban y terminar con un llamamiento a la compasión.

Forest observaba desde el público. Hacia las cuatro, cuando el abogado de Miramón realizaba su defensa, el barón Eduard von Lago, enviado de Austria en México, encontró a Forest y le pidió que abandonase el teatro. Mientras los guardias los seguían, el francés entabló una conversación trivial con el diplomático austriaco hasta que encontraron un lugar seguro en el que hablar. En el momento en el que llegaron a una gran plaza pública, el austriaco hizo jurar a Forest que no revelaría a nadie lo que le iba a decir. Después de que el francés accediera, Lago le explicó que la huida de Maximiliano estaba organizada para esa noche.

A continuación, esbozó el plan. A las diez, Maximiliano visitaría una capilla del antiguo convento. Villanueva y Palacios, los dos coroneles encargados de su guardia, habían sido comprados con 100 000 dólares cada uno. Lago llevaba consigo la letra de crédito rubricada por Maximiliano y por él. Todo lo que se necesitaba ahora eran dos cosas. La primera, 8000 dólares en oro para sobornar al resto de la guardia. Forest aseguró a Lago que disponía de esa suma. La segunda, la firma de otro diplomático en las letras de crédito a fin de demostrar a Villanueva y Palacios que serían satisfechas en Europa.

Antes del proceso, Maximiliano había conseguido hacerse con una lista de los jueces. Cuando vio que los encargados de juzgarlo eran capitanes, creyó que los habían nombrado para condenarlo a muerte y que sería improbable obtener un indulto: la huida era su única opción. Inés, que se había hecho amiga del coronel Villanueva, estaba detrás de todo el plan. Este hablaba bien inglés y había acordado que, a cambio de 100 000 dólares y dinero para sobornar a los soldados, se escabulliría con el emperador, e incluso le proporcionaría escolta. Basch, Inés y Salm-Salm, Mejía y Miramón huirían con Maximiliano, quien había pedido que el francés Forest los acompañara también.

No obstante, el emperador había mentido a los diplomáticos con el objetivo de que le dieran el dinero. Aún no habían convencido a Palacios, y Villanueva se negaba a hacer nada, a menos que su compañero se uniera a la conspiración. Le correspondió a Inés sobornar a Palacios la noche de la fuga. Después de visitar a Maximiliano, quien le dio su anillo de sello para demostrar que hablaba en su nombre, Inés pidió a Palacios que la acompañara a casa desde la prisión. Cuando llegaron a su residencia, invitó al joven oficial a pasar dentro.

Tras veinte minutos de charla nerviosa y temblorosa, Inés fue al grano. Le hizo jurar por su palabra de oficial y caballero, así como por la vida de su mujer e hijo, que no revelaría nada a nadie. Luego, le explicó que, si el emperador no escapaba esa noche, lo fusilarían. A cambio de 100 000 dólares, podría salvar la vida de Maximiliano. Palacios cogió el cheque y se quedó mirándolo un rato. Al devolvérselo, dijo que no podía tomar una decisión esa noche, sino que necesitaría reflexionar antes de dar su respuesta mañana a primera hora.

«¿No le basta la suma?», se dice que respondió Inés, «Bueno, aquí estoy entonces, coronel», dijo ella, desnudándose.[11]

Palacios se mantuvo impasible, e insistió de nuevo en que daría su respuesta al día siguiente. Poco después, llegó Villanueva para ver cuál era la decisión. Pasadas las diez, Basch se presentó en casa de la princesa en busca de noticias. Cuando Inés lo vio, le hizo pasar a otra estancia, le devolvió el anillo de sello y le dijo que esa noche no era posible escapar, pero que estuviera preparado para el día siguiente. Basch se dirigió entonces a Maximiliano y le devolvió su anillo.

A las siete de la mañana del día siguiente, Basch caminaba por las calles de Querétaro al encuentro de Maximiliano. Un oficial liberal lo detuvo y lo escoltó hasta Escobedo. Cuando Basch entró en la habitación, este le sonrió.

—Sabemos lo que has estado haciendo. Te hago responsable de todo lo que pase con Maximiliano; eres el primero al que mandaré ahorcar.

—Señor —respondió Basch— haga tal como desee.[12]

Esa misma mañana, 14 de junio, los diplomáticos europeos se dirigían al teatro a fin de asistir a la segunda jornada del juicio. A medida que se acercaban, también fueron abordados y conducidos ante un general. Les dijeron que tenían dos horas para abandonar Querétaro. Si regresaban en un plazo de tres días, serían fusilados.

Tras reunirse con Inés, Palacios había ido a ver a Escobedo y se lo había contado todo. Por fortuna para ellos, los diplomáticos se habían negado a firmar el cheque y los otros convencieron al barón Lago, que ya lo había hecho, de que recortara su nombre de la parte inferior del documento. Cuando Maximiliano se enteró de la conducta del representante de los Habsburgo en México, le pareció digno de un cobarde. «¿Y qué si lo hubieran colgado?», comentó.[13] No obstante, para él fue un duro golpe que se expulsara a los diplomáticos como *persona non grata,* ya que su capacidad de influir en el Gobierno de Juárez había quedado desacreditada. Menos mal que, unos días antes, el enviado prusiano Magnus había ido a San Luis Potosí y no se lo pudo vincular a la conspiración.

El consejo de guerra solo tardó un día y medio en escuchar a la acusación y a la defensa. Llegaron a su veredicto poco antes de la medianoche del 14 de junio, pero no lo harían público hasta que Escobedo lo ratificase. Los representantes legales de Maximiliano en Querétaro no albergaban esperanzas, así que telegrafiaron a Riva Palacio y Martínez de la Torre a San Luis Potosí para que actuasen como si la sentencia fuera de muerte. Inmediatamente, solicitaron al Gobierno de Juárez el indulto de Maximiliano, y recibieron la respuesta de que no podían concedérselo hasta que la sentencia se hiciese pública con carácter oficial.

A las once de la mañana del 16 de junio, el fiscal entró en la celda de Maximiliano y leyó la sentencia. Con el rostro pálido, pero tranquilo, escuchó cómo le decían que le habían condenado a muerte por fusilamiento. El oficial, al salir de la habitación, se volvió hacia Basch, tocó su reloj y dijo que la ejecución sería a las tres. «Aún tiene más de tres horas y puede poner en orden todo con tranquilidad».[14]

Cuarenta y cinco minutos más tarde, en San Luis Potosí, los abogados de Maximiliano recibieron un telegrama: «La ejecución se ha dispuesto para las seis de la tarde».[15] Junto con Magnus, los dos abogados corrieron al palacio para hacer un último llamamiento y salvar la vida de Maximiliano. Por el camino, les informaron de que había un error en el mensaje: la ejecución sería a las tres, no a las seis.

De vuelta en Querétaro, un sacerdote llegó a mediodía para confesar a Maximiliano. A continuación, se celebró una misa en la celda de Miramón antes de que los tres condenados recibieran la sagrada comunión. En sus últimas horas, Miramón, Mejía y Maximiliano charlaron entre sí, tratando de mantener elevado el ánimo. El emperador hizo que Basch escribiera cartas de despedida, entre ellas, una a Carlota. «La muerte es, para mí, una feliz liberación», rezaba. «Caeré orgulloso como un soldado, como un rey derrotado, pero no deshonrado. Si tus sufrimientos son demasiado severos y Dios te llama para que vengas pronto a reunirte conmigo, bendeciré la mano de Dios, que con tanto rigor ha caído sobre nosotros». Quince minutos antes de la ejecución, Maximiliano dijo su último adiós a Basch. Le entregó su anillo de boda al médico y le dijo: «Ve a Viena. Habla con mis padres y parientes, e infórmales sobre el asedio y los últimos días de mi vida. En especial, le dirás a mi madre que cumplí con mis deberes de soldado y morí como un buen cristiano».[16]

Cuando el reloj dio las tres, no llegó nadie para llevar a los hombres a su destino. Pasaron varios minutos, luego, una hora. Por fin, apareció el coronel Palacios, telegrama en mano. Era del Gobierno de Juárez en San Luis Potosí. Palacios lo leyó en voz alta: la ejecución de Maximiliano se había aplazado tres días. Al enterarse de la noticia, Salm-Salm, en prisión a la espera de su propio juicio, se procuró una botella de vino a fin de celebrarlo. Fumando un puro y tarareando una melodía, se paseó alborozado por su celda. Razonaba que el aplazamiento de la ejecución solo podía preludiar un indulto.

Todo el mundo se movilizó con el objetivo de que esto ocurriera. Miramón convenció a una lacrimosa Concepción para que, con su bebé e hijos pequeños, acudiese a Querétaro para suplicar por la vida de Maximiliano, así como por la de su esposo. La acompañó la irrefrenable Inés. Mientras tanto, los abogados de Maximiliano protestaban porque los tres condenados ya habían sido oídos en confesión y recibido el sacramento, y, por ende, ya estaban moralmente muertos. «Sería horrible enfrentarlos a la muerte una segunda vez».[17] Magnus también recordó al Gobierno de Juárez que Prusia, toda Europa y Estados Unidos deseaban que Maximiliano salvase la vida. Finalmente, por su parte, Maximiliano telegrafió al presidente con el propósito de solicitar el indulto para Mejía y Miramón. Si era necesaria una víctima, tal como ya había dicho muchas veces, solo debía ser él.

Inés vio a Juárez la víspera de la ejecución. Cuando el presidente le denegó el indulto, cayó temblando y llorando de rodillas, suplicando clemencia con desesperación.

Cuando se detuvo, Juárez replicó: «Me apena, señora, verla así arrodillada ante mí; pero, incluso si todos los reyes y las reinas de Europa estuvieran en su lugar, no podría perdonar tal vida. No soy yo quien la toma, es el pueblo y la ley, y, si yo no hiciera su voluntad, el pueblo la tomaría, y la mía, también».[18]

A Concepción —la última esperanza de Maximiliano— ni siquiera se le concedió audiencia. «Excúsenme, señores, de esta dolorosa audiencia», dijo Juárez a los abogados del emperador que la habían solicitado. Al abandonar la sala, Martínez de la Torre se volvió de pronto y dijo: «¡Señor presidente, no más sangre!».

«En este momento», respondió Juárez, «no podéis comprender la necesidad [de la ejecución] ni la justicia en la que se apoya. Esa apreciación queda reservada al tiempo venidero».[19]

La intervención de última hora del 16 de junio no había preludiado un indulto. Juárez simplemente había considerado que la ejecución no daba tiempo suficiente a los condenados para poner en orden sus asuntos y la pospuso tres días. A fin de cuentas, Maximiliano representaba la monarquía y la intervención extranjera; Miramón, la élite aristocrática criolla, y Mejía, el conservadurismo indígena popular y religioso. Juárez había luchado contra todas estas fuerzas durante más de diez años. Consideraba que su fallecimiento marcaría el triunfo final del liberalismo republicano tras casi cincuenta años de caos político.

«Estoy en paz con el mundo», dijo Maximiliano a Magnus la víspera de su ejecución. Lo único que lamentaba era que no lo hubieran fusilado dos días antes. «Estábamos totalmente preparados para la muerte», comentó, y el retraso fue muy difícil de soportar. Aquel había sido un día hermoso: el cielo estaba despejado y brillante. «Siempre he deseado morir en un día muy claro con buen tiempo».

Todavía enfermo y débil, llegaron a oídos de Maximiliano falsos rumores de que Carlota había muerto. «La única preocupación que me quedaba en el mundo», le confesó a Magnus, «era tener que dejarla sola en el fatal estado de ánimo en que se encontraba, pero ya me precedió. Mañana me reuniré con ella, así que moriré con toda tranquilidad». En una carta a Magnus, Maximiliano escribió que la noticia de su fallecimiento le había roto el corazón, pero que también era un consuelo: no le quedaba otro deseo en la tierra que ser enterrado junto al cuerpo de Carlota. «Ya no pertenezco a este mundo», le dijo a Magnus. «No soy más que un intruso aquí».[20]

Aquella noche, Maximiliano leyó la *Imitación de Cristo,* de Kempis, antes de apagar las velas hacia las diez y lograr dormirse. Una hora más tarde, lo despertó la llegada de Escobedo. Sin embargo, no se trataba de un indulto de última hora: el general mexicano solo había ido a presentar sus últimos respetos. Irritado, le comentó a Basch que acababa de dormirse. Pasó otra hora antes de que volviera a coger el sueño.

Se despertó a las tres y media, y su confesor llegó poco después. A las cinco, oyó misa con Mejía y Miramón, y, luego, desayunó café, pollo, pan y medio vaso de vino tinto. Poco después, llegaron los carruajes que conducirían a los tres hombres al Cerro de las Campanas, donde serían fusilados. Manteniendo una serena calma, Maximiliano se quitó el anillo de boda y se lo entregó a Basch por segunda vez. El médico se derrumbó, incapaz de seguirlo fuera de la habitación. Al ver a Miramón y Mejía, que aguardaban en el pasillo, Maximiliano preguntó: «¿Están listos, caballeros?». Cuando respondieron que sí, abrazó a ambos y salieron a la calle.

Vestido de negro, con levita abotonada y portando un crucifijo, el antiguo emperador de México subió a la primera de las tres berlinas negras. Escoltado por infantería y caballería, este cortejo se dirigió lentamente hacia el lugar de la ejecución y se detuvo al pie de la colina. Al bajar de su carruaje, Maximiliano vio a un antiguo criado entre la multitud expectante. «¿Ahora sí crees que van a fusilarme?», le preguntó.[21]

Los tres hombres dieron sus últimos pasos, cada uno flanqueado por su confesor, hacia el lugar de la ejecución. Maximiliano se volvió hacia Mejía y Miramón, y los abrazó por última vez. «Dentro de breves instantes», dijo, «nos veremos en el cielo».[22] Dando la espalda a un precario muro de adobe, ocuparon sus puestos. Frente a ellos, se tendía la ciudad que habían luchado por conservar, una multitud de curiosos y, justo delante de los condenados, el pelotón de fusilamiento. Desde el punto de vista de sus verdugos, Maximiliano estaba en el extremo derecho; Miramón, en el centro, y Mejía, a la izquierda. Volviéndose hacia ellos, Maximiliano habló en un español claro y sonoro: «Perdono a todos, ruego que todos me perdonen también, y deseo que mi sangre, que ahora va a ser derramada, sea por el bien de la patria. Viva México, viva la independencia».[23]

Después, habló Miramón; Mejía permaneció en silencio. Maximiliano dio dinero a sus verdugos y les dijo que apuntaran al corazón. El pelotón de fusilamiento estaba apenas a cinco pasos, pero golpeó las manos contra el pecho, indicando hacia dónde debían apuntar. Luego, miró hacia las alturas. Se había cumplido su deseo: el día estaba despejado.

Se oyeron las balas. Maximiliano cayó al suelo, y, de su ropa, el humo de los agujeros de bala se elevó suavemente hacia el cielo mientras agonizaba en tierra mexicana.

Epílogo

El cuerpo de Maximiliano se colocó en un ataúd de madera barato y lo condujeron al convento donde había permanecido encarcelado. Allí, lo embalsamaron. Según Salm-Salm, los médicos trataron el cadáver con desdén, fumando mientras lo preparaban. «¡Qué alegría poder lavarme las manos en la sangre de un Emperador!», comentó uno de ellos. Cuando se dispusieron el hígado, el corazón y los pulmones en una caja, un guardia bromeó diciendo que había que dárselos de comer a los perros.[1]

De camino a Ciudad de México, Juárez se había detenido en Querétaro para observar el cadáver de Maximiliano; era la primera vez que el presidente veía al emperador. En lugar de devolver el cuerpo a Austria, Juárez esperaba utilizarlo como palanca a fin de asegurar que Francisco José reconociera al México republicano. Así, el cuerpo de Maximiliano, torpemente embalsamado y en descomposición, fue trasladado a Ciudad de México, donde permaneció durante meses hasta que, por fin, se dio permiso para entregarlo a sus seres queridos. El 25 de noviembre de 1867, el ataúd se cargó en la Novara, la querida nave de Maximiliano, y navegó hacia Europa.

El 16 de enero de 1868, un barco cubierto de terciopelo negro y decorado con el escudo del Imperio mexicano llevó el féretro a Trieste. Ante la mirada de centenares de curiosos en los muelles, el féretro se cargó en un coche fúnebre, que lo llevó a la estación de ferrocarril para subirlo a un tren con destino a Viena. Al día siguiente, llegó al Palacio de Hofburg, donde Sofía, la

madre de Maximiliano, se arrojó sobre el ataúd, llorando desconsoladamente.

El epíteto taciteano «Si nunca hubiera sido emperador, nadie
habría dudado de su capacidad para reinar», encajan a la perfección con Maximiliano. Como príncipe europeo, fue liberal,
ilustrado y generoso. Llevo estas cualidades a México e intentó
poner en práctica sus creencias. Quería mejorar la vida de sus
súbditos, liberar de la pobreza a cuantos estaban atrapados en
la servidumbre, así como hacer de México una nación grande
y poderosa, a salvo de la invasión estadounidense. Se veía a sí
mismo como un soberano moderno y generoso, un mecenas de
las ciencias y las artes, y un defensor de la educación. Incluso
trascendió algunos de los prejuicios de su época. A diferencia de
muchos de sus contemporáneos europeos y mexicanos, no creía
que la población indígena fuera despreciable, ni la civilización
mexicana precolombina, mera barbarie. Muchos mexicanos de
todo el espectro político apoyaron su imperio, algunos por lealtad
partidista; otros, por interés propio, pero algunos, porque veían
en el emperador a un líder que podía traer paz, estabilidad y progreso tras años de guerra civil.

Por desgracia, no estaba listo para enfrentar esta tarea y su tercera vía de liberalismo moderado resultó tristemente ineficaz. Los
liberales mexicanos ya tenían en Juárez a un héroe de la reforma
y la guerra civil, y no querían un sucedáneo europeo. Además, en
México, tras la guerra civil de 1858-1861, el odio partidista era
visceral. Aunque el objetivo de Maximiliano de reconciliar a las
facciones era admirable, resultaba imposible de llevar a la práctica. La constitución que pasó tanto tiempo redactando en Europa
en ningún momento llegó a aplicarse en México, pues el imperio
nunca parecía lo bastante estable.

No obstante, Maximiliano gobernó como si el Imperio mexicano fuera un estado fuerte y establecido, en lugar de un precario edificio construido por emigrados conservadores y bayonetas francesas. La invasión extranjera lo manchó a los ojos de los
nacionalistas, sus orígenes conservadores reaccionarios alienaron
a los liberales, y la oposición de Estados Unidos significó un po-

deroso enemigo al norte de la frontera. Esto no cambiaría por muchas giras reales que emprendiera, etiquetas ceremoniales que confeccionara o carisma personal con que constase.

Pero, como no se debería olvidar, la caída del emperador también se debió a su arrogancia: era un hombre divorciado de la realidad, acostumbrado a doblegar el mundo a su imaginación, tal como había hecho con la edificación de su castillo de cuento de hadas de Miramar. En esta residencia, recibió sobradas advertencias de que su reinado no sería bien recibido en México y tendría que recurrir a la fuerza con el objetivo de lograr imponerse. Lo pospuso durante más de dos años, consciente de que su primera condición para aceptar la corona —tener el apoyo británico— nunca se cumpliría. Quizá se dejó convencer de que la segunda exigencia —el apoyo popular— se había satisfecho gracias a la implacable campaña de desinformación francesa, pero los problemas militares a los que se enfrentaba la intervención también deberían haberle desengañado de llevar a término su propósito. No obstante, Maximiliano acudió de todos modos. Había pensado que su linaje de Habsburgo lo situaría más allá de las fuerzas de la historia. El desmoronamiento de su régimen puso de manifiesto los límites de la acción humana, incluso para el más poderoso de los aristócratas.

En el momento en el que los franceses se marcharon en 1867, la lucha entre juaristas e imperialistas se decantaba de manera clara y notoria hacia el bando contrario, y Maximiliano podría haber evitado el enfrentamiento si hubiera abdicado. No obstante, al igual que su creencia en el destino de los Habsburgo lo llevó a México, su veneración por el honor de su linaje lo mantuvo allí. Mientras estaba encarcelado, le gustaba citar a Francisco I, rey francés del siglo XVI, quien, tras una catastrófica derrota —nada menos que contra un ejército de los Habsburgo— supuestamente escribió: «Todo está perdido, salvo el honor».[2] Tal idea del honor consumía a Maximiliano y paralizaba su toma de decisiones. Cuando se enfrentaba a una elección —asumir el trono, abdicar, escapar—, Maximiliano siempre se preguntaba si era honorable. Su tendencia a vacilar hacía de ellas un camino enrevesado, en especial para un Maximiliano que sufría depresión. Si bien sus miserables últimos meses en Querétaro estuvieron muy lejos del esplendor de su dinastía, en su propia mente, su resistencia final fue heroica.

Maximiliano pagó el más alto de los precios por sus errores. Quizá resulta apropiado el hecho de que, fuera de México, cuando se recuerda al emperador, tan solo venga a la memoria su muerte. En *La ejecución del emperador Maximiliano,* de Édouard Manet, lo que impresiona al espectador es la serenidad, la calma y el estoicismo —el honor— de su final. El cuadro no reproduce con exactitud los detalles de la ejecución, ya que Maximiliano no ocupaba la posición central ni llevaba sombrero, pero capta una verdad más amplia.

Más allá de una representación del honor y la dignidad, el cuadro de Manet transmite otro mensaje que Maximiliano habría acogido con satisfacción. Los soldados del cuadro lucen uniformes casi idénticos a los de las tropas francesas y el hombre que se prepara para dar el golpe de gracia tiene los rasgos de Napoleón III. La implicación era clara: Napoleón III tenía las manos manchadas de sangre. Tal como cabía esperar, se prohibió la pintura en París.

Al defender a su Gobierno en el Corps législatif contra los feroces ataques de diputados de la oposición como Favre, Eugène Rouher, ministro de Napoleón III, apeló a la posteridad. En el futuro, se reconocería lo grandioso de la idea de la expedición mexicana, espetó Rouher. «Y si, más tarde, alguien echa un vistazo a nuestros viejos debates y a nuestras olvidadas disputas, si toma la pluma del historiador, dirá: "Este [que llevó a Francia a México] fue un hombre de genio"». «Sí», concluía, «esta página será gloriosa y el escritor que la trace dirá: "Estas lejanas expediciones iniciadas para la reparación de nuestro honor han terminado con el triunfo de nuestros intereses"».[3]

Ningún historiador escribirá jamás tal cosa. Con la ejecución de Maximiliano, la intervención en México fue reconocida como un catastrófico fracaso meses después del regreso de los últimos soldados franceses. La política de Napoleón III —una apuesta monumental, escandalosa incluso para los estándares del imperialismo europeo— desató todavía más caos y violencia en México, y empobreció más si cabe a una nación pobre. En cuanto a la idea subyacente —frenar la hegemonía estadounidense—, aquella supuso el mayor desafío a la doctrina Monroe hasta la crisis de los misiles de Cuba, casi cien años después. Sin embargo, con un coste de miles de millones de dólares al cambio actual y de miles de vidas, lejos de frenar el poderío estadounidense, Napoleón III solo tuvo la oportunidad de presenciar su vigencia de primera mano y se vio obligado a retirar las fuerzas francesas de México a fin de evitar entrar en conflicto con el vecino del norte.

En muchos sentidos, este fracaso fue obra del propio Napoleón III. Quería extender el poder francés a precio de ganga: México pagaría por el privilegio de su propia ocupación. El Tratado de Miramar y los dos empréstitos supusieron una carga para el erario de Maximiliano que este no pudo asumir. Napoleón III criticó su incapacidad para resolver los problemas financieros de México, pero el presupuesto mexicano nunca podría haberse equilibrado, pues la deuda contraída con Francia era ingente. Napoleón III llevó el imperio de Maximiliano a la bancarrota antes de que este comenzara.

México no fue el último de los desastres del emperador francés en política exterior. El 28 de julio de 1870, Napoleón III, sumido en una agonía atroz por cálculos biliares, abandonó París con la misión de tomar el mando de su propio ejército en un intento desesperado por salvar su régimen tras declarar la guerra a Prusia. Al igual que Maximiliano, acabó sitiado, esta vez en Sedán, una pequeña ciudad nororiental. La escala puede haber sido diferente —tenía unos ciento treinta mil soldados a su mando—, pero la situación era muy similar a la de Maximiliano. Superado en número y con los cañones alemanes ocupando las colinas circundantes, el emperador francés se enfrentó a la misma disyuntiva que su homólogo mexicano. A diferencia de este, Napoleón III no resistió hasta el final y se rindió el 2 de septiembre, solo unos días después de iniciado el asedio. Al cabo de dos días, se proclamó la república, la tercera que Francia conocería.

El antiguo emperador fue encarcelado, con mucho más lujo del que había disfrutado Maximiliano, pero no necesitó fugarse. Se le concedió la libertad meses más tarde y se dirigió a Inglaterra.

Allí, en Chislehurst, Kent, se reunió con su esposa y su hijo. En la mañana del 9 de enero de 1873, Luis Napoleón, que ahora volvía a serlo, falleció y sus últimos pensamientos también giraron en torno al honor: «No fuimos cobardes en Sedán, ¿verdad?», susurró antes de morir.[4]

La guerra franco-prusiana atrajo a otros personajes de México. Salm-Salm se alistó en el Ejército prusiano y cumplió uno de los últimos deseos de Maximiliano: tomar las armas contra los franceses. Como siempre, Inés lo acompañó y sirvió como enfermera de campaña. Más tarde, el 18 de agosto de 1870, Salm-Salm fue herido de muerte y falleció agonizando tres horas después; llevaba consigo un recuerdo que Maximiliano le había entregado. El citado conflicto no terminó con la batalla de Sedán, pues la recién proclamada república francesa siguió luchando. Bazaine, ahora comandante del Ejército del Rin, también se encontraba sitiado en Metz con 165 000 hombres. Sin alimentos, con enfermedades y escasas simpatías hacia la nueva república, Bazaine también se rindió. Hubo más paralelismos con Maximiliano: tras la firma de la paz, Francia necesitaba un chivo expiatorio para la desastrosa guerra y Bazaine encajaba a la perfección. Lo acusaron de traición, fue declarado culpable y condenado a muerte.

Esta sentencia fue conmutada por una pena de prisión en la isla Santa Margarita. En agosto de 1874, Bazaine, disfrazado de obrero, se echó un saco de basura al hombro y abandonó la prisión en un barco donde lo esperaba Josefa, su esposa mexicana. Consiguieron esquivar a las autoridades y huyeron a Madrid. Josefa se cansó pronto de España y regresó a México, dejando atrás a su marido. Bazaine, que llegó a ser el hombre más poderoso de México, pasó sus últimos años solo y en la miseria, y murió en 1888. La prensa francesa se hizo eco de su muerte con regocijo. El hombre que había pasado su vida luchando por Francia seguiría siendo por siempre un traidor.

En México, la república de Juárez se enfrentó a sus propios enemigos traidores. El principal de ellos fue Márquez. Mantuvo Ciudad de México hasta el 21 de junio de 1867, dos días después de la ejecución de Maximiliano. Gobernó la capital como un feudo personal, extorsionando a los habitantes y abandonando la lucha solo cuando un diplomático austriaco comunicó la noticia de que su emperador había muerto a los voluntarios extranjeros de Maximiliano que aún guarnecían la ciudad. Díaz tomó la capital y se persiguió a los imperialistas. Encontraron a Vidaurri y lo ejecutaron enseguida. Sin embargo, Márquez consiguió eludir a las autoridades y, tras meses escondido, huyó a La Habana, donde falleció en 1913 a la edad de noventa y tres años.

Gutiérrez de Estrada murió en París en 1867, supuestamente de un corazón roto por el colapso del imperio que tanto había hecho por crear. Almonte, que también estaba en Francia, pereció dos años después. Hidalgo, que mostró su talento para la ficción en sus sueños de establecer una monarquía en México, se convirtió en novelista y falleció en 1896.

Hasta hace poco, el imperio de Maximiliano estaba enterrado en lo más hondo de la historia oficial de México, desechado como obra de reaccionarios fanáticos, traidores e imperialistas europeos. Puede que estos tres componentes se encontraran en su base, pero tuvieron que trabajar junto a muchos que se consideraban liberales, patriotas y héroes de las primeras guerras que libró México. Atrapados entre el imperialismo europeo y el estadounidense, muchos se sintieron atraídos por el Imperio mexicano y prefirieron el primero a oponerse al segundo; en cualquier caso, con la victoria de la Unión en la guerra civil estadounidense y el fin del imperio de Maximiliano, la década de 1860 fue crucial en el camino hacia un posterior orden mundial dominado por Estados Unidos.

Al visitar hoy las opulentas estancias imperiales de Maximiliano en Chapultepec, la historia posterior hace que parezcan absurdamente fuera de lugar, extrañas efemérides de un imperio olvidado, de un orden dinástico europeo que se deshace en su propio continente y que, ni mucho menos, fue capaz de reafirmarse al otro lado del Atlántico.

No obstante, el colapso del imperio de Maximiliano no marcó el inicio de una nueva era triunfante de la democracia mexicana. Juárez se ha convertido en uno de los grandes personajes de la historia mexicana, quizá el mayor. Y por un buen motivo:

su valentía, coraje e inquebrantable fe en el republicanismo y el liberalismo le llevaron a derrotar, a veces contra todo pronóstico, a todos sus enemigos. Sigue siendo una figura unificadora e inspiradora en México, aunque su victoria duró poco. Tras ser elegido presidente en 1867, volvió a presentarse en 1871. Acusado de acumular demasiado poder en sus manos, se le opuso Díaz. Cuando ningún candidato obtuvo la mayoría, el Congreso nombró presidente a Juárez, pero falleció al año siguiente y dejó un México dividido a Sebastián Lerdo de Tejada, su sucesor.

Después de perder las elecciones de 1871, Díaz dio inicio a una revuelta armada, pero fracasó en este intento. Cuando Lerdo de Tejada buscó la reelección en 1876, el general se rebeló de nuevo, y esta vez logró su objetivo. Díaz pudo haber luchado contra los franceses bajo la bandera republicana, pero habría estado de acuerdo con Napoleón III en que lo que el país necesitaba no era libertad parlamentaria, sino una dictadura liberal, y esto es exactamente lo que Díaz estableció. Gobernó durante los siguientes treinta y cuatro años. Conocido como «Porfiriato», este régimen otorgó cierto grado de estabilidad política a México por primera vez desde la independencia, pero bajo un sistema autoritario en el que el poder absoluto estaba en manos del exjuarista.

También fue un régimen en el que los intereses estadounidenses se fueron haciendo cada vez más dominantes. Los temores de los imperialistas nunca se hicieron realidad: no hubo más expansión estadounidense a costa de México. Esto no se debió a una nueva política de Washington, sino, más bien, a que tanto el capital como los negocios promovían los intereses estadounidenses de forma mucho más eficaz y rentable que la conquista. Díaz comprendía bien esta relación desigual —se le suele atribuir la frase «Pobre México, tan lejos de Dios y tan cerca de Estados Unidos»—, pero, al final de su gobierno, gran parte de México era propiedad de empresas estadounidenses. Standard Oil dominaba la industria petrolera mexicana, pero otras compañías u otros capitales controlaban incontables minas, fábricas, ferrocarriles, grandes almacenes y enormes extensiones de tierra. Esta explotación neocolonial de la economía mexicana por parte de Washington y Wall Street hizo que el antiamericanismo pasara de ser coto exclusivo de los conservadores católicos en las décadas de 1850 y 1860 a la izquierda liberal y radical en los años previos a la caída de Díaz. Cuando este anunció en 1910 que, a la edad de ochenta, se presentaría de nuevo a las elecciones presidenciales, se desencadenó la Revolución mexicana. Un año después, Díaz se vio obligado a exiliarse y murió en París en 1915.

En cierto modo, las relaciones posteriores de México con Estados Unidos fueron más afortunadas que las de muchas naciones latinoamericanas. Por lo general, el país se abstuvo de intervenir militarmente en México, aunque Veracruz fue ocupada durante un breve periodo de tiempo en 1914 y, dos años más tarde, el Ejército estadounidense pasó meses recorriendo los desiertos de Chihuahua en busca de Pancho Villa, revolucionario mexicano. Otros países no tuvieron tanta suerte. En 1898, Estados Unidos se confirmó como potencia imperial al invadir Cuba, Puerto Rico y Filipinas. Washington no se detuvo ahí, pues se dieron numerosas intervenciones armadas en países latinoamericanos, sobre todo entre 1898 y 1933. Y, con frecuencia, a medida que el proyecto imperial estadounidense avanzaba en el siglo XX y más allá, extendiéndose por todo el mundo, emplearía la estrategia con la que otros fracasaron en México: el cambio de régimen. Los problemas a los que se enfrentaron Maximiliano y el Ejército francés resultaron familiares a los comandantes estadounidenses en Vietnam, Afganistán e Irak. Después de todo, tal como escribió Carlota, sin el amor del pueblo, las bayonetas por sí solas nunca podrán apoyar causas perdidas.

Hacía frío, mucho frío. La noche anterior había sido gélida y, por la mañana, empezó a nevar, por lo que el pueblo belga de Meise se cubrió de un manto blanco que se espesaba cada hora. Solo las ramas negras de los árboles destacaban contra el cielo gris. Cerca de allí, los aldeanos se alineaban en una carretera que llevaba a un castillo. Habían venido a ver un cortejo fúnebre. Cuatro caballos tiraban del coche mortuorio, que se dirigía a una capilla cercana donde descansaría el ataúd. Mientras los dolientes presentaban sus respetos, podían leer la inscripción del féretro: «Su majestad», Carlota, «princesa de Bélgica, nacida en Laeken el 7 de junio de

1840, fallecida en el Castillo de Bouchout el 19 de enero de 1927, viuda del archiduque Maximiliano, emperador de México».

Después de abandonar Roma en octubre de 1866, Carlota regresó a Miramar, donde los médicos insistieron en mantenerla aislada en una pequeña casa ajardinada en los terrenos del castillo. Hasta julio de 1867, no se trasladó al Palacio de Laeken, residencia oficial de la realeza belga. Allí, su familia estaba tan preocupada por su salud mental que le ocultó la noticia de la ejecución de Maximiliano. En enero de 1868, cuando por fin le comunicaron que su marido había muerto, Carlota cayó llorando en los brazos de su cuñada María Enriqueta. El dolor de la emperatriz, relató su cuñada, se vio contrarrestado por la idea de que Maximiliano había muerto con esplendor.

Se esperaba que Carlota se recuperara por completo, pero nunca lo consiguió. Durante casi sesenta años, su vida se caracterizó por momentos de lucidez intercalados con otros en los que perdía la razón. Después de Laeken, vivió en el castillo de Tervuren, en las afueras de Bruselas; el lugar se incendió en 1879. «¡Qué hermoso!», exclamó Carlota al ver cómo las llamas consumían el edificio. El resto de su larga y solitaria vida transcurrió en el austero castillo de Bouchout, al norte de la capital. A veces, deambulaba por sus pasillos, gritando «¡Maximiliano no está aquí!»; una vez, la encontraron junto a un piano, tocando con dulzura el himno nacional mexicano.

Falleció en 1927, por lo que sobrevivió con creces a Napoleón III, quien siguió persiguiéndola en sueños. Para entonces, la dinastía de los Habsburgo —cuando ella desposó a su marido parecía la más importante del mundo— se estaba convirtiendo en poco más que un pintoresco recuerdo, desintegrada tras la derrota en la Primera Guerra Mundial. Al tomar la decisión que desencadenó este conflicto que atravesaría toda Europa, el octogenario Francisco José condujo a su imperio hacia la guerra con unas palabras que recordaban a las de su hermano menor: «Si perecemos, debe ser con honor».[5] En cuanto al imperio que Maximiliano y Carlota habían gobernado medio siglo antes, casi nadie lo recordaba.

Agradecimientos

Muchas gracias a todos los que han hecho posible este libro, incluido Patrick Walsh y a cuantos trabajan en PEW Literary, así como al fantástico equipo de Basic Books y Faber & Faber. Los editores Claire Potter, Ella Griffiths y Alex Bowler me han proporcionado comentarios brillantes e inestimables tras leer en detalle los borradores y han sido muy generosos con su tiempo. También estoy tremendamente agradecido tanto a Brandon Proia, quien me ha proporcionado maravillosas y detalladas correcciones de estilo, como a todos los que han participado en la revisión y corrección del manuscrito.

Muchos académicos brillantes han contribuido, ya sea en persona o a través de sus obras publicadas, a mi comprensión del Segundo Imperio mexicano, pero me gustaría agradecer en especial a la profesora Nicola Miller todo su apoyo y orientación a lo largo de los años. También estoy en gran deuda intelectual con el doctor David Dodd y su análisis del imperialismo francés del siglo XIX.

Mientras escribía este libro, he contado con el apoyo especial de mis amigos y familia. Las largas y farragosas conversaciones —bueno, digo conversaciones cuando, a veces, han sido más bien monólogos— con Orazio, Ben, Albert y David han sido enormemente agradables, al menos para mí. De hecho, doy las gracias en particular a David, quien insistió en que escribiera un libro, cosa que ahora sospecho que hizo para que dejara de hablarle de ello.

Mi padre, escritor y narrador de gran talento, tuvo la amabilidad de aportar su toque literario a los primeros borradores del texto, mientras que Margaret, su compañera, me ha apoyado enormemente a lo largo de los años. Peter y Christabel también han ejercido un influjo tranquilizador, me han mostrado su cariño y han sido de gran ayuda. Christabel me ayudó a proseguir mis estudios académicos y le estoy eternamente agradecido. Mi hermano Alex —a quien también, al igual que mis amigos, he sometido a mis monólogos— ha sido comprensivo con brío, amable y me ha dado ánimos en todo momento. También quiero dar las gracias a Helen, su mujer, y desearles lo mejor mientras cuidan de su bebé, Amy May Christabel Shawcross. Sin la ayuda de Catherine e Ian, no habría sido posible escribir este libro, y les estoy muy agradecido por todo lo que han hecho a lo largo de los años: gracias. Por desgracia, mi madre falleció hace algún tiempo. Siempre me brindó mucho amor y cuidados, y alimentó mi interés por la historia. Me gusta pensar que habría estado orgullosa de este libro.

Por último, gracias a Hannah, mi pareja, que dio a luz a Ena Marion Shawcross-Stone, nuestra preciosa niña, el 14 de mayo de 2020. Una pandemia mundial no es el momento más fácil para tener un bebé, y, sin su amor y su apoyo, no habría sido posible escribir este libro al mismo tiempo. La quiero muchísimo, y este libro está dedicado a mis dos queridos tesoros, Hannah y Ena.

Notas

Este trabajo surge de unos diez años de investigación centrados en los segundos imperios mexicano y francés; buena parte de este tiempo ha transcurrido en los archivos de Ciudad de México, Viena, París y Londres. El espacio impide una bibliografía más amplia y he limitado las notas a las citas.

400AP/61-400AP/63	Campagne du Mexique, Archives nationales, Fonds Napoléon, París
AAE, CP Mexique	Archives des Affaires Etrangères, Correspondance Politique, Mexique, París
FO	Foreign Office, National Archives, Londres
HHStA	Haus-, Hof- und Staatsarchiv, Archiv Kaiser Maximilian von Mexiko, Viena

Prólogo

1. Concepción Lombardo de Miramón, *Memorias de Concepción Lombardo de Miramón*, ed. Kindle (México: Rosa Ma. Porrúa, 2020), cap. 10.

Capítulo 1. La conjura contra México

1. Nathaniel Hughes Jr. y Timothy D. Johnson, eds., *A Fighter from Way Back: The Mexican War Diary of Lt. Daniel Harvey Hill, 4th Artillery, U.S.A.* (Kent, Ohio: Kent State University Press, 2002), 127.
2. José María Gutiérrez de Estrada, *Carta dirigida al Excmo. Sr.[…] el posible remedio de los males que aquejan a la república, y opiniones del autor acerca del mismo asunto* (Ciudad de México: Ignacio Cumplido, 1840), 58.
3. Frances Erskine Inglis Calderón de la Barca, *Life in Mexico During a Two Year Residence in That Country*, 2 vols. (Boston: Charles C. Little y James Brown, 1843), 1:349, 352-353.

4. Gutiérrez de Estrada a Klemens von Metternich, 28 de marzo de 1846, en Richard Metternich al Conde Johann Bernhard von Rechberg und Rothenlöwen, 5 de julio de 1861, HHStA, 1.

5. Citado en Josefina Zoraida Vázquez, «War and Peace with the United States,» en *The Oxford History of Mexico*, editado por William Beezley y Michael Meyer (Oxford: Oxford University Press, 2010), 347.

6. Wyke a Russell, 29 de julio de 1861, FO, 30/22/74.

7. Dubois de Saligny a Édouard Thouvenel, 27 de julio de 1861, AAE, CP Mexique, 55.

8. Concepción Lombardo de Miramón, *Memorias de Concepción Lombardo de Miramón*, ed. Kindle (México: Rosa Ma. Porrúa, Edición digital, 2020), cap. 7.

9. Philippe Séguin, *Louis Napoléon le Grand* (París: Bernard Grasset, 1990), 68.

10. Roger Price, *The French Second Empire: An Anatomy of Political Power* (Cambridge: Cambridge University Press, 2001), 15.

11. Alexis de Tocqueville, *Oeuvres complètes* (París: Gallimard 1959), 7:369; David Baguley, *Napoleon III and His Regime: An Extravaganza* (Baton Rouge: Louisiana State University Press, 2000), 36.

12. Karl Marx, *The Eighteenth Brumaire of Louis Bonaparte*, trad. Eden Paul y Cedar Paul (Londres: G. Allen & Unwin, 1926), 23.

13. *Le Tiers Parti et les libertés intérieures* (París: E. Dentu, 1866), 13.

14. James Buchanan, «Message to the Senate on the Arrest of William Walker in Nicaragua», 7 de enero de 1858, American Presidency Project, www.presidency.ucsb.edu/documents/message-the-senate-the-arrest-william-walker-nicaragua.

15. Manuel Díez de Bonilla a Gabriac, 2 de marzo de 1854, en Gabriac a un ministro extranjero, «Reservé et confidentielle,», 4 de marzo de 1855, AAE, CP Mexique, 43.

16. Michel Chevalier, «Variétés. De l'expatriation considérée dans ses rapports économiques, politiques et moraux; par M. S. Dutot. Le Texas et sa Révolution; par M. T. Leclerc, médecin en chef de l'hôpital-général de Tours», *Journal des débats*, 23 de septiembre de 1840.

17. Michel Chevalier, *Le Mexique ancien et moderne* (París: L. Hachette et Cie, 1863), 478-479.

18. Charles du Pin a Napoléon III, «Du Mexique dans ses rapport avec Napoléon III par le baron Charles du Pin, sénateur» 9 de noviembre de 1863, AAE, Mémoires et documents, Mexique, 10.

19. Egon Caesar Corti, *Maximilian and Charlotte of Mexico*, trad. inglesa de Catherine Alison, 2 vols. (Nueva York: Londres: Alfred A. Knopf, 1928), 1:99-102.

Capítulo 2. El archiduque y la princesa

1. John Jennings Kendall, *Mexico Under Maximilian Etc.* (Londres: T. Caut-ley Newby, 1871), 157; Sara Yorke Stevenson, *Maximilian in Mexico: A Woman's Reminiscences of the French Intervention* (Nueva York: Century, 1899), 224; Egon Caesar Corti, *Maximilian and Charlotte of Mexico*, trad. inglesa de Catherine Alison, 2 vols. (Nueva York: Londres: Alfred A. Knopf, 1928), 1:44.

2. Mike Rapport, *1848, a Year of Revolution* (Nueva York: Basic Books, 2008), 60.

3. Joan Haslip, *Imperial Adventurer: Emperor Maximilian of Mexico* (Londres: Cardinal, 1972), 42.

4. Maximiliano, *Recollections of My Life*, 3 vols. (Londres: Richard Bentley, 1868), 1:197, 170.

5. Maximiliano a Francisco José I, 1856, en Corti, *Maximilian*, 1:47-55.

6. Maximiliano a Francisco José I, 14 de enero de 1857, *ibid.*, 69.

7. Maximiliano a Francisco José I, junio de 1856, *ibid.*, 62.

8. Carlota a madame d'Hulst, sin fecha, H. de Reinach Foussemagne, *Charlotte de Belgique, impératrice du Mexique, etc.* (París: Plon-Nourrit et Cie, 1925), 35.

9. Carlota a madame d'Hulst, 29 de diciembre de 1855, 10 de febrero y 6 de abril de 1856, *ibid.*, 41.

10. Carlota a madame d'Hulst, 29 de diciembre y 23 de noviembre de 1856, *ibid.*, 63, 50.

11. Victoria a Leopoldo, 16 de junio de 1857, en Arthur Christopher Benson y Reginald Baliol Brett Esher, eds., *The Letters of Queen Victoria*, 3 vols. (Londres: John Murray, 1907), 3:234.

12. Maximiliano a Sofía, otoño de 1858, en Corti, *Maximilian*, 1:83-84.

13. Maximiliano, *Recollections*, 3:92.

14. Carlota a madame d'Hulst, 13 de junio de 1860, en Foussemagne, *Charlotte*, 106.

15. Maximiliano a Carlota, 1 de enero de 1861, en Konrad Ratz, *Correspondencia inédita entre Maximiliano y Carlota*, trad. Elsa Cecilia Frost (México: Fondo Cultura Económica, 2004), 69-70.

16. Maximiliano a Carlota, 8 de abril de 1860, *ibid.*, 56.

17. Gutiérrez de Estrada a Richard Metternich, 4 de julio de 1861, en Metternich a Rechberg, 5 de julio de 1861, HHStA, 1.

18. Rechberg a Metternich, 28 de julio de 1861, HHStA, 1.

19. Corti, *Maximilian*, 1:114-145.

20. Carlota a Leopoldo II, 27 de enero de 1862, en Luis Weckmann, ed., *Carlota de Bélgica: Correspondencia y escritos sobre México en los archivos europeos, 1861-1868* (Ciudad de México: Editorial Porrúa, 1989), 287.

21. Leopoldo, duque de Brabante, a Carlota, 1 de noviembre de 1861, HHStA, 1.
22. Maximiliano a Gutiérrez de Estrada, 12 de noviembre de 1861, HHStA, 1.
23. «Copie d'un rapport secret du Comte Mülinen en date de Paris, le 3 Novembre 1861», HHStA, 1; Napoleón III a Carlos José, conde de Flahaut, 9 de octubre de 1861, HHStA, 1.
24. Gutiérrez de Estrada a Maximiliano, 28 de diciembre de 1861, HHStA, 1.
25. Maximiliano a Napoleón III, 2 de enero de 1862, HHStA, 1.

Capítulo 3. La invasión francesa

1. Palmerston a Clarendon, 31 de diciembre de 1857, en Richard van Alstyne, «Anglo-American Relations, 1853-1857: British Statesmen on the Clayton-Bulwer Treaty and American Expansion», *American Historical Review* 42 (1937): 491-500; Napoleón III a Carlos José, conde de Flahaut, 9 de octubre de 1861, HHStA, 1.
2. «Copie d'un rapport du Comte Mülinen en date de Paris, le 15 Octobre 1861 No 63», HHStA, 1.
3. «Copie d'un rapport secret du Prince de Metternich en date de Compiègne, le 16 Novembre 1861», HHStA, 1.
4. Citado en Carl Bock, *Prelude to Tragedy: The Negotiation and Breakdown of the Tripartite Convention of London, October 31, 1861* (Filadelfia: University of Pennsylvania Press, 1966), 231-232.
5. «Extrait d'une lettre particulière du Prince de Metternich en date de Paris, 2 Décembre 1861», HHStA, 1.
6. Jurien de La Gravière a Thouvenel, 3 de diciembre de 1861, AAE, CP Mexique, 57.
7. François Charles du Barail, *Mes souvenirs*, 3 vols. (París: E. Plon, Nourrit et Cie, 1895-1896), 2:335, 342.
8. Paul Laurent, *La Guerre du Mexique de 1862 à 1866, journal de marche du 3e chasseurs d'Afrique, notes intimes écrites au jour le jour* (París: Amyot, 1867), 15.
9. Napoleón III a Maximiliano, 14 de enero de 1862, HHStA, 1.
10. Hidalgo, «V», nota sin fecha, HHStA, 1.
11. «Carta Pastoral», *La Sociedad*, 12 de octubre de 1863.
12. Napoleón III a Maximiliano, 7 de marzo de 1862, en Corti, *Maximilian*, 1:370-371.
13. Napoleón III a Maximiliano, 7 de junio de 1862, *ibid.*, 372-373.
14. «Suplemento al número 337», *El Siglo*, 18 de diciembre de 1861.
15. «The State of Mexico», *Times*, 23 de mayo de 1859.

16. José María Vigil, *La Reforma*, vol. 5 de *México a través de los siglos: Historia general y completa del desenvolvimiento social, político, religioso, militar, artístico, científico y literario de México desde la antigüedad más remota hasta la época actual*, ed. Vicente Riva Palacio, 5 vols. (Barcelona: Espasa y Compañía, 1884-1889), 516.

17. Charles Ferdinand Latrille, conde de Lorencez, a Jacques Louis Randon, 26 de abril de 1862, en Gustave Niox, *Expédition du Mexique, 1861-1867: Récit politique & militaire* (París: J. Dumaine, 1874), 155.

18. «Gloria a México», *El Siglo*, 6 de mayo de 1862; «El "Voto del Pueblo" de Guadalajara», *El Siglo*, 10 de mayo de 1862.

19. Eugenia a Carlota, 7 de junio de 1862, en Corti, *Maximilian*, 1:373-374.

20. «Corps législatif», *Journal des débats*, 27 de junio de 1862.

21. Saligny a Thouvenel, 8 de mayo de 1862, AAE, CP Mexique, 58.

22. Lorencez a Randon, 24 de mayo de 1862, en Michele Cunningham, *Mexico and the Foreign Policy of Napoleon III* (Basingstoke: Palgrave, 2001), 121.

23. Lorencez a Randon, 22 de julio de 1862, en Niox, *Expédition du Mexique*, 190.

24. «Foreign Intelligence. France», *Times*, 19 de junio de 1862.

25. Copia de William Seward a William Dayton, 3 de marzo de 1862, HHStA, 1.

26. Carlota a Leopoldo, 2 de febrero de 1863, HHStA, 2.

27. Charles Bourdillon a De Pont, 2 de mayo de 1863, HHStA, 2.

28. Carlota a Leopoldo, 2 de junio de 1863, HHStA, 2.

29. «Conversation avec Kint du Roodenbeck», 31 de mayo de 1863, HHStA, 2.

30. Corti, *Maximilian*, 1:195; Alfons de Pont a Gutiérrez de Estrada, 31 de enero de 1863, HHStA, 2.

31. Maximiliano a Rechberg, 10 de febrero de 1863, en Corti, *Maximilian*, 1:203.

32. De Pont a Hidalgo, 23 de febrero de 1863, HHStA, 2.

33. Niox, *Expédition du Mexique*, 237; Barail, *Mes souvenirs*, 2:397.

34. Charles Blanchot, *L'Intervention française au Mexique: Mémoires*, 3 vols. (París: E. Nourry, 1911), 1:384-385; Barail, *Mes souvenirs*, 2:444.

35. Sara Yorke Stevenson, *Maximilian in Mexico: A Woman's Reminiscences of the French Intervention* (Nueva York: Century, 1899), 87.

36. «Editorial», *El Monitor Republicano*, 30 de mayo de 1863.

37. Niceto de Zamacois, *Historia de Méjico, desde sus tiempos más remotos hasta nuestros días*, 18 vols. (Barcelona-Ciudad de México: J. F. Párres, 1877-1882), 16:518.

38. *Ibid.,* 525.

39. Blanchot, *L'Intervention française au Mexique*, 1: 414; Stevenson, *Maximilian in Mexico*, 93.

40. Forey a Randon, 14 de junio de 1864, en Niox, *Expédition du Mexique*, 288.

41. Barail, *Mes souvenirs*, 2:468.

Capítulo 4. La corona mexicana

1. Emanuel Domenech, *Histoire du Mexique: Juarez et Maximilien, correspondances inédites, etc.*, 3 vols. (París: Librairie Internationale, 1868), 3:117.

2. Egon Caesar Corti, *Maximilian and Charlotte of Mexico*, trad. Catherine Alison, 2 vols. (Nueva York: Londres: Alfred A. Knopf, 1928), 1:277-279.

3. Francisco José I a Maximiliano, 4 de octubre de 1863, *ibid.*, 262.

4. Maximiliano a Napoleón III, 12 de junio de 1863, *ibid.*, 375-376.

5. James Williams a Maximiliano, 9 de diciembre y 6 de septiembre de 1863, HHStA, 6, 3; Maximiliano a Rose O'Neal Greenhow, 28 de diciembre de 1863, HHStA, 6.

6. Napoleón III a Maximiliano, 19 de septiembre de 1863, en Corti, *Maximilian*, I:384-385.

7. Maximiliano a Rechberg, 16 de diciembre de 1863, *ibid.*, 297.

8. Maximiliano a Francisco José I, 27 de octubre de 1863; Maximiliano a Rechberg, 27 de octubre de 1863, *ibid.*, 280-281.

9. Carlota a Sofía, 1 de septiembre de 1863, HHStA, 3.

10. Carlota a madame d'Hulst, 11 de octubre de 1863; Carlota a María Amalia, 31 de enero de 1864, en H. de Reinach Foussemagne, *Charlotte de Belgique, impératrice du Mexique, etc.* (París: Plon-Nourrit et Cie, 1925), 136-141.

11. Carlota a Maximiliano, 12 de septiembre de 1863, en Corti, *Maximilian*, 1:250-252.

12. Napoleón III a Maximiliano, 2 de octubre de 1863, *ibid.*, 389-390.

13. Charles Bourdillon a Maximiliano, 26 de noviembre de 1863, HHStA, 5.

14. Napoleón III a Bazaine, 12 de septiembre de 1863, en Genaro García y Carlos Pereyra, eds., *Documentos inéditos ó muy raros para la historia de México*, 36 vols. (Ciudad de México: Vda. de C. Bouret, 1905-1911), 16:34-36.

15. Joseph de Maistre, *St Petersburg Dialogues*, trad. Richard Lebrun (Montreal: McGill-Queen's University Press, 1993), 217. *[Las veladas de San Petersburgo,* trad. Nicolás Malo (Madrid: Aguilar, 1946)].

16. Bazaine a Napoleón III, 25 de octubre de 1863, en García y Pereyra, *Documentos*, 16:133-144.

17. Francisco de Paula Arrangoiz y Berzábal, *Méjico desde 1808 hasta 1867: Relación de los principales acontecimientos [...] desde la prisión del Virrey Iturrigaray hasta la caída del segundo imperio. Con una noticia preliminar*

del sistema general de gobierno que regía en 1808, etc., 4 vols. (Madrid: A. Pérez Dubrull, 1871-1872), 3:159.

18. Napoleón III a Bazaine, 12 de septiembre de 1863, en García y Pereyra, *Documentos,* 16:34-36.

19. Charles du Barail, *Mes souvenirs,* 3 vols. (París: E. Plon, Nourrit et Cie, 1895-1896), 2:490.

20. *Ibid.,* 495.

21. Juárez a Doblado, 20 de enero de 1864, en José María Vigil, *La Reforma,* vol. 5 de *México a través de los siglos: Historia general y completa del desenvolvimiento social, político, religioso, militar, artístico, científico y literario de México desde la antigüedad más remota hasta la época actual,* ed. Vicente Riva Palacio, 5 vols. (Barcelona: Espasa y Compañía, 1884-1889), 627-628.

22. Metternich a Rechberg, 14 de marzo de 1864, en Corti, *Maximilian,* I:329; Napoleón III a Maximiliano, 18 de marzo de 1864, *ibid.,* 398.

23. Diarios de la reina Victoria, RA VIC/MAIN/QVJ (W), 14 de marzo de 1864 (Copias de la princesa Beatriz), http://qvj.chadwyck.com/home.do?instit 1=peking&instit2=p3k1ng, consultados el 23 de agosto de 2020; Émile Ollivier, *L'Empire liberal,* 18 vols. (París: Garnier frères, 1895-1915), 6:579.

24. Francisco José I a Maximiliano, 22 de marzo de 1864, en Corti, *Maximilian,* 1:333-334.

25. Maximiliano a Francisco José I, 22 de marzo de 1864, *ibid.,* 334.

26. Eugenia a Metternich, 27 de marzo de 1864, *ibid.,* 338-339.

27. Metternich a Rechberg, 27 y 28 de marzo de 1864, *ibid.,* 339.

28. Napoleón III a Maximiliano, 28 de marzo de 1864; Carlota a Eugenia (no enviada), 28 de marzo de 1864; y Maximiliano a Napoleón III, 29 de marzo de 1864, *ibid.,* 399-400.

29. Ollivier, *L'Empire liberal,* 6:584.

30. Leopoldo a Carlota (telegrama), 6 de abril de 1864, en Corti, *Maximilian,* 1:350.

31. Maximiliano a Napoleón III, 8 de abril de 1864, y Napoleón III a Maximiliano (telegrama), 10 de abril de 1864, *ibid.,* 402.

32. Sofía a Maximiliano, 11 de abril de 1864, *ibid.,* 359.

33. Carlota a María Amalia, 24 de abril de 1864, en Foussemagne, *Charlotte,* 171.

Capítulo 5. Emperador y emperatriz

1. Carlota a María Amalia, 28 de mayo de 1864, en H. de Reinach Foussemagne, *Charlotte de Belgique, impératrice du Mexique, etc.* (París: Plon-Nourrit et Cie, 1925), 178-179.

2. Carlota a la emperatriz Eugenia, 18 de junio de 1864, en Egon Caesar Corti, *Maximilian and Charlotte of Mexico*, trad. Catherine Alison, 2 vols. (Nueva York: Londres: Alfred A. Knopf, 1928), 2:836-837.
3. «The Emperor Maximilian in Mexico—from Our Own Correspondent», *Times*, 30 de julio de 1864.
4. Carlota a Eugenia, 18 de junio de 1864, en Corti, *Maximilian*, 2:837.
5. Niceto de Zamacois, *Historia de Méjico, desde sus tiempos más remotos hasta nuestros días*, 18 vols. (Barcelona-Ciudad de México: J. F. Párres, 1877-1882), 16:273-276; François Charles du Barail, *Mes souvenirs*, 3 vols. (París: E. Plon, Nourrit et Cie, 1895-1896), 2:483-484.
6. Maximiliano a Carlos Luis, 26 de julio de 1864, en Corti, *Maximilian*, 2:431.
7. José Luis Blasio, *Maximiliano íntimo. El emperador Maximiliano y su corte. Memorias de un secretario particular.* (París-México: Librería de la Viuda de Charles Bouret, 1905), 106.
8. Carlota a Maximiliano, 15 de agosto de 1864, en Konrad Ratz, *Correspondencia inédita entre Maximiliano y Carlota*, trad. Elsa Cecilia Frost (México: Fondo Cultura Económica, 2004), 115-116.
9. Blasio, *Maximiliano*, 104.
10. Francisco de Paula Arrangoiz y Berzabal, *Méjico desde 1808 hasta 1867: Relación de los principales acontecimientos [...] desde la prisión del Virrey Iturrigaray hasta la caída del segundo imperio. Con una noticia preliminar del sistema general de gobierno que regía en 1808, etc.*, 4 vols. (Madrid: A. Pérez Dubrull, 1871-1872), 3:219-220.
11. Arrangoiz, *Méjico*, 3:220-221.
12. Blasio, *Maximiliano*, 4.
13. Carlota a María Amalia, 26 de junio de 1864, en Foussemagne, *Charlotte*, 202.
14. Maximiliano a Napoleón III, 9 de agosto de 1864, en Corti, *Maximilian*, 2:845.
15. Ratz, *Correspondencia*, 138-139.
16. Maximiliano al archiduque Carlos Luis, 21 de septiembre de 1864, en Corti, *Maximilian*, 2:434.
17. Antonio Riba y Echeverria a Romero de Terreros, México, 28 de septiembre de 1864, en Manual Romero de Terreros, *Maximiliano y el Imperio según correspondencias contemporáneas que publica por primera vez* (México: Cultura, 1926), 36-37; Arrangoiz, *Méjico*, 3:228-229.
18. Maximiliano a Carlota, 11 de octubre de 1864, en Ratz, *Correspondencia*, 156; Blasio, *Maximiliano*, 133.
19. Citado en Brian Hamnett, *Juárez* (Londres: Longman, 1993), 183.
20. Éric Taladoire, *Les contre-guérillas françaises dans les terres chaudes du Mexique (1862-1867): Des forces spéciales au XIXe siècle* (París: L'Harmattan, 2016), 70-72.

21. Émile de Kératry, *L'Élévation et la chute de l'empire Maximilien: Intervention française au Mexique, 1861-1867.* (París: A. Lacroix, Verboeckhoven et Cie, 1867), 41, 179.

22. Napoleón III a Maximiliano, 16 de noviembre de 1864, en Corti, *Maximilian,* 2:852-855; Eugenia a Carlota, 16 de noviembre y 15 de diciembre de 1864, *ibid.,* 855-856, 859.

23. Citado en Thomas David Schoonover, *Dollars over Dominion: The Triumph of Liberalism in Mexican-United States Relations.* (Baton Rouge: Louisiana State University Press, 1978), 121-122.

Capítulo 6. Un imperio liberal

1. Pío IX, 1864, *Syllabus,* encíclicas papales en línea: www.papalencyclicals. net/pius09/p9syll.htm. [Castellano: https://www.filosofia.org/mfa/far864a.htm].

2. Carlota a Eugenia, 27 de diciembre de 1864, en Egon Caesar Corti, *Maximilian and Charlotte of Mexico,* trad. Catherine Alison, 2 vols. (Nueva York: Londres: Alfred A. Knopf, 1928), 2:862-868.

3. Carlota a Eugenia, 9 y 26 de enero de 1865, *ibid.,* 868-870, 872-875.

4. *Ibid.,* 474-475.

5. Niceto de Zamacois, *Historia de Méjico, desde sus tiempos más remotos hasta nuestros días,* 18 vols. (Barcelona-Ciudad de México: J. F. Párres, 1877- 1882), 17:1022; Francisco de Paula Arrangoiz y Berzabal, *Méjico desde 1808 hasta 1867: Relación de los principales acontecimientos [...] desde la prisión del Virrey Iturrigaray hasta la caída del segundo imperio. Con una noticia preliminar del sistema general de gobierno que regía en 1808, etc.,* 4 vols. (Madrid: A. Pérez Dubrull, 1871-1872), 3:266.

6. Cita del juarista en Robert Duncan, «Maximilian and the Construction of the Liberal States,» en *The Divine Charter: Constitutionalism and Liberalism in Nineteenth-Century Mexico,* ed. Jaime E. Rodríguez (Lanham, MD: Rowman & Littlefield, 2005), 151; cita de Maximiliano en «Actualidades», *La Sociedad,* 17 de septiembre de 1865.

7. «Discurso Pronunciado por S. M. el Emperador en la solemne instalación de la Academia de Ciencias y Literatura, día de su cumpleaños», *El Pájaro Verde,* 13 de julio de 1865.

8. Dano a De Lhuys, 10 de octubre de 1865, AAE, CP Mexique, 65; Maximiliano a Jilek, 10 de febrero de 1865, en Corti, *Maximilian,* 2:466.

9. De Pont a anónimo, 16 de marzo de 1864, en *Executive Documents Printed by Order of the House of Representatives, During the First Session of the Thirty-Ninth Congress, 1865-'66* (Washington D.C.: Government Printing Office, 1866), 679-680.

10. Carlota a Maximiliano, 5 de mayo de 1865, en Konrad Ratz, *Correspondencia inédita entre Maximiliano y Carlota*, trad. Elsa Cecilia Frost (México: Fondo Cultura Económica, 2004), 187-188.

11. Carlota a María Amalia, 10 de septiembre de 1864, en H. de Reinach Foussemagne, *Charlotte de Belgique, impératrice du Mexique, etc.* (París: Plon-Nourrit et Cie, 1925), 205; Carlota a Maximiliano, 13 de mayo de 23 de abril de y 4 de mayo de 1865, en Ratz, *Correspondencia,* 197, 168, 186-187.

12. Maximiliano a Carlos Luis, 24 de febrero de 1865, en Corti, *Maximilian,* 2:465

13. Charles Blanchot, *L'intervention française au Mexique: Mémoires,* 3 vols. (París: E. Nourry, 1911), 2:264-265.

14. Carlota a Maximiliano, 1 y 4 de mayo de 1865, en Ratz, *Correspondencia,* 178-179, 183-185.

15. Maximiliano a Carlota, 14 de mayo de 1865, *ibid.*, 198.

16. Dano a De Lhuys, 29 de julio de 1865, AAE, CP Mexique, 64.

17. Carlota a Maximiliano, 1 de mayo de 1865, *ibid.*, 178-179.

18. De Lhuys a Dano, 15 de agosto de 1865, AAE, CP Mexique, 64; Napoleón III a Maximiliano, 16 de abril de 1865, en Corti, *Maximilian,* 2:901-903.

19. Sara Yorke Stevenson, *Maximilian in Mexico: A Woman's Reminiscences of the French Intervention* (Nueva York: Century, 1899), 139-140.

20. Carlota a Eugenia, 26 de enero y 14 de abril de 1865, en Corti, *Maximilian,* 2:872-876, 896-901.

21. Carlota a Eugenia, February 3, 1865, en Corti, *Maximilian,* 2:878-883.

22. «Général du Martray, Lettres du Mexique», *Carnet de la Sabretache* 50 (1922): 398; Henri Augustin Brincourt, *Lettres du Général Brincourt, 1823-1909: Publiées par son fils, le Commandant Charles Brincourt* (París: Carnet de la Sabretache, 1923), 339-340.

23. Stevenson, *Maximilian in Mexico*, 135.

24. Maximiliano a Carlos Luis, 20 de junio de 1865, en Corti, *Maximilian,* 2:507.

25. Maximiliano a Carlota, 27 de abril de 1865, en Ratz, *Correspondencia,* 173-174.

26. Brincourt a Randon, 8 de julio de 1865, en Genaro García y Carlos Pereyra, eds., *Documentos inéditos ó muy raros para la historia de México,* 36 vols. (Ciudad de México: Vda. de C. Bouret, 1905-1911), 30:124-125.

27. Brincourt, *Lettres,* 337; Gustave Niox, *Expédition du Mexique, 1861-1867: Récit politique & militaire* (París: J. Dumaine, 1874), 519.

28. Paul Gaulot, *L'Expédition du Mexique (1861-1867) d'après les documents et souvenirs de Ernst Louet [...] Nouvelle èdition,* 3 vols. (París: P. Ollendorff, 1906), 2:167-168.

29. Carlota a Maximiliano, 29 de abril de 1865, en Ratz, *Correspondencia*, 177-178; Carlota a madame de Grünne, 14 de marzo de 1865, en Foussemagne, *Charlotte*, 219.

30. *Mexican Times*, 9 de septiembre de 1865.

31. Garcia y Pereyra, *Documentos*, 30:250.

32. John Bigelow, «The Heir-Presumptive to the Imperial Crown of Mexico. Don Augustin de Iturbide», *Harper's Weekly*, Abril de 1883, 743.

33. Carlota a María Amalia, 29 de septiembre de 1865, en Foussemagne, *Charlotte*, 233.

34. Bigelow, «Heir-Presumptive to the Imperial Crown», 741.

35. Dano a De Lhuys, 19 de septiembre y 10 de octubre de 1865, AAE, CP Mexique, 64, 65; Maximiliano a Napoleón III, 27 de diciembre de 1865, en Corti, *Maximilian*, 2:925-930.

36. Carlota a Maximiliano, 10 de noviembre de 1865, en Ratz, *Correspondencia*, 225-227.

37. Citado en Henry Flint, *Mexico Under Maximilian* (Filadelfia: National, 1867), 129.

38. Maximiliano a Carlota, 19 de diciembre de 1865, en Ratz, *Correspondencia*, 252.

39. Maximiliano a Napoleón III, 27 de diciembre de 1865, en Corti, *Maximilian*, 2:925-930.

Capítulo 7. El asunto llega a su fin

1. Citado en James McMillan, *Napoleon III* (Londres: Longman, 1991), 121.

2. Jules Favre, *Discours parlementaires,* 4 vols. (París: E. Plon, 1881), 2:178-179.

3. *Ibid.*, 352.

4. Luis Napoleón Bonaparte, *Oeuvres de Napoléon III*, 5 vols. (París: Amyot, 1854-1869), 5:225.

5. Favre, *Discours*, 2:540-570.

6. «Chronique de la quinzaine—31 décembre 1865», *Revue des deux mondes* 61 (1866): 241-272.

7. Cita de Grant en Thomas David Schoonover, *Dollars over Dominion: The Triumph of Liberalism in Mexican-United States Relations* (Baton Rouge: Louisiana State University Press, 1978), 215; Andrew Johnson, «First Annual Message», 4 de diciembre de 1865, American Presidency Project, www.presidency.ucsb.edu/node/201985.

8. John McAllister Schofield, *Forty-Six Years in the Army* (Nueva York: Century, 1897), 385-386.

9. Napoleón III a Maximiliano, 15 de enero de 1866, en Egon Caesar Corti, *Maximilian and Charlotte of Mexico*, trad. Catherine Alison, 2 vols. (Nueva York: Londres: Alfred A. Knopf, 1928), 2:930-931.

10. Napoleón III, *Oeuvres de Napoléon III*, 5:252-253.

11. José Luis Blasio, *Maximiliano íntimo. El emperador Maximiliano y su corte. Memorias de un secretario particular* (París-México: Librería de la Viuda de Charles Bouret, 1905), 172.

12. Corti, *Maximilian*, 2:571.

13. Carl von Malortie, *'Twixt Old Times and New* (Londres: Ward & Downey, 1892), 287-290.

14. Blasio, *Maximiliano*, 183.

15. *Ibid.*, 203.

16. Scarlett a Clarendon, 27 de enero de 1866, FO, 50/394.

17. Dano a Drouyn de Lhuys, 18 de enero de 1866, AAE, CP Mexique, 66.

18. Maximiliano a Napoleón III, 18 de febrero de 1866, en Corti, *Maximilian*, 2:931-932.

19. «EXTÉRIEUR. France. Correspondence particulière», *Journal de Bruxelles*, 7 de abril de 1866.

20. Maximiliano a Duran, 16 de marzo de 1866, en Corti, *Maximilian*, 2:587.

21. Napoleón III a Maximiliano, 12 de abril de 1866, *ibid.*, 933-934.

22. Maximiliano a Carlota, 9 de febrero de 1866, en Konrad Ratz, *Correspondencia inédita entre Maximiliano y Carlota*, trad. Elsa Cecilia Frost (México: Fondo Cultura Económica, 2004), 260.

23. Maximiliano a Degollado, 8 de marzo de 1866, en Corti, *Maximilian*, 2:605.

24. Émile de Kératry, *The Rise and Fall of the Emperor Maximilian: A Narrative of the Mexican Empire, 1861-7*, trad. G. H. Venables (Londres: Sampson Low, Son, and Marston, 1868), 107.

25. Eloin al emperador Maximiliano, 30 de marzo de 1866, en Corti, *Maximilian*, 2:583-584.

26. Lhuys a Dano, 30 de mayo de 1866, AAE, CP Mexique, 67.

27. Maximiliano a Barandiaran, 16 de junio de 1866, en Corti, *Maximilian*, 2:626-627.

28. Maximiliano a Hadik, 3 de febrero de 1866, *ibid.*, 572; Maximiliano a De Pont, 19 de septiembre de 1865, *ibid.*, 531.

29. *Ibid.*, 638-641; Émile Ollivier, *L'Empire liberal*, 18 vols. (París: Garnier frères, 1895-1915), 9:73.

30. Carlota a madame d'Hulst, 18 de marzo de 1866, en H. de Reinach Foussemagne, *Charlotte de Belgique, impératrice du Mexique, etc.* (París: Plon-Nourrit et Cie, 1925), 273-274.

31. Maximiliano a Carlota, 7 de agosto de 1866, en Ratz, *Correspondencia*, 312-314.

32. Corti, *Maximilian*, 2:671. 33.

33. *Ibid.*, 671-672.

34. Carlota a Maximiliano, 15 de agosto de 1866, *ibid.*, 681.

35. *Ibid.*, 684.
36. Carlota a Maximiliano, 22 de agosto de 1866, *ibid.*, 685-687.
37. Carlota a Maximiliano, 9 de septiembre de 1866, *ibid.*, 699-701.
38. Blasio, *Maximiliano*, 240.
39. Carlota a Maximiliano, 26 de septiembre de 1866, en Ratz, *Correspondencia*, 331-333.
40. Carlota a Maximiliano, 1 de octubre de 1866, *ibid.*, 335.
41. Corti, *Maximilian*, 2:712.
42. Blasio, *Maximiliano*, 276-277.

Capítulo 8. Crisis de abdicación

1. Ernst Pitner, *Maximilian's Lieutenant: A Personal History of the Mexican Campaign, 1864-7*, trad. Gordon Etherington-Smith (Albuquerque: University of New Mexico Press, 1993), 120-140.
2. Impreso y traducido en *Executive Documents Printed by, Order of the House of Representatives, 1866-'67* (Washington, DC: Government Printing Office, 1867), 199.
3. Maximiliano a Carlota, 20 de septiembre de 1866, en Konrad Ratz, *Correspondencia inédita entre Maximiliano y Carlota*, trad. Elsa Cecilia Frost (México: Fondo Cultura Económica, 2004), 329-331.
4. Sara Yorke Stevenson, *Maximilian in Mexico: A Woman's Reminiscences of the French Intervention* (Nueva York: Century, 1899), 236.
5. Maximiliano a Bombelles, 20 de septiembre de 1866, en Egon Caesar Corti, *Maximilian and Charlotte of Mexico*, trad. Catherine Alison, 2 vols. (Nueva York: Londres: Alfred A. Knopf, 1928), 2:723-724.
6. Maximiliano a Carlota, 24 de agosto de 1866, en Ratz, *Correspondencia*, 321-323.
7. Maximiliano a Carlota, 20 de septiembre de 1866, *ibid.*, 329-331.
8. Samuel Basch, *Memories of Mexico: A History of the Last Ten Months of the Empire*, trad. Hugh McAden Oechler (San Antonio: Trinity University Press, 1973), 13-14.
9. Maximiliano a Carlota, 20 de septiembre de 1866, en Ratz, *Correspondencia*, 329-331.
10. Napoleón III a Maximiliano, 29 de agosto de 1866, en Corti, *Maximilian*, 2:945-946.
11. Maximiliano a Carlota, 5 de octubre de 1866, en *ibid.*, 731-732.
12. Basch, *Memories of Mexico*, 23-24.
13. Herzfeld a Bazaine, 20 de octubre de 1866, en Émile de Kératry, *The Rise and Fall of the Emperor Maximilian: A Narrative of the Mexican Empire, 1861-7*, trad. G. H. Venables (Londres: Sampson Low, Son, and Marston, 1868), 202.

14. Castelnau a Napoleón III, 28 de octubre y 9 de noviembre de 1866, 400AP/61, Dosier 3.
15. Maximiliano a Bazaine, 12 de noviembre de 1866, en Kératry, *Rise and Fall*, 234-236.
16. Herzfeld a Fischer, 5 de noviembre de 1866, en Corti, *Maximilian*, 2:741-742.
17. Scarlett a Stanley, 3 de octubre de 1866, FO, 50/397.
18. Scarlett a Stanley, 5 de noviembre de 1866, FO, 50/397.
19. Scarlett a Maximiliano, 4 de noviembre de 1866, en Scarlett a Stanley, 5 de noviembre de 1866, FO, 50/397.
20. Scarlett a Stanley, 11 de noviembre de 1866, FO, 50/397.
21. Scarlett a Fischer, 6 de noviembre de 1866, en Corti, *Maximilian*, 2:746-747.
22. Maximiliano a Bazaine, 18 de noviembre de 1866, en Kératry, *Rise and Fall*, 239.
23. Gutiérrez de Estrada a Maximiliano, 28 de noviembre de 1866, en Corti, *Maximilian*, 2:752.
24. Basch, *Memories of Mexico*, 56-57; Niceto de Zamacois, *Historia de Méjico, desde sus tiempos más remotos hasta nuestros días*, 18 vols. (Barcelona-Ciudad de México: J. F. Párres, 1877-1882), 18:679-680.
25. «Prensa de la Capital», «Orizaba», «Regreso del Emperador», y «Nueva faz del imperio», *La Sociedad*, 5, 6, y 7 de diciembre de 1866.
26. Basch, *Memories of Mexico*, 49-50.
27. Napoleón III a Castelnau, 13 de diciembre de 1866, en Paul Gaulot, *L'Expédition du Mexique (1861-1867) d'après les documents et souvenirs de Ernst Louet [...] Nouvelle* èdition, 3 vols. (París: P. Ollendorff, 1906), 2:447.
28. Castelnau a Napoleón III, 28 de diciembre de 1866, 400AP/61, Dosier 3.
29. Castelnau a Napoleón III, 9 de diciembre de 1866, 400AP/61, Dosier 3.
30. Castelnau a Napoleón III, 28 de enero de 1867, 400AP/61, Dosier 3.
31. Basch, *Memories of Mexico*, 82-83.

Capítulo 9. Bajo asedio

1. Sofía a Maximiliano, 9 de enero de 1867, en Egon Caesar Corti, *Maximilian and Charlotte of Mexico*, trad. Catherine Alison, 2 vols. (Nueva York: Londres: Alfred A. Knopf, 1928), 2:770-771; Carlos Luis a Maximiliano, 9 de enero de 1867, *ibid.*, 771-772.
2. Castelnau a Napoleón III, 9 de enero de 1867, 400AP/61, Dosier 3.
3. Niceto de Zamacois, *Historia de Méjico, desde sus tiempos más remotos hasta nuestros días*, 18 vols. (Barcelona-Ciudad de México: J. F. Párres, 1877-1882), 18:867.

4. Sara Yorke Stevenson, *Maximilian in Mexico: A Woman's Reminiscences of the French Intervention* (Nueva York: Century, 1899), 258.

5. Émile de Kératry, *The Rise and Fall of the Emperor Maximilian: A Narrative of the Mexican Empire, 1861-7*, trad. G. H. Venables (Londres: Sampson Low, Son, and Marston, 1868), 290; Charles Blanchot, *L'intervention française au Mexique: mémoires*, 3 vols. (París: E. Nourry, 1911), 3:408-409.

6. José Luis Blasio, *Maximilian, Emperor of Mexico: Memoirs of His Private Secretary*, trad. Robert Hammond Murray (New Haven: Yale University Press, 1934), 127. [Original español: *Maximiliano íntimo. El emperador Maximiliano y su corte. Memorias de un secretario particular* (París-México: Librería de la Viuda de Charles Bouret, 1905)].

7. «Actualidades», *La Sociedad*, 6 de febrero de 1867.

8. Zamacois, *Historia de Méjico*, 18:934.

9. Paul Gaulot, *L'Expédition du Mexique (1861-1867) d'après les documents et souvenirs de Ernst Louet [...] Nouvelle èdition*, 3 vols. (París: P. Ollendorff, 1906), 2:491.

10. Samuel Basch, *Memories of Mexico: A History of the Last Ten Months of the Empire*, trad. Hugh McAden Oechler (San Antonio: Trinity University Press, 1973), 95-96.

11. Blasio, *Maximiliano*, 319.

12. Basch, *Memories*, 109-110, 101-102.

13. *Ibid.*, 119-120.

14. Félix de Salm-Salm, *My Diary in Mexico in 1867*, 2 vols. (Londres: Richard Bentley, 1868), 1:64.

15. Albert Hans, *Querétaro: Souvenirs d'un officier de l'empereur Maximilien* (París: E. Dentu, 1869), 149.

16. Basch, *Memories*, 128-129.

17. Zamacois, *Historia de Méjico*, 18:1204.

18. Blasio, *Maximiliano*, 351.

19. F. Salm-Salm, *My Diary*, 1:144, 152.

20. Basch, *Memories*, 158-159, 162.

21. F. Salm-Salm, *My Diary*, 1:167-168.

22. Blasio, *Maximiliano*, 348.

23. F. Salm-Salm, *My Diary*, 1:190.

24. Basch, *Memories*, 175-176; F. Salm-Salm, *My Diary*, 1:191-194.

25. Zamacois, *Historia de Méjico*, 18:1345.

26. Blasio, *Maximiliano*, 372.

27. F. Salm-Salm, *My Diary*, 1:198.

28. Blasio, *Maximiliano*, 374; F. Salm-Salm, *My Diary*, 1:199.

29. Basch, *Memories*, 181.

Capítulo 10. El juicio

1. Samuel Basch, *Memories of Mexico: A History of the Last Ten Months of the Empire*, trad. Hugh McAden Oechler (San Antonio: Trinity University Press, 1973), 187.
2. Inés de Salm-Salm, *Ten Years of My Life* (Detroit: Belford Brothers, 1877), 190.
3. José María Vigil, *La Reforma*, vol. 5 de *México a través de los siglos*, ed. Vicente Riva Palacio, 5 vols. (Barcelona: Espasa y Compañía, 1884-1889), 848-849.
4. Basch, *Memories of Mexico*, 196.
5. Félix de Salm-Salm, *My Diary in Mexico in 1867*, 2 vols. (Londres: Richard Bentley, 1868), 1:238-239.
6. Inés Salm-Salm, *Ten Years of My Life*, 198-199; Félix Salm-Salm, *My Diary*, 1:240-241.
7. F. Salm-Salm, *My Diary*, 1:249-250.
8. José Luis Blasio, *Maximiliano íntimo. El emperador Maximiliano y su corte. Memorias de un secretario particular* (París-México: Librería de la Viuda de Charles Bouret, 1905), 389.
9. Antoine Forest a Dano, 30 de junio de 1867, en Dano a Lionel de Moustier, 1 de septiembre de 1867, AAE, CP Mexique, 69.
10. Forest a Dano, 30 de junio de 1867, AAE, CP Mexique, 69.
11. Como se dice en Egon Caesar Corti, *Maximilian and Charlotte of Mexico*, trad. Catherine Alison, 2 vols. (Nueva York-Londres: Alfred A. Knopf, 1928), 2:812. Inés de Salm-Salm no hablaba español; si este encuentro tuvo lugar, dependió en gran medida del lenguaje corporal.
12. Basch, *Memories of Mexico*, 213.
13. A. Salm-Salm, *Ten Years of My Life*, 214.
14. Basch, *Memories of Mexico*, 214.
15. William Harris Chynoweth, *The Fall of Maximilian, Late Emperor of Mexico* (Londres: autopublicado, 1872), 164.
16. Corti, *Maximilian*, 2:817n46; Basch, *Memories of Mexico*, 215.
17. Chynoweth, *Fall of Maximilian*, 170.
18. A. Salm-Salm, *Ten Years of My Life*, 223.
19. Chynoweth, *Fall of Maximilian*, 174-175.
20. Konrad Ratz, *El ocaso del imperio de Maximiliano visto por un diplomático prusiano* (Ciudad de México: Siglo XXI, 2011), ed. Kindle, San Luis Potosí, 17 de agosto de 1867.
21. «Mexique», *Le Mémorial diplomatique*, 10 de octubre de 1867.
22. Niceto de Zamacois, *Historia de Méjico, desde sus tiempos más remotos hasta nuestros días*, 18 vols. (Barcelona-Ciudad de México: J. F. Párres, 1877-1882), 18:1573.
23. Corti, *Maximilian*, 2:822.

Epílogo

1. Félix de Salm-Salm, *My Diary in Mexico in 1867*, 2 vols. (Londres: Richard Bentley, 1868), 1:312.
2. En realidad, Francisco I escribió: «De todo lo que tenía, solo el honor y la vida se han salvado»
3. «Corps législatif», *Supplement au Journal des débats*, January 28, 1864.
4. Citado en Louis Girard, *Napoléon III* (París: Fayard, 1986), 501.
5. Citado en Martyn Rady, *The Habsburgs: The Rise and Fall of a World Power* (Londres: Allen Lane, 2020), 315.

Índice onomástico

Morelia (México), 21 (fig.), 112-113, 146, 166
Morelos, José María, 74

nacionalismo
ambiciones de Maximiliano, 131, 145
intento de asesinato a Orsini, 57-58
Lombardía-Venecia, 55-57
mexicano, simpatías de Carlota con el, 169
opiniones de Sofía sobre el, 102-103
Prusia, 204
nacionalización de las propiedades de la Iglesia, 107–109, 133-134, 150, 152, 154
Napoleón II, 41
Napoleón III
amenaza de guerra con Estados Unidos, 184–186
campaña para tomar Ciudad de México, 83–88
candidatura de Maximiliano a la monarquía, 62-63, 65–67
captura, encarcelamiento y muerte, 296-297
Carlota suplica el mantenimiento del apoyo de Francia a México, 203-210, 225-226
cese de Forey, 105
comienzo de la intervención, 73-76
deuda de México con Francia, 115-116
enfrentamiento contra el expansionismo estadounidense, 33–36
enfrentamiento político entre Labastida y Bazaine, 107–109
fin la intervención francesa en el imperio, 193-204
fracaso de las políticas en México, 295-297
fracaso en el intento de obtener el apoyo británico a Maximiliano, 99-101
Francisco José I demanda la renuncia de Maximiliano a los derechos austriacos, 118–121
golpe de Estado, 28–33
guerra con Italia y Austria, 57-58
impresión de Gutiérrez de Estrada, 75-76
intento de asesinato de Orsini, 57-58
legitimación europea del Gobierno de Juárez, 73-74

negativa de apoyo al imperio, 181–184
pérdida de la fe en Maximiliano, 162-163
petición de la abdicación de Maximiliano, 226–232, 238-241
plan de intervención, 11–12, 68–71
primera audiencia de Maximiliano, 51-52
proclamación popular de Maximiliano como emperador, 104–105
recepción del emperador y la emperatriz, 114-116
reformas liberales, 181–182
retos militares, políticos y financieros del imperio, 142
simpatías mexicanas, 33
súplicas de Hidalgo a favor de la intervención en México, 37-38
tensiones por la postura política de México, 98–99
visión panlatinista, 37-39
véase también Eugenia de Montijo, emperatriz de Francia
Neigre, Charles Louis Camille, 113-114
nuncio apostólico, 150–153

Oaxaca, México, 21(fig.), 23, 163, 249–250
obras culturales de Maximiliano, 156
Orizaba, México, 21(fig.), 82, 89, 132, 178–179, 227–230, 231-244
Orsini, Felice, 57-58, 181
Ortega, Jesús González, 91, 220-221, 250
Otón von Wittelsbach, 88
Otto von Bismarck, 203

Palacio Nacional, Ciudad de México, 114-115, 135-136, 159-160, 186, 190, 194, 224, 249
Palmerston, Henry John Temple, vizconde, 68–69, 86, 99-100, 154
panlatinismo y aspiraciones de Napoleón III, 38
Partido Conservador, 157, 197
afiliación a la causa de Maximiliano, 257
antipatía de los mexicanos hacia la monarquía, 182
antipatía hacia la monarquía, 126
apoyo a la incursión europea, 77-79
apoyo a Maximiliano del, 66, 70